AF618188

Jan Mirko Wälti

Philosophie vom Fass

Politische Philosophie und die Geschichte des Bieres

Schwabe Verlag

Gedruckt mit der Unterstützung der Berta Hess-Cohn-Stiftung, Basel

Bibliografische Information der Deutschen Nationalbibliothek
Die Deutsche Nationalbibliothek verzeichnet diese Publikation in der Deutschen Nationalbibliografie; detaillierte bibliografische Daten sind im Internet über http://dnb.dnb.de abrufbar.

Korrektorat: Giacomo Ladelfa, Olten
Cover: icona basel gmbh, Basel
Layout: icona basel gmbh, Basel
Satz: 3w+p, Rimpar
Druck: Beltz Grafische Betriebe GmbH, Bad Langensalza
Printed in Germany
Herstellerinformation: Schwabe Verlag, Schwabe Verlagsgruppe AG, St. Alban-Vorstadt 76, CH-4052 Basel, info@schwabeverlag.ch
Verantwortliche Person gem. Art. 16 GPSR: Schwabe Verlag GmbH, Marienstraße 28, D-10117 Berlin, info@schwabeverlag.de
ISBN Printausgabe 978-3-7965-5305-9
ISBN eBook 978-3-7965-5306-6
DOI 10.24894/978-3-7965-5306-6

rights@schwabe.ch
www.schwabe.ch

Inhalt

Danksagung

Für die Unterstützung danke ich der Lehrgangsleitung der Philosophischen Praxis, namentlich Donata Romizi, Manfred Rühl und Katharina Lacina, die die politphilosophische Bierdegustation als Projektarbeit betreut haben. Für die philosophischen und persönlichen Tiefenbohrungen gilt dem gesamten Lehrgang des fünften Zyklus der Philosophischen Praxis (2022–2024) meine bleibende Verbundenheit und Wertschätzung. Mein Dank gebührt Max Koller, dem ich als erstem einen Entwurf vorgelesen habe und der mich in meinem Vorhaben bestärkt hat, weiterzumachen. Konrad Paul Liessmann hat diesem Projekt weit mehr Aufmerksamkeit geschenkt, als ich es erwarten durfte, und dafür bin ich ihm verbunden. Für die wertvolle Rückmeldung möchte ich mich bei Klaus Aegerter bedanken. Mit Samuel und Tobias Aeschlimann von der ehemaligen *Blackwell Brewery* hatte ich die Gelegenheit, mich kreativ in der Bierlandschaft auszutoben – eine Erfahrung, die ich hochschätze. Nicht unerwähnt lassen möchte ich Willi Schedlmayer, der mir gezeigt hat, wie mühelos man Wein und Literatur vereinen kann. Für die Unterstützung, die mir der Schwabe-Verlag, besonders Christian Barth, der das Buchprojekt mit offenen Armen empfangen, sowie Makbule Rüschendorf, die mich über den gesamten Prozess hinweg begleitet hat, zuteilwerden ließ, danke ich sehr. Erwähnung verdient auch die großzügige Förderung durch die Berta Hess-Cohn Stiftung. Den Hut ziehe ich vor Giacomo Ladelfa, der mir mit Kritik,

Rat und Freundschaft während des Schreibens zur Seite gestanden ist. Während Detlef Staude mein erster persönlicher Berührungspunkt mit der Philosophischen Praxis war, trug Jérôme Rebetez wesentlich zu meiner Begeisterung für Bier bei. Der eine schenkte diesem Buch ein philosophisches, der andere ein «bieriges» Vorwort. *Merci à vous deux.* Mein Dank gebührt François Moll, der mir so manche Tür geöffnet hat. Viel lernen durfte ich dank den *Amis champbernois* – insbesondere denke ich da an Gina, Marc und Bruno, mit denen man leidenschaftlich *Pairing*fragen nachgehen kann. Mit Freude erinnere ich mich an die *Clocktower-Crew*, bestehend aus Lexu, Mario, Conrad, Mesmer und Nii, mit der ich erfahren durfte, wie sehr Bier und Politik miteinander verflochten sein können. Mein Dank gilt in besonderer Weise meiner lieben Partnerin Melissa und meiner Familie.

Vorwort Philosophie

Es gibt eine Mutmaßung darüber, was eigentlich Menschen dazu gebracht haben mag, sesshaft zu werden. Genau besehen hatten sie es als Jäger:innen und Sammler:innen einfacher: Die Nahrung war vielfältiger, sie waren gesünder und lebten nicht unter den Zwängen von eng zusammenlebenden Gemeinschaften und den sich dort viel leichter verbreitenden Krankheiten. Was also hat die Menschen in Dörfer und wohl organisierte Städte gezogen? Ein Hinweis könnte die wichtige Rolle der «Schenkin» im Gilgamesch-Epos sein:

> Gilgamesch, wohin läufst du?
> Das Leben, das du suchst, wirst du nicht finden!
> Als die Götter die Menschen schufen,
> Bestimmten sie für die Menschen den Tod,
> Das Leben behielten sie in ihrer Hand!
> Drum Gilgamesch, fülle deinen Leib,
> Freue dich bei Tag und Nacht,
> Feire jeden Tag ein Freudenfest!
> Tag und Nacht spring und vergnüge dich!
> Zieh reine Kleider an, Wasche dein Haupt
> Und bade dich im Wasser,
> Schau froh auf das Kind, das dich an der Hand hält,
> Und dein Weib freue sich in deinen Armen!

Offenbar war der Genuss des Lebens in Gemeinschaft mit der nahezu dauerhaften Verfügbarkeit von Alkohol ein wichtiger

Grund für die Sesshaftwerdung, und so wurde die Schenkin Siduri selber als Göttin und teilweise als mit der obersten Göttin Ishtar (der Göttin der Liebe) identisch gesehen. Als Göttin der Schankwirt:innen und Brauer:innen, aber auch als Göttin der Weisheit war sie hoch geehrt. Der Genuss alkoholischer Getränke und das damit verbundene gute, vergnügliche Leben mögen also die Sesshaftwerdung und die mit ihr verbundenen kulturellen Veränderungen angestoßen haben, jedenfalls haben sich die Menschen das einmal so schön vorgestellt. Und hier haben wir auch einen historischen Anfangspunkt der Philosophie als Weisheitslehre. Interessanterweise finden wir einen Anklang daran auch in Platons Dialog *Symposion*, der von einem gemeinsamen Trinkgelage berichtet, bei dem es um das Thema der Liebe geht. Sokrates schliesst sich darin der Meinung der Priesterin und weisen Frau Diotima an, dass der Eros der beste Führer zur Erkenntnis sei.

Bevor wir uns Gedanken darüber machen, was ein Getränk ist, müssen wir noch dem offensichtlichen Phänomen nachgehen, dass es primär zwei unterschiedliche alkoholische Getränke gibt, nämlich auf Brau- oder Gärungsprozessen basierend. Für das Brauen benötigt man Getreide, für das Vergären Obst, insbesondere Weintrauben. Was unterscheidet Bier und Wein, deren früheste Kultivierung im Nahen Osten und Ägypten nah beieinander gelang?

Schon der erste griechische Philosoph, Thales, macht das deutlich, und zwar in einer Legende, in der es um den Beginn des Kapitalismus geht. Seine Mitbewohner:innen, die Bewohner:innen der immer reicher werdenden Stadt Milet, warfen ihm vor, seine Überlegungen seien doch zu nichts nütze. Thales verteidigte sich nicht direkt, sondern kaufte einfach in einem Jahr mit schlechter Ernte viele Olivenpressen im Umland auf und machte mit dem Vermieten der Pressen im nächsten

Jahr, als es wieder eine reichliche Ernte gab, gutes Geld. Offenbar waren seine Überlegungen, auf die die Bürger herabschauten, wenn er wollte, doch zu etwas nütze, d. h., man konnte mit ihnen Geld verdienen. Das jedoch war nicht seine Absicht.

Ähnlich ist das mit Wein: Guten Wein herzustellen, ist eine aufwendige, kapital- und wissensintensive Prozedur und lässt Weingüter und Großproduzenten entstehen. Im Griechischen ist der Gott des Weines Dionysos außerdem der Gott der das Alltägliche überschreitenden Ekstase.

Dem Bier hingegen geht es darum nicht; wie Siduri sagt: «Feire jeden Tag ein Freudenfest!» Somit ist eine Wirkung des Bieres die Wertschätzung des Alltags. Ein *Carpe diem!* angesichts der Vergänglichkeit. Aber Bier ist nicht nur, wie im *Gilgamesch*-Epos, etwas für einen König, sondern für jeden. Bier ist ein Gemeinschaftsprodukt, vor dem alle gleich werden. Erlesene Weine hingegen sind eine Sache, die Status signalisiert, was ein zweifelhaftes Licht auf den bekannten Spruch «In vino veritas!» wirft. Man muss sich die Wahrheit erst einmal leisten können, aber das war schon zu Thales' Zeiten so und gilt noch heute: Forschung, die der Wahrheitsfindung verpflichtet ist, kostet. Auch das eigene Vermögen, das man zuvor haben muss.

Im Bier hingegen stecken Gemeinschaftsentwürfe, und so unterscheiden sich Regionen und Zeiten darin, was für ein Bier man wo trinkt. Ich erinnere mich z. B. an meine Kindheit in Düsseldorf, wo beinahe an jeder Straßenecke ein sogenanntes «Büdchen» stand. Das war nicht nur ein Kiosk, sondern vor allem eine Stehkneipe bzw. Bierbezugsquelle (hauptsächlich für Altbier) für das umliegende Quartier. Inzwischen wohne ich schon lange in Bern Bümpliz, und dort bin ich Mitglied in einer kleinen Genossenschaft, die selbst *Craft Beer* braut. Das Bier an sich bleibt, nur die Sorten und die Art der Verankerung in der Gemeinschaft, die sich in diesem Fall im Bierkeller oder draußen unter der Kastanie versammelt, ändern sich.

So prägt das Bier weiterhin Gemeinschaften und Vorstellungen, aber auch Praktiken eines guten Lebens in ihnen, so wie es das seit Jahrtausenden tut. Es ist also weiterhin Siduri, der Göttin der Braukunst und der Weisheit, die Philosophie praktisch versteht, verpflichtet und verankert diese im Alltag.

Und somit beantwortet sich fast wie von selbst auch die Frage, was ein Getränk sei: Dessen Urform, das Wasser, ist notwendig. Alles, was darüber hinausgeht, dient, ob alkoholisch oder nicht, dem Genuss, ist also verbunden mit einer Idee des guten Lebens. Inwieweit ein Getränk diesem tatsächlich dient, ist eine Frage der Praxis und des weisen Umgangs mit ihm.

Detlef Staude
Philosophischer Praktiker

Vorwort Bier

Zu Politik und Bier lässt sich mehr sagen, als man auf den ersten Blick vermutet. Möglicherweise war es das Bier, das laut dem Archäologen Brian Hayden die Menschen vor rund 12.000 Jahren dazu brachte, sesshaft zu werden. Statt weiter vom Jagen und Sammeln zu leben, begannen sie, sich domestizierten Gräsern zuzuwenden. Da die Zivilisations- und Biergeschichte also eng miteinander verbunden sind, wäre es interessant, den möglichen Wechselwirkungen nachzugehen. Ich bin aber in erster Linie Brauer und kein Archäologe oder Historiker. Man könnte aber auch die Kneipe näher in den Blick nehmen. Sie gilt als politischer Mikrokosmos, und Bier wird oft als soziales Bindeglied gesehen. Man könnte untersuchen, wie Bierkonsum mit sozialer Herkunft oder Geschlecht zusammenhängt und wie sich das im Laufe der Zeit verändert hat. Ich bin aber auch kein Soziologe. Man könnte auch politische Theorien mit Bierstilen und deren Geschichte in Beziehung setzen. Darüber soll sich der Autor dieses Buches den Kopf zerbrechen.

Vielleicht ist es am treffendsten, meine Geschichte als Gründer und Geschäftsführer der Brasserie des Franches-Montagnes (BFM) im Schweizer Jura zu erzählen. Dabei liegt es mir fern, krampfhaft nach Bezügen zwischen meiner Bierbiografie und politischen Theorien zu suchen! Es soll der Leserschaft überlassen bleiben, nach der Lektüre der acht Kapitel dieses Buches Verbindungen zu ziehen.

Wer im Schweizer Jura in den Franches-Montagnes, den jurassischen Freibergen, zur Welt kommt, dem wird ein unerschütterlicher und unabhängiger Geist nachgesagt. Tatsächlich sind wir gegenüber zentralistischen Impulsen aus Bern tendenziell skeptisch. Gemäss unserer Reputation gelten wir als eigenbrötlerisch und rebellisch zugleich. Sinnbild dieser Unabhängigkeit ist unser Pferd, der Freiberger, eine der letzten ursprünglichen Schweizer Pferderassen. In dieser Region kam ich zur Welt.

Damals, als ich aufwuchs, gab es das Schweizer Bierkartell. Ein paar große Brauereien bestimmten, was wo in den Gläsern landete. Bier wurde damals mehrheitlich mit dem standardisierten, hellen Lagerbier gleichgesetzt. So bestimmte das Kartell, was man gemeinhin unter Bier verstand. In den 1990er Jahren begann ich als junger Idealist, gegen die geschmackliche Uniformität zu kämpfen, die das geschmacklose Kartell (ja, die Doppeldeutigkeit ist beabsichtigt!) aufzwingen wollte. Selbst als das Kartell langsam zu schwächeln begann, hielten die Leute weiterhin an diesem wässrigen Industriebier fest und waren gegenüber Neuem überaus skeptisch. Das war mir aber scheißegal! Ich kämpfte für den wahren Geschmack im Bier. Ich wollte die Bierwelt verändern. Die Tüftelei begann in einem alten Kupferkessel, der einst zur Käseherstellung verwendet worden war. Ich wollte ein anderes, komplexes Bier brauen. Eines, das zu meiner jugendlichen Unbekümmertheit passte. Eines, das überschäumend war und alle Konventionen der in der Schweiz gebrauten Biere sprengte.

In den 2000er Jahren gab es in der Schweiz und auch außerhalb einen klaren Aufschwung kleiner Brauereien, die mit Rezepten experimentierten und die Geschmackskonventionen hinterfragten. Der Begriff des «*Craft*-Biers» begann sich durchzusetzen, und um das Bier entstand eine Bewegung. Da sie aus dem Volke kam und in diesem Sinne demokratisch ausgerichtet war, debattierte man über Zutaten, Gärungsarten, Bierstile und vor allem Geschmack. In dieser Zeit wurde ich in den Medien als rebellisches Zirkustier der Schweizer *Craft*-Szene zur Schau gestellt und erweckte über die Biergrenzen hinaus Neugier. Man suchte nach charismatischen Figuren, und weil ich aus dem charmanten Jura stamme und keine schlechten Biere braue, fiel die Wahl wohl auf mich. Ich merkte, wie meine Person vermarktet wurde. Das ist nicht ohne Ironie, da Marketing für mich immer ein notwendiges Übel war. Ich sagte einmal, dass unsere Marketingverantwortliche unsere Brauereikatze sei! Letztlich soll die Qualität des Bieres entscheidend sein und nicht das Etikett.

In meinen Augen stand das Bier für das Volk, für das Proletariat, das jeden Tag für die Bourgeoisie *avinée* («mit Wein angezwitschert») schwitzen geht. In Zeiten des Bierkartells, aber auch heute, wo Großkonzerne die Bierlandschaft bestimmen, ist diese Diktion sicher nicht ganz verkehrt. Ich war stets vom unbändigen Wunsch getragen, die multinationalen Konzerne zu stürzen, die den Geschmack vereinheitlichen. Darüber hinaus wollte ich dem Bier die Chance geben, mit dem Wein zu konkurrieren, ja, ihn zu überholen. Dieser Kampf spiegelt sich in der *Cuvée Alex le Rouge* wider, einem jurassischen *Imperial Stout*, dessen Etikett mit einem Lenin-Stern verziert ist. Gebraut zu Ehren unseres geschätzten Mechanikers, der nach ein oder zwei Gläsern dieses starken Gebräus allen kleinen Königen den Kopf abgeschlagen hätte.

2004 folgte mit dem *Abbaye de Saint Bon-Chien* der große Wurf. Ein Bier abseits der ausgetretenen Pfade, mit gemischter und spontaner Gärung. Ein Bier, das zwischen Wein und Bier ein Bindeglied bildet. Der Begriff «Abbaye» ist eine Verhöhnung der sogenannten «Abteibiere», die von den Marketingschlangen der großen Brauereikonzerne instrumentalisiert wurden. Das *Abbaye de Saint Bon-Chien* ließ mich die ephemeren Freuden einer kleinen, aber spürbaren Berühmtheit genießen – die Freuden von Besuchen in guten Restaurants und Reisen auf mehreren Kontinenten, in deren Rahmen ich das gute Wort predigte.

Nachdem ich meine Latzhose weggepackt und gegen ein hübsches Hemd eingetauscht hatte, war ich auf dem Weg der Verbürgerlichung und wurde von eben diesem kapitalistischen System verschlungen, das ich in meiner rebellischen Jugend noch verabscheut hatte. Ich konnte nicht mehr zu meinen manichäischen Überzeugungen zurückkehren. Ich war ein Unternehmer geworden, der millionenschwere Projekte entwickelte.

Im Jahr 2019 schloss ich den Bau einer neuen Fabrik ab, um unsere Produktion zu verdoppeln. Die Euphorie wurde wenige Monate später durch die Pandemie jäh gestoppt. Meine Gewissheiten verblassten, vieles funktionierte nicht mehr wie in den goldenen Jahren des *Craft*-Biers. Um zu überleben, musste ich mich von vielen treuen Mitarbeitenden trennen, mich in Zahlen vertiefen und eine Spar- und Krisenpolitik einleiten. Auf alle neuen Projekte verzichten. Dieses schreckliche Purgatorium dauerte mehr als fünf Jahre. Die Welt, wie ich sie gekannt hatte, hatte sich stark verändert. Ich musste die Kraft aufbringen, mich neu zu erfinden, trotz der Bedrohung durch massive monatliche Leasingzahlungen und anhaltende Umsatzverluste.

Diese Entwicklung von BFM wird natürlich von *Craft*-Enthusiasten auch kritisch gesehen. Das darf und das kann man. Für den einen oder anderen gehöre ich nun wohl selbst zur Welt der bösen Bierkonzerne. Aus der Erstperspektive kann ich sagen, dass dem aber nicht so ist. Ich kämpfe noch immer mit aller Kraft dafür, die Konsumgewohnheiten zu ändern, mehr Geschmackserlebnisse zu bieten als die Industrie. Zudem komme ich aus der Franches- Montagnes. Die Natürlichkeit zu vertreiben, das geht nicht. Ansonsten kommt sie im Galopp zurück … auf einem Freiberger!

Vive le bon goût et santé !

Jérôme Rebetez
Gründer und Patron von BFM

Einleitung

Die Idee, bestimmten politischen Theorien einen passenden Bierstil gegenüberzustellen und sich davon eine konturschärfende und zugleich zugängliche Einführung in beide Felder zu erhoffen, ist ohne Frage eigentümlich. So gesehen, erscheint es nur folgerichtig, zunächst den Anfängen dieses Gedankens nachzugehen und anschließend den konzeptuellen Rahmen zu skizzieren, in den er münden soll.

Dem Nährboden, aus dem die Idee einer wechselseitigen Bezugnahme erwuchs, möchte ich mich im ersten Schritt, quasi zum Auflockern, auf anekdotischem Wege annähern. So entsinne ich mich, als Student ein Seminar der Politischen Philosophie besucht zu haben, das jeweils am Montagvormittag stattfand. Obgleich der Wochenbeginn gemeinhin eher mit Trägheit verbunden wird, trat der Dozent mit einer bemerkenswerten Leidenschaft auf. Als er eines Morgens jedoch unvermittelt mit einem markanten blauen Auge den Seminarraum betrat, erwies sich das Rätseln über dessen Ursache als belebender als jeder Kaffee. Selten herrschte in der diskussionsfreudigen Runde allerdings so rasch Einigkeit wie in diesem Moment: Da der Dozent wöchentlich demonstrierte, dass er sich bereits in den frühen Morgenstunden mit Hingabe seinem Unterrichtsgegenstand zuwenden konnte, lag die Vorstellung verlockend nahe, dass sich seine Debattierlust am Abend zuvor in einer Kneipe bei einem Bier erhitzt hatte und er in eine

Auseinandersetzung geraten war, aus der er mit einem blauen Auge hervorging. Aber ganz gleich, ob unsere Spekulationen den Tatsachen entsprachen oder nicht, bleibt die ansteckende Begeisterung des Dozenten in Erinnerung, an dessen *Esprit* dieses Buch anknüpfen möchte – wobei ein Ausgang ohne körperliche Blessuren freilich wünschenswert wäre. Aus jenen Studentenjahren bleiben aber nicht nur Erinnerungen, die, von der Politischen Philosophie ausgehend, – mal mehr, mal weniger spekulativ – Verbindungen zum Bier herstellen, sondern auch solche, die gewissermaßen den umgekehrten Weg nehmen und zeigen, wie das Politische in der Bierwelt selbst Ausdruck finden kann. So war man einmal im Schweizer Jura, in den Franches-Montagnes unterwegs, einer Region, der man gerne nachsagt, eigenbrötlerisch zu sein. In einer lokalen Brauerei wurden live Punk- und Bluesmusik gespielt, die hier besonders ursprünglich und eindringlich wirkten. Dazu wurden Biere verteilt, deren Etikett einen Kommunistenstern zierte. Fraglos bestärkte mich das Ambiente, im Stern mehr als bloß eine revolutionäre Pose zu erkennen und darüber zu rätseln, welche Überlegungen wohl dazu geführt hatten, dass ausgerechnet dieses und nicht jenes Bier mit dem roten Stern versehen wurde. Damit wurde das gedankliche Fangnetz *en passant* schon mal auf die Schnittstellen zwischen Bierwelt und politischer Theorie ausgerichtet. Und auch wenn die Erinnerung aus dem Schweizer Jura – anders als das Beispiel des Dozenten – nicht in einem pointierten Finale mündet, findet sie hier dennoch Eingang, da sie eine Fährte zum Vorwort von Jérôme Rebetez, dem Patron eben dieser Brauerei aus den Franches-Montagnes, legt.

Die Idee begann Form anzunehmen, als ich neben meinem Philosophiestudium als selbstständiger Biersommelier Degustationen leitete und Konzepte dafür entwickelte. Während man sich auf historische Bierreisen oder einen *Giro d'Ita-*

lia della birra begab, entstanden nebenbei Assoziationen zwischen einzelnen Bierstilen und Versatzstücken aus der Politischen Philosophie, die sich so weit verstärkten und verdichteten, dass ich ernsthaft überlegte, mit der Idee mal vorsichtig hausieren zu gehen. Letztlich landete diese dann aber gleichwohl in der Schublade nicht verwirklichter Pläne. Erst der etwa zehn Jahre später stattfindende Lehrgang der Philosophischen Praxis, der für die Philosophie Räume mit mehr Lebensnähe sucht und für diese die Bedeutung von «Fremdbefruchtungen und Transfusionen» betont, brachte sie erneut zum Vorschein.[1] Spätestens hier wurde mir klar, dass die Idee, die ich manchmal etwas despektierlich als Schnaps- bzw. Bieridee abtat, auch nüchtern durchaus ergiebig sein konnte. Des Weiteren konnte ich dem Ansatz, mittels Bier eine sinnliche Brücke zur abstrakten politischen Theorie zu schlagen, auch deshalb etwas abgewinnen, weil er sich mit meinem eigentlichen Schwerpunkt als Philosophischer Praktiker, der existentiellen Lebensbegleitung, insofern verbinden lässt, als beide Ansätze eine erlebensorientierte Ebene ansprechen wollen. Angesichts der Tatsache, dass gegenwärtig – folgt man gängigen medialen Diagnosen – multiple Krisenlagen wie u. a. Demokratie-, Umwelt- und Migrationskrise konstatiert werden, erschien darüber hinaus auch das *Timing*, sich mit den Grundprämissen politischer Theorien auseinanderzusetzen, um etwas Orientierung zu schaffen, als nicht unpassend.[2]

Nachdem die Herkunft der Idee umrissen wurde, stellt sich nun die Frage, in welchen konzeptuellen Rahmen sie Aufnahme finden soll. Während es bei einer herkömmlichen Degustation darum geht, eine sensorisch stimmige Reihenfolge zu finden, stellt sich bei einer politphilosophischen Bierverkos-

1 Achenbach (2010): S. 57.

2 Sommer (2022): S. 9–10.

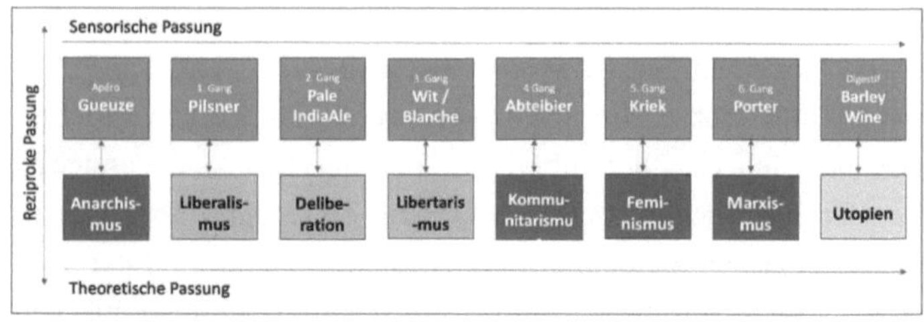

Abb. 1: Die drei Passungsachsen.

tung, wenn man so will, die Frage der Passung in gleich drei Hinsichten (siehe Abbildung 1): Zuallererst soll natürlich auch hier die Degustationsabfolge den Gepflogenheiten einer professionellen Verkostung entsprechen. An zweiter Stelle steht der theoretische Anspruch, dass auch die Reihenfolge der politischen Philosophien wohlüberlegt sein soll. Der dritte Punkt, der sozusagen der eigentliche *Clou* des vorliegenden Buches ist, fragt, wann die Gegenüberstellung von politischer Philosophie und Bierstil einen didaktischen Mehrwert schafft. Das ist dann gegeben, wenn einerseits ein Bierstil dazu beitragen kann, die Konturen einer bestimmten politischen Theorie auszuarbeiten, und andererseits eine politische Theorie das Verständnis eines Bierstils in seiner historisch-kulturellen und sensorischen Dimension sowie in seiner Herstellungsart vertiefen kann.

Die sensorische Reihenfolge basiert auf den folgenden Überlegungen: Die Degustation beginnt mit dem Sauerbier *Gueuze*, das als apéritiver Einstieg ideal ist, da es auf erfrischende und anregende Weise auf die Geschmacksknospen wirkt. Die daraufhin gewählte Abfolge sorgt dafür, dass mit fortschreitender Dauer die Biere entweder hopfenbetonter werden (vom *Pilsner* zum *India Pale Ale*) oder sich von hefearomatisch zu malzbetont verändern (vom *Wit* zum *Abteibier*). Das Frucht- und Sauerbier *Kriek* dient als belebender

Zwischengang und trägt zugleich dazu bei, die sensorische Präsenz für die beiden folgenden Biere, das röstaromatische *Stout* und das Digestivbier *Barley Wine*, zu schärfen.

Eine theoretische Passung besteht, wenn die politischen Theorien aus didaktischer Warte einer kohärenten Struktur folgen. Stellt man sich auf den Standpunkt, dass innerhalb der politischen Philosophie zunächst zu klären ist, «ob es überhaupt einen Staat geben soll», kommt man kaum umhin, beim Anarchismus zu beginnen.[3] Im Anschluss werfen der Liberalismus, der Libertarismus und die Deliberation jeweils einen spezifischen Blick auf das in der Gegenwart dominierende Leitprinzip der individuellen Freiheit. Bestehend aus Kommunitarismus, Feminismus und Marxismus, folgt darauf ein liberalismuskritischer Block, der den Liberalismus entweder als revisionsbedürftig ansieht oder sogar eine grundlegende politische Neugestaltung fordert. Mit all diesen Theorien im Gepäck und mit Blick auf die Gegenwart und Zukunft soll zu guter Letzt der Boden der Utopie betreten werden.

Die letzte Passungsachse befasst sich damit, inwieweit eine wechselseitige Verknüpfung zwischen Bierstil und politischer Theorie denkbar sein könnte. Als Ausgangspunkt dient es, wenn ich mir vorstelle, in die Rolle des Sommeliers zu schlüpfen und mich zu fragen, wie Speisen und Getränke kombiniert werden können. Eine *Pairing*-Logik mit drei Kombinationsansätzen liefert hier Orientierung: Stehen Speis und Trank erstens in einem harmonischen Verhältnis? Vielleicht ist es zweitens gerade ihre Gegensätzlichkeit, die sensorische Anreize schafft? Oder soll man sich drittens eher auf einzelne Aromen fokussieren und eine gezielte Akzentuierung vornehmen?[4] Im gleichen Sinne stellen sich bei der politphilosophi-

3 Nozick (1976): S. 19.

4 GastroSuisse (2014): Kp. 9, S. 17.

schen Bierdegustation nun ebenfalls die Fragen, ob der jeweilige Bierstil und die politische Theorie (1) in einem harmonischen, (2) in einem gegensätzlichen oder (3) in einem steuernd-akzentuierenden Verhältnis zueinanderstehen.

Um einen Vorgeschmack auf die bevorstehenden *Pairings* zu erhalten, hier schon mal vorab die Titel der Kapitel:

- Anarchismus und *Gueuze:* Wo sich präfigurative Politik und spontane Fermentation begegnen
- Liberalismus und *Pilsner:* Wo das Ideal der Unparteilichkeit auf die sensorische Standardisierung trifft
- Libertarismus und *Wit:* Wer das Bier braut, hat Anspruch darauf
- Deliberation und *India Pale Ale:* Sich über das gute Leben und den guten Geschmack beraten
- Kommunitarismus und *Abteibier:* Die *vita communis* im Blick
- Feminismus und *Kriek:* Die Frage nach dem Kern
- Kommunismus und *Porter:* Im Namen der Arbeiterschaft
- Utopie und *Barley Wine:* Zu den Grenzen und darüber hinaus

Literaturverzeichnis Philosophie

Achenbach, Gerd (2010): *Zur Einführung der Philosophischen* Praxis. Köln: Dinter.

Nozick, Robert (1976): *Anarchie, Staat, Utopia.* München: Mvg – Moderne Verlagsgesellschaft.

Sommer, Andreas Urs (2022): *Eine Demokratie für das 21. Jahrhundert.* Freiburg i. B.: Herder.

Literaturverzeichnis Bier

GastroSuisse (Hrsg.) (2014): *Der Schweizer Bier-Sommelier®*. Zürich: GastroSuisse.

Gueuze und Anarchismus

Wo sich präfigurative Politik und spontane Fermentation begegnen

In horizontaler Position in einem Weidenkorb, dem sogenannten *Lambic Basket*, bringt die Sommelière eine Flasche mit Champagnerkorken an unseren Tisch. Während sie sich an den Korken macht, erzählt sie, dass es eben dieser Position zu verdanken sei, dass das *Gueuze*, wie der Bierstil heißt, ohne Hefesedimente und somit klar ausgeschenkt werden kann.[1] Behutsam wird uns das *Gueuze* in einem tulpenförmigen Glas kredenzt. *Ha,* die durch den Champagnerkorken erzeugte Erwartung, dass es sich hier um eine sprudelnde Angelegenheit handle, erfüllt sich sogleich. Als wir unter der stabilen Schaumhaube die goldene, klare Farbe, in der kleine Bläschen aufsteigen, betrachten, werden wir an unser eigentliches Vorhaben für den heutigen Abend erinnert: uns mit verschiedenen politischen Theorien zu befassen. Unsere Intention lässt sich schnell erklären: Angesichts der zahlreichen Krisen, die von «Ökologie bis Migration, von Ausbeutung bis Unterdrückung» reichen, scheint eine «Krise der Nichtbeteiligung» hinzuzukommen, die – so eine erste Diagnose – wohl eine Folge von Ohnmacht und politischem Unbehagen ist.[2] Hier möchten

1 Oliver (2012): S. 411–412.

2 Sommer (2022): S. 10.

wir, so das hehre Motiv, Gegensteuer geben. Deshalb wird am heutigen Abend die aktive Suche nach Orientierung im Vordergrund stehen. Weshalb sich daher nicht einmal ins Gefilde der Politischen Philosophie wagen? Während wir uns umsehen und die Gespräche der Geselligkeitssuchenden und Feierabendgenießer:innen um uns herum aufschnappen, merken wir, wie die Ernsthaftigkeit unseres Unterfangens durch diese Atmosphäre willkommenerweise etwas aufgelockert wird.

«Spritzige Säure, trockene Textur, komplexe Aromatik, belebende Wirkung.»[3] Wenn man der Sommelière Glauben schenken möchte, stellt das *Gueuze* ein exzellentes Aperitif-Getränk dar. Nun, da wir in Bezug auf das Getränk einen passenden Auftakt in die *Soirée* gefunden haben, drängt sich die Frage auf, wie nun ein angemessener Einstieg in die Politische Philosophie aussehen könnte. Doch wie finden wir diesen? Etwas ratlos sitzen wir da.

Vielleicht kann uns die «Magie dieses spontan vergorenen [...] Bieres [namens Gueuze], die in der ungezähmten Gärung liegt», ja weiterhelfen?[4] Auch wenn diese Beschreibung etwas gar überschwänglich erscheinen mag, greifen wir doch mit der leisen Hoffnung zum *Gueuze*, dass wir darin eine elixierhafte Wirkung finden, die uns hilft, einen geeigneten Einstieg in die Politische Philosophie zu erschliessen. Der Griff zum Tulpenglas ist also angesagt. Wir riechen vorsichtig und gleich noch ein zweites Mal, bereits etwas unbefangener: Eine komplexe, säurebetonte Aromatik zeigt sich. Noten von Grapefruit und Rhabarber mischen sich mit Akazienhonig und dem Duft von Heu. Und dann ist da noch etwas, das sich schwerer identifizieren lässt. Eine prägnante, animalisch-wilde Note, die an Leder als auch an erdige Anklänge erinnert, aber auch irgendwie

3 Kopp (2014): S. 64.

4 Kopp (2014): S. 64.

an die Behausung eines Pferdes, was uns gleichermaßen irritiert wie neugierig stimmt. Wir stoßen an und nehmen einen ersten Schluck. Die markant auftretende Säure wird von fruchtigen, würzigen und toastigen Aromen begleitet. Im Hintergrund halten sich Vanille- und Holznoten auf. Auffallend sind ferner die trockene Textur, der schlanke Körper und die sprudelnd lebendige Kohlensäure.

Ob es nun der «belebenden Wirkung» oder gar der «Magie dieses Bieres» zu verdanken ist, dass auf einmal ein sehr passabel wirkender Einstieg in die Politische Philosophie in unser Blickfeld rückt, darf offenbleiben. Der Inhalt des Einfalls muss hingegen enthüllt werden: Als «die gemeinhin erste und wichtigste Frage der Politischen Philosophie»[5], gilt jene Frage, «ob es überhaupt einen Staat geben soll. Warum keine Anarchie? Da die anarchistische Theorie, wenn sie haltbar ist, der gesamten Philosophie der Politik den Boden entzieht, ist es am Platz, die Philosophie der Politik mit einer Untersuchung ihrer wichtigsten theoretischen Gegenmöglichkeiten anzufangen.»[6] Diese erste und wichtigste Frage der Politischen Philosophie wird in philosophischen Kreisen unter dem *Banner* der «anarchistischen Herausforderung» behandelt. Diese stellt, um es noch in anderen Worten zu sagen, die grundlegende Frage nach der Legitimität politischer Herrschaft bzw. Gewalt. Dabei bezieht sie sich notwendigerweise auf Merkmale, die allen Staaten als solchen gemeinsam sind: So verfügt erstens jeder Staat über ein Gewaltmonopol. Mit seinem Sanktionssystem – man könnte auch von Zwangsinstrumenten sprechen – gibt der Staat den Aktionsradius der Bürger:innen wesentlich vor, was *de facto* eine Einschränkung der Handlungsfreiheit darstellt. Die anarchistische Herausforderung fragt nun, inwieweit

5 Celikates, Gosepath (2013): S. 37.

6 Nozick (2006): S. 24.

sich dieses Gewaltmonopol überhaupt legitimieren lässt. Der zweite Punkt weist darauf hin, dass mit politischer Macht notwendigerweise auch eine Hierarchisierung der Gesellschaft einhergeht, was sich beispielsweise darin zeigt, dass die Chancen zur Durchsetzung des eigenen Willens unter den Bürger:innen ungleich verteilt sind. Auch hier stellt sich wiederum die Legitimationsfrage. Drittens ist ein Staat *per definitionem* territorial begrenzt und verfügt daher über Organe, die über Inklusion und Exklusion entscheiden. Dies drückt sich in der Einschränkung von Bewegungs-, Aufenthalts-und Verfügungsfreiheit aus und führt uns ebenfalls zur Legitimationsfrage.[7]

Eben diese *Challenge*, plausible Argumente für staatliche Gewalt, genauer gesagt für deren Zwangs-, Ungleichheits- und Exklusionsaspekte zu finden, wird in der Politischen Philosophie von den sogenannten Kontraktualisten *accepted.* Zu den bedeutendsten Vertretern der kontraktualistischen Zunft zählen die Philosophen Thomas Hobbes (1588–1679), John Locke (1632–1704), Jean-Jacques Rousseau (1712–1778), Immanuel Kant (1724–1804) und John Rawls (1921–2002). Dass es sich bei dieser Herausforderung bei Weitem nicht nur um theoretische, zwischen zwei Buchdeckeln stattfindende Spielereien handelt, soll hier anhand der Beispiele von Locke und Rousseau kurz verdeutlicht werden. So sei angemerkt, dass Thomas Jefferson (1743–1826), der als Hauptautor der Unabhängigkeitserklärung der Vereinigten Staaten (1776) gilt, sich von Lockes Werk *Zwei Abhandlungen über die Regierung* inspirieren ließ[8], wohingegen Rousseaus *Der Gesellschaftsvertrag* einen wichtigen Richtwert für die erste französische Verfassung wäh-

7 Celikates, Gosepath (2013): S. 40–45.

8 Maier, Denzer (2007): S. 29.

rend der Revolution (1791) darstellte[9]. Dies jedoch nur am Rande. Der Kontraktualismus und insbesondere die Theorien von Locke und Rawls werden uns im Kapitel über den Liberalismus (2.) näher begleiten. Anders als die Kontraktualisten, die den Anarchismus lediglich als eine Art didaktische Zwischenstation zur Rechtfertigung staatlicher Macht nutzen, soll der Anarchismus hier jedoch als eigenständige Position dargestellt werden, die Zwang, Ungleichheit und Exklusion als grundsätzlich nicht rechtfertigbar und daher illegitim betrachtet.

Ein weiterer Schluck von diesem sauren, perlenden Bier: Das Geschmacksprofil des *Gueuze* liegt zweifellos außerhalb der sensorischen Bierkonventionen. Ein an *Mainstream*-Bier gewöhnter Gaumen mag im *Gueuze* zunächst allerlei vermeintliche Braufehler erkennen. Insofern ist die Mahnung von Oliver Wesseloh (**1973*), dem Weltmeister-Biersommelier von 2013, dass man sich diesem Bierstil nicht unvorbereitet nähern sollte, gut nachvollziehbar.[10]

Während das *Gueuze* es bei uns immerhin schon mal ins Glas schafft und so zum Kennenlernen einlädt, kommen Annäherungsversuche an den Anarchismus wegen bestehender Vorurteile oftmals gar nicht erst zustande. Ein Erklärungsversuch: Ähnlich wie das *Gueuze* mit seiner wilden Aromatik den Eindruck erweckt, «aus der Zeit gefallen» zu sein, wird Anarchie im allgemeinen Verständnis häufig als «vorzivilisatorischer Zustand» wahrgenommen, in dem antisoziales und zügelloses Verhalten überhandnimmt.[11] Nicht selten wird der Begriff «Anarchismus» als Kampfbegriff verwendet, um politi-

---

9 Brandt, Herb (2012): S. 5.

10 Wesseloh (2015): S. 191–192.

11 Loick (2017): S. 10.

sche Gegner als Chaos- und Gewaltbringer zu diffamieren. Lew Nikolajewitsch Tolstoi (1828–1910) fragt in diesem Zusammenhang, wie es sich ohne Regierung und staatliche Macht leben lässt, und erahnt, welche Antwort viele Menschen darauf haben werden: «Ohne Regierung wird ein Chaos [...] entstehen, alle Fortschritte der Zivilisation werden untergehen und die Menschen werden zum ursprünglichen, wilden Zustand zurückkehren. [...] [O]hne Regierung würden die Bildungs-, Erziehungs- und Wohlfahrtanstalten, die alle brauchen, nicht existieren [...].» «Aber», fragt Tolstoi zurück, «warum soll man das annehmen? Warum soll man glauben, dass Nichtregierungsmenschen es nicht verstehen würden, für sich selbst ihr Leben ebensogut einzurichten, wie es die Regierungsmenschen nicht für sich selbst, sondern für andere einrichten?»[12] Hier wird deutlich, dass die Einstellung zum Begriff des «Anarchismus» stark auf anthropologischen Annahmen basiert, die weniger deskriptiv sind, als sie in alltäglichen Diskussionen proklamiert werden. Im Fall des *Gueuze* ist der Begriff «Chaos» jedoch insofern weniger umstritten, als die spontane Fermentation – auf die wir noch näher eingehen werden – von wilden Hefen bestimmt wird, die im Vergleich zu den üblichen Brauerhefen schwer zu kontrollieren und einzuschätzen sind.

Um ein erstes Resümee zu ziehen: Es fällt auf, dass die beiden an sich gänzlich grundverschiedenen Gegenstände – das *Gueuze* und der Anarchismus – nicht nur die Gemeinsamkeit teilen, dass sie in ihren jeweiligen Bereichen – der Welt der Biere und der Politischen Philosophie – einen *apéritiven* Charakter haben. *Nein*, zusätzlich führen sowohl das *Gueuze* als auch der Anarchismus ein Nischendasein, und haben aufgrund von Vorurteilen und Habituationen nur selten das Vergnügen, auf ein Gegenüber zu treffen, das sich vertieft mit ih-

12 Tolstoi (2007): S. 50–53.

nen beschäftigt. Greifen wir Wesselohs Rat nochmals auf, sich dem *Gueuze* nicht ohne Vorbereitung zu nähern. Neben einer angemessenen Vorbereitung hilft bei einer Annäherung das, was als Tugend eines jeden Sommeliers gilt: die sensorische Offenheit. Diese erweitern wir sogleich um eine weitere Tugend, die der geistigen Offenheit, um uns auch dem Anarchismus möglichst unvoreingenommen zu nähern.

Der *eigentümliche* Geruch und Geschmack ermutigt uns, dieses bereits angestoßene, und ebenfalls *eigentümliche* Gedankenexperiment – das *Gueuze* und den Anarchismus in einen anregenden Dialog zu bringen – fortzusetzen. Die horizontal im *Lambic Basket* liegende Flasche nehmen wir direkt zum Anlass, um über die symbolische Bedeutung räumlicher Ausrichtungen nachzudenken. Während die Vertikalität eine autoritäre Neigung widerspiegelt («von oben nach unten»), repräsentiert die horizontale Achse, frei von jeglicher Hierarchie, den Kontakt auf Augenhöhe. Da der Assoziationsapparat nun schon einmal in Gang gesetzt wurde, kann auch noch ein weiterer horizontaler Einwurf gemacht werden: Eine *Gueuze* verdankt seinen komplexen Geschmack nicht zuletzt der bereits angesprochenen ungezähmten Gärung, in der die Hefegattung *Brettanomyces* eine besonders prominente Rolle spielt. Unter Brauern wird *Brettanomyces* einfach als «Brett» bezeichnet – ein Name, der kollegiale und freundschaftliche *Vibes* auslöst und symbolisiert, dass ein Miteinander auf Augenhöhe angestrebt wird. Dem gegenüber lässt das *Gueuze* aber auch vertikale Symbole zu. Da es eine Zweitgärung in der Flasche durchläuft, einen schlanken Körper und einen trockenen Abgang hat, wird es – nicht zuletzt auch durch seine belgische Herkunft aus Brüssel und der umliegenden Region Pajottenland bedingt[13] – oft als «Champagner Belgiens» bezeichnet.[14] Denkt der Volksmund an Champagner, so liegen Begriffe wie «Elitarismus» und folglich auch «Hierarchie» nicht weit. Bevor die Assoziationen jedoch durch ihren allzu freien Lauf hier ins Schleudern geraten, suchen wir lieber den festen Boden einer Definition – am besten gleich jener des Anarchismus. Dieser zeichnet sich durch seine Opposition zur Herrschaft und seine Vorliebe für die Freiheit aus. Pierre-Joseph Proudhon (1809–1865), ein Autor, der zu den Klassikern des Anarchismus gehört, verstand unter Anarchismus zunächst die «Abwesenheit jedes Herrschers, jedes Souveräns».[15]

Der abstrakte Begriff «Freiheit» hallt nach und zieht die Aufmerksamkeit der Philosophie auf sich, die ihrer Natur gemäß unweigerlich versucht, die Intuitionen dahinter zu begreifen. Klopfen wir nochmals Proudhons Definition ab, in der er ja der Herrschaft eine Absage erteilt. Vor diesem Hintergrund liegt die Schlussfolgerung nahe, dass es sich um eine sogenannte «negative Freiheitsvorstellung» handelt. Der Begriff «negativ» rührt daher, dass es sich um eine Freiheit «von etwas» handelt, bei der Eingriffe von außen – sei es durch den Staat, die Gesellschaft oder andere Personen – kritisch beäugt werden. Diese Form der Freiheit wird häufig als individualistisch interpretiert. Ein anschauliches Beispiel für «negative Freiheit» wäre die Redefreiheit. Demgegenüber steht die «positive Freiheit», die Freiheit «zu etwas». Diese Freiheitsvorstellung, die oft als «soziale Freiheit» verstanden wird, setzt voraus, dass man sich im gesellschaftlichen Leben durch verschiedene Formen der Teilhabe, wie beispielsweise das Wahlrecht, selbstwirksam einbringen kann. Vertreter der positiven Freiheit ar-

---

13 Oliver (2012): S. 638.

14 Oliver (2012): S. 411.

15 Proudhon (2018): S. 314.

gumentieren, dass der Mensch sich nur als Teil einer Gemeinschaft erhalten und entfalten kann. Vor diesem Hintergrund scheint eine radikale Form negativer Freiheit, die den gesellschaftlichen Einfluss auf das Individuum auf Null reduzieren will, wenig plausibel. Es bedeutet jedoch nicht, dass Befürworter der positiven Freiheit das Individuum einfach der Gesellschaft unterordnen wollen. Für sie würde dies ebenfalls eine Form der Unfreiheit darstellen. Vielmehr betonen sie den dialektischen Zusammenhang zwischen der Freiheit des Einzelnen und der der Gesellschaft. In ihrer Freiheitsvorstellung ist die negative Freiheit somit ein unverzichtbarer Bestandteil. Dagegen warnen die Vertreter der negativen Freiheit, dass dadurch die Tür für paternalistische Eingriffe geöffnet wird.

Anarchistische Denker, die die positive oder soziale Freiheit vertreten, sind neben Proudhon[16] unter anderem auch

---

16 Der aufmerksamen Leserschaft wird nicht entgangen sein, dass die obenstehende Definition von Proudhon eine negative Annäherung an den Freiheitsbegriff darstellt. Dass Proudhon auch anders denken kann, soll im folgenden Zitat verdeutlicht werden: «Die Anarchie ist […] eine Regierungsform oder Verfassung, in welcher das öffentliche und private Gewissen, gebildet durch die Entwicklung von Wissenschaft und Recht, allein zur Erhaltung der Ordnung und Sicherung aller Freiheiten genügt, in welcher also das Autoritätsprinzip, die polizeilichen Einrichtungen, die Vorbeugungs- und Repressionsmittel, der Funktionalismus, die Steuern usw. auf das einfachste beschränkt sind, in welcher noch viel mehr die monarchistischen Formen, die hohe Zentralisation – durch förderative Einrichtungen und kommunale Gebräuche ersetzt – verschwinden. Wenn das politische Leben und die private Existenz identisch sein werden, wenn durch die Lösung der ökonomischen Probleme zwischen den sozialen und den individuellen Interessen Gleichgewicht bestehen wird, dann werden wir uns augenscheinlich nach dem Verschwinden jedes Zwangs in voller Freiheit oder Anarchie befinden.» (Nettlau [1993]: S. 5–6.)

Michail Alexandrowitsch Bakunin (1814–1876) und Pjotr Alexejewitsch Kropotkin (1842–1921). In der Tradition der anarchistischen negativen Freiheit finden sich hingegen Namen wie William Godwin (1756–1836), Max Stirner (1806–1856) und Henry David Thoreau (1817–1862). Sie unterstreichen, dass jeder Mensch die Freiheit haben muss, sich von gesellschaftlichen Normen zu distanzieren und das Recht, diese abzulehnen. Thoreau wird uns später noch ausführlicher beschäftigen.

Vorher soll jedoch noch eine weitere Vorstellung von Freiheit angesprochen werden: jene der «ästhetische Freiheit». Sie setzt sich dafür ein, dass dem Überschreiten gesellschaftlicher Konventionen ein eigener Wert zukommt. Der Gedanke dahinter ist, dass Menschen, die die üblichen Bahnen verlassen, andere dazu anregen, festgelegte Normen zu hinterfragen, was neue Denk- und Handlungsräume schafft. Wenn man den Anarchismus nicht nur als Theorie versteht, sondern auch als Lebensweise und politische Bewegung, lässt sich im Kontext der ästhetischen Freiheit die Punk-Bewegung anführen. Diese stellt mit ihren unkonventionellen *Performances* die kommerzielle Musikindustrie und deren Kultur der Starproduktion infrage. Die ästhetische Freiheit schlägt jedoch nicht nur eine Brücke zu den Punks, sondern auch zum *Gueuze*. Dieser Bierstil setzt mit seinen markanten sensorischen Eigenschaften – um die animalisch-wilde Note nochmals hervorzuheben – einen erfrischenden Kontrapunkt zum bierigen *Mainstream*. Wer jedoch am Rand der Kultur oder des Marktes agiert, ist sich in der Regel bewusst, dass sich Türen auch plötzlich verschließen können. So gab es auch in den 1990er Jahren die Befürchtung, dass das *Gueuze* vom Markt verschwinden könnte. Angesichts eines jährlichen Ausstoßes von nur 1.500 Hektolitern war dies durchaus beunruhigend. Inzwischen hat die Produktion jedoch wieder deutlich zugenommen.[17]

Dem anarchistischen Staatsskeptizismus wird nicht selten vorgeworfen, er wolle staatliche Aufgaben ohne valablen Ersatz eliminieren. Darauf kann man mit den Worten von Errico Malatesta (1853–1932) reagieren, der betont, dass das eigentliche Ziel darin bestehe, diese Aufgaben wieder der Gesellschaft zu überlassen: «So ist Staats- und Regierungslosigkeit [...] nicht die Zerstörung des gesellschaftlichen Zusammenhangs. Gerade im Gegenteil: Das Zusammenwirken, welches heute erzwungen ist [...], wird frei, freiwillig und unmittelbar sein und dem Wohle aller dienen.»[18] Kaum dass wir begonnen haben, uns mit den anarchistischen Strukturalternativen zum bestehenden Staat auseinanderzusetzen und die Begriffe «dezentral», «autonom» und «föderativ» erste Formen annehmen, tritt die Sommelière zu unserem Tisch. Lassen wir also das Grübeln über die anarchistisch-strukturelle Trias – dezentral, autonom, föderativ – vorerst ruhen und hören den Ausführungen der Sommelière zu. Sie scheint bemerkt zu haben, dass wir das *Gueuze* nicht nur konsumieren, sondern auch aufrichtiges Interesse dafür aufbringen. Nach zwei, drei Sätzen *Small Talk* beginnt sie, bekräftigt durch unsere offenkundige Neugier, mehr über das *Gueuze* zu erzählen. Es ist zunächst wichtig zu verstehen, dass dieses sprudelnde und säurebetonte Bier auf dem Bierstil *Lambic* basiert. Auf den Weidenkorb vor uns deutend, fügt die Sommelière hinzu, dass so auch der Name *Lambic Basket* erklärt sei. Beim *Lambic* kommt neben klassischem Gerstenmalz auch Rohweizen zum Einsatz. Während das fertige *Lambic* im Vergleich zum *Gueuze* weniger Kohlensäure und

17 Oliver (2012): S. 411–412.

18 Malatesta (1975): S. 32.

Komplexität aufweist, trumpft es mit einem weinähnlichen, säurebetonten Geschmack auf.[19] Mit einem Nicken geben wir der Sommelière zu verstehen, dass sie unsere volle Aufmerksamkeit hat. Es dränge sich nun die Frage nach dem Brauprozess auf, der die Rohstoffe Gerstenmalz und Rohweizen in dieses säurebetonte, weinähnliche Getränk verwandelt. Dafür möchte sie nun etwas ausholen. Häufig wird übersehen, welche tiefgreifenden Veränderungen die Industrialisierung im 19. Jahrhundert, gerade auch mit Blick auf das Fermentationsgeschehen, bei dem Hefe Zucker in Alkohol umwandelt, für das Brauwesen mit sich brachte. So kann man sagen, dass die Natur des Gärungsprozesses bis zur zweiten Hälfte des 19. Jahrhunderts im Wesentlichen eine *Black Box* war.[20] Um dennoch eine Fermentation zu initiieren, stehen dem Braumeister zwei Wege offen. Bei der ersten Methode wird die Hefe aus vorherigen Brauvorgängen im Schaum- oder Bodensatz gesammelt und direkt in den Gärprozess des nächsten Suds eingebracht, wobei diese Praxis weniger auf Einsicht in mikrobiologische Prozesse, sondern vielmehr auf Erfahrungswissen beruht. Der zweite Weg, eine Gärung zu starten, erfolgt über die wilden Hefen, die im Mikroklima der Brauerei vorhanden sind. Man spricht hier von Spontangärung.[21] Eine gewisse Säuerlichkeit im Geschmack ist bei beiden Gärmethoden nicht ungewöhnlich, was den modernen Gaumen ja häufig irritiert. Im 19. Jahrhundert ändert sich die Herangehensweise aber massgeblich: Im zunehmend marktwirtschaftlich orientierten Umfeld wachsen mit dem unternehmerischen Anspruch, die eigenen Biere auch in entfernte Märkte zu vertreiben, zwangsläufig auch die Anforderungen an die

19 Dornbusch (2017): S. 141–142.

20 Oliver (2012): S. 342.

21 Oliver (2012): S. 342–347.

mikrobiologische Stabilität des Bieres. Dabei sucht man auch bei den Fermentationsmethoden nach Optimierungsmöglichkeiten. In diesem Kontext darf man Louis Pasteur (1822–1895) und Emil Christian Hansen (1842–1909) eine Pionierrolle zuschreiben. So stellt Pasteur fest, dass in der fermentierenden Hefe oft auch andere Bakterien oder Pilze vorhanden sind, die der Haltbarkeit des Bieres eher abträglich sind. Seine Entdeckung, dass durch eine gezielte thermische Behandlung, bei der das Bier für eine bestimmte Zeit auf 55 °C bis 60 °C erhitzt wird, die Organismen, die die Haltbarkeit mindern, in Schach gehalten werden und das Bier dadurch deutlich länger genießbar bleibt, ist heute als «Pasteurisierung» bekannt.[22] Auf dem Weg zu einem kontrollierteren Brauprozess und einem haltbareren Produkt trägt Emil Christian Hansen ebenfalls einen bedeutenden Teil dazu bei. Auf der Feststellung fußend, dass Bakterien und Pilze in der Fermentationshefe mit der gewünschten Braukontrolle und Haltbarkeit kaum zu harmonisieren sind, gelang es Hansen im Labor von Carlsberg im Jahre 1883 Fermentationshefen zu isolieren und zu züchten. Als Beispiel sei hier der untergärige Hefepilz *Saccharomyces carlsbergensis* (heute *Saccharomyces pastorianus*) genannt.[23, 24] Diese gereinigten Hefekulturen, die für mikrobiologische Stabilität sorgen und somit auch zu einem konsistenteren Produkt führen, erleben wenig überraschend einen internationalen Siegeszug. In der Folge beziehen Brauereien ihre Hefe nunmehr überwiegend nicht mehr von vorherigen Brauvorgängen oder aus der Mikroflora, sondern aus Hefebanken, die gereinigte Hefekulturen anbieten. Bierstile, die mit den traditionellen Fermentationsmethoden gebraut werden, verschwinden zu-

22 Oliver (2012): S. 642.

23 Rissanen, Tahvanainen (2016): S. 157.

24 Oliver (2012): S. 420–421.

nehmend. Eines dieser seltenen Überbleibsel stellt das *Lambic* dar, für das keine gereinigten Hefekulturen bestellt werden, sondern bei dem die lokal vorkommenden wilden Hefen und Bakterien die Gärung übernehmen. Es ist daher nicht übertrieben zu sagen, dass dieses Bier dem *Terroir* Ausdruck verleiht. Während die Sommelière weitere Details preisgibt, schweifen wir für einen Moment ab und fragen uns, wie diese Orientierung am *Terroir* mit der anarchistischen Idee der Dezentralisierung in Verbindung stehen könnte. So wie politische Entscheidungen dem Anarchismus zufolge nicht von «Experten oder Bürokraten, sondern von den betroffenen Menschen selbst in ihren alltäglichen Bezugssystemen und Lebensrealitäten getroffen werden»[25] sollen, wird der Fermentationsprozess des *Lambic* nicht von einer terroirfremden Hefe angestoßen, sondern «dezentral an Ort und Stelle selbstorganisiert»[26].

Aus einer Mischung aus Höflichkeit und Interesse wenden wir uns wieder der Sommelière zu. Diesen lokal vorkommenden wilden Hefen und Bakterien, die für die Spontangärung verantwortlich sind, kann durchaus ein Gesicht gegeben werden: Auch wenn die Mikroflora an jedem Ort anders zusammengesetzt ist, können einige Hefestämme – wie etwa *Brettanomyces bruxellensis*, *Brettanomyces lambicus*, verschiedene Milchsäurebakterien und auch die als obergärige Bierhefe bekannte *Saccharomyces cerevisiae* – ausdrücklich beim Namen genannt werden. Diese Mikroflora, in der sich also ein regelrechter Hefe- und Bakteriencocktail finden lässt, trägt letztlich zum individuellen Charakter des *Lambic* bei.[27, 28] Wir schauen ins Glas und fragen uns belustigt, inwieweit sich zwischen der

25 Loick (2017): S. 139.

26 Loick (2017): S. 75.

27 Dornbusch (2014): S. 176–177.

28 Oliver (2012): S. 420–421.

terroirspezifischen Hefe- und Bakterienzusammensetzung, die autonom eine Gärung startet und dabei ihren eigenen sensorischen Fingerabdruck prägt, und der anarchistischen Vorstellung von Autonomie eine Parallele ziehen lässt.

Allmählich kommen wir der Frage näher, wie das *Gueuze* aus dem *Lambic* hervorgeht. Nach der mikrobiellen Infektion reift das *Lambic* in Eichen- oder Kastanienfässern über mehrere Monate bis hin zu Jahren.[29] Daraufhin wird junges und altes Lambic verschnitten.[30] Einige Brauereien kaufen zum Verschneiden auch *Lambic* von anderen Brauereien ein, doch häufiger entsteht das *Gueuze* aus verschiedenen hauseigenen *Lambic*-Fässern. Dabei darf das junge *Lambic* nicht älter und das alte nicht jünger als sechs Monate sein, wobei die Proportionen variieren. Als Faustregel gilt jedoch, dass etwa ein Drittel frisches und zwei Drittel gereiftes *Lambic* verwendet werden. Da das Verschneiden aufgrund der unterschiedlichen Aromen und Texturen ein hohes Maß an Gespür und Erfahrung erfordert, wird es – ähnlich wie bei *Wein-Cuvées* oder *Blended Scotch* – als Kunstform betrachtet. Nach der *Assemblage* wird das Bier mit einer *Dosage* Zucker versetzt, in dickwandige Champagnerflaschen mit Korken und Drahtkörbchen, dem sogenannten *Muselet*, abgefüllt und dann bis zu zwei Jahre in der Flasche nachvergoren.[31] Aus dieser zweiten Gärung entspringt dann gewissermassen der Bierstil *Gueuze*. Während sich die Gäste neben uns nach einer neuen Runde sehnen und sich die Sommelière mit einem Knick und einem «Wohl bekomms» verabschiedet, huscht uns ein verschmitztes Lächeln über das

---

29 Kopp (2014): S. 64.

30 Wer für den Prozess des Verschneidens ein galantes Expertenvokabular verwenden möchte, kann auch von *Assemblage*, *Cuvée* oder *Blending* sprechen.

31 Dornbusch (2017): S. 111.

Gesicht. In den eben gehörten Erzählungen lässt sich auch das dritte Adjektiv, «föderalistisch», wiederfinden, jedoch mit einem entscheidenden Vorbehalt. Während beim Assemblieren die Absicht besteht, unterschiedliche sensorische Komponenten (*Lambics*) zu einem ausgewogenen Gesamtbild (*Gueuze*) zu vereinen, beschreibt ein föderatives System im anarchistischen Sinne einen solidarischen Zusammenhalt, bei dem die Eigenheiten der einzelnen Teile – etwa autonome Kollektive – bewahrt bleiben sollen.

Nachdem das Entstehungsverfahren des *Gueuze* als Modell herangezogen wurde, um die dezentralen, autonomen und föderativen Strukturen des Anarchismus greifbarer zu machen, haben wir nun die Gelegenheit, etwas über die Motive hinter diesem Streben nachzudenken: Dank dezentralen Strukturen kann erstens die Bündelung von Gewaltmitteln verhindert werden. Zweitens macht der autonome Charakter Hierarchie und Zwang unmöglich, während drittens die föderative Ausrichtung möglichen überlokalen Spaltungen entgegenwirkt. Zudem zielt die anarchistische Struktur insgesamt darauf ab, dass Probleme nicht mehr an einen Staat delegiert, sondern von den Betroffenen selbst angegangen werden. Konkret kann hier beispielsweise der Wohlfahrtsstaat angesprochen werden, der seine Untertanen entmündigt, indem er ihnen die Verantwortung für ihr eigenes Leben nimmt und dem Kollektiv die Chance verwehrt, Solidarität zu leben.[32] Die anarchistische Struktur soll helfen, das moderne Selbstverständnis, das vom aufklärerischen Ideal geprägt ist, dass der Mensch seine Verhältnisse autonom bestimmt, in die Praxis zu überführen.[33]

Kropotkin schreibt, dass sich: «[d]ie ganze Geschichte unserer Zivilisation hindurch […] zwei entgegengesetzte Tra-

32 Degen, Knoblauch (2019): S. 195.

33 Loick (2017): S. 134.

ditionen, zwei Tendenzen einander gegenübergestanden [haben]: die römische Tradition und die volkstümliche Tradition, die imperiale Tradition und die föderalistische Tradition, die autoritäre Tradition und die libertäre Tradition.»[34] Das Zitat bringt uns aus drei Gründen zum Nachdenken: Erstens stellt sich die Frage, inwieweit es plausibel ist, die kropotkinsche Tendenz, Gegensätze zu sehen, auf die Unterscheidung zwischen spontaner und kontrollierter Fermentation bzw. zwischen Natur- und Laborhefe zu übertragen. Die Frage ist durchaus angebracht, da es nicht unpopulär ist, die Labor- und die Naturhefe als Vertreter oppositioneller Philosophien zu betrachten. Jedoch vermag die Darstellung, dass es sich bei der Natur- und der Laborhefe um ein Gegensatzpaar handelt, nicht zu überzeugen, weil die letztere letztlich eine gereinigte und gezüchtete Form ersterer ist. Der Bezug zu Kropotkin lässt sich nun *ad absurdum* führen: So ist es kaum vorstellbar, dass Kropotkin die imperiale Tradition als «gereinigte und gezüchtete Form» der föderalistischen Tradition verstanden haben könnte. Zweitens gilt es, die Bedeutung der Metapher näher zu bestimmen. Immerhin wurden gerade unterschiedliche Merkmale des *Gueuze* als bildhafte Erklärung genutzt, um die ersten Konturen der anarchistischen Theorie herauszuarbeiten – und umgekehrt. Laut Paul Ricoeur (1913–2005) verbindet die Metapher zwei ursprünglich unverbundene Bereiche und schafft einen Raum dazwischen, der feste, etablierte Bedeutungen auflockert und so offener für neue Interpretationen und Sichtweisen wird.[35] So sehr wir diese Offenheit auch schätzen, sehen wir hier gleichwohl die Gefahr, dass in einem solchen Interpretationsraum plötzlich die begriffliche Klarheit verloren gehen könnte. Da genau das jedoch vermieden werden soll, ist es

34 Buber (1967): S. 69.

35 Ricoeur (1986).

vielleicht ratsamer, sich nicht an der Metapher, sondern an der Analogie auszurichten, die zwar ebenfalls zwei unterschiedliche Dinge auf ihre Gemeinsamkeiten hin untersucht, dies jedoch mit einer nüchternen Haltung tut. *Naja*, allzu nüchtern soll es dann aber auch nicht sein. So wirft die metaphorische Anregungskraft, die Vorstellungsräume zu öffnen vermag, drittens eine ethische Frage auf. Wer in der Geschichte politischer Reden stöbert, wird feststellen, dass Metaphern eine ungeheure Wirkmächtigkeit entfalten können. Nicht selten dient der Körper als Kampf- oder Schauplatz, auf dem über die Gesundheit oder Krankheit der Nation entschieden wird. In drastischeren Reden werden politische Gegner gar als Schädlinge oder Viren diffamiert. Auch oder gerade weil unsere Ausführungen in einem selbstironischeren und manchmal hoffentlich auch nuancierteren Metapherngewand daherkommen, gilt es erst recht, einen kritischen und bewussten Umgang mit der Wirkung der Metaphern zu pflegen.

Wie der Anarchismus den Abbau des Staates in Richtung dezentraler, autonomer und föderativer Strukturen vorsieht, soll gleich Thema sein. Zuvor gilt es jedoch, den anarchistischen Staatsskeptizismus, der sich logischerweise nicht nur auf Monarchien oder Diktaturen, sondern auf alle Staatsformen erstreckt, anhand des Beispiels des demokratischen Staates näher zu konkretisieren. Dafür rufen wir uns nochmals die Trias «Zwang, Hierarchie und Exklusion» in Erinnerung.

Auch in Demokratien sind in Konfliktsituationen Gesetze und Verordnungen die maßgeblichen Orientierungsgrößen. Statt in der jeweiligen Problemsituation eigenständig nach Lösungen zu suchen – was selbstverständlich kognitive und emotionale Flexibilität erfordert –, bietet die staatliche Kultur der Verordnungen die Möglichkeit, die Verantwortung abzuschieben. Plakativ könnte man sagen, dass der demokratische

Zwang in den standardisierten Umgangsweisen mit gesellschaftlichen Problemen liegt, die den konkret-lebensweltlichen Konfliktsituationen folglich mit Starrheit und Fantasielosigkeit begegnen.[36]

Dass Demokratie und Hierarchie kompatibler sind, als es der Volksmund vielleicht intuitiv vermutet, kann am Problem der Repräsentation aufgezeigt werden. Repräsentation bedeutet, dass die eigenen Meinungen und Präferenzen von anderen Menschen vertreten werden. Dadurch wird dem wachen Urteilsvermögen und der moralischen Autonomie allerdings ein wesentliches Übungsfeld entzogen – ein Umstand, mit dem der Anspruch der Aufklärung nicht wirklich zufrieden sein kann.

Auch das dritte Stichwort «Exklusion«» lässt sich in demokratischen Staaten beobachten: Trotz des Prinzips der allgemeinen Beteiligung kommt es vor, dass bestimmte Bevölkerungsgruppen strukturell benachteiligt oder gar ausgeschlossen werden. So sind beispielsweise der sozioökonomische Status, die Herkunft oder der Bildungshintergrund maßgeblich dafür verantwortlich, wer an den politischen Prozessen teilhaben kann. Zudem führt die nationale Grenzziehung dazu, dass die Menschen nicht nur in ihrer Bewegungsfreiheit eingeschränkt werden, sondern auch darin, sich einem politischen Gemeinwesen ihrer Wahl anzuschließen. Dass durch die nationalen Grenzziehungen die politischen Gemeinschaften zwecks Kohäsion zu Patriotismus angestachelt werden, was wiederum zu Gewalteffekten führen kann, zeigt die Geschichte zur Genüge. So geht mit den modernen Staaten eine nie dagewesene Zentralisierung von Gewaltmitteln einher, was die um den Globus verteilten Atombombenarsenale belegen. Der Anarchismus stellt daher

---

36 Loick (2017): S. 127.

für sich die rhetorische Frage, ob der Staat nicht «das größte Sicherheitsrisiko in der Geschichte der Menschheit» darstellt.[37]

Nach all dem eben Gehörten soll die anarchistische *Pointe*, der wir bereits begegnet sind, in anderen Worten noch einmal zum Ausdruck kommen: Den «Zwangsverband Staat» gilt es aufzulösen und durch einen «echten Menschenbund» zu ersetzen.[38]

Wie lässt sich nun eine anarchistische Praxis gesellschaftlich etablieren? Zur Erinnerung: Jede autoritäre Tendenz – dazu zählen auch revolutionäre und politische Programme, die schnell dogmatische Züge annehmen können – lehnt der Anarchismus entschieden ab. Vielmehr soll sich die anarchistische Praxis allein vom Begehren der betroffenen Menschen leiten lassen. Die anarchistische Revolution verweigert sich also einem äußeren Anstoß, sei er autoritär oder theoriegeleitet. Stattdessen soll sie «aus dem Volk selbst entstehen, welches aus der Tiefe des Seins eine neue, freie Gesellschaft erschafft».[39] Gesellschaftliche Transformationen sollen *ergo* durch spontane, selbstorganisierte Aktionen der Menschen vor Ort angestoßen und durchgeführt werden. Hier bietet sich eine weitere Analogie zum *Lambic* an, dem Bierstil, der das *Gueuze* ermöglicht. Die traditionelle Brauart setzt das *Lambic* in einem Kühlschiff – einer offenen, flachen Wanne, die sich üblicherweise direkt unter dem Dach der Brauerei befindet – der heimischen Mikroflora aus.[40] Dank des «Spiel[s] mit dem Wind» kommt es im Laufe der Zeit zu einer mikroorganismischen

37 Loick (2017): S. 118.

38 Landauer (1998): S. 136.

39 Loick (2017): S. 75.

40 Oliver (2012): S. 535–538.

Schwängerung.[41] Auch wenn der Anstoß zur anarchistischen Revolution spontan sein soll, sieht die anarchistische Politik jedoch vor, mit Geburtshelfern – um beim *natalen* Bild zu bleiben – auf die Gesellschaft einzuwirken.[42] Anstatt von Geburtshilfe zu sprechen, bevorzugt das anarchistische Vokabular den Begriff der «präfigurativen Politik», die darauf setzt, dass konkrete Beispiele anarchistischer Lebensführung als vorbildhafte Modelle dienen. Die Geburtshilfe soll also wiederum nicht durch autoritäre oder theoretische Lenkung erfolgen, sondern durch das Aufzeigen von politischen Aktionsformen oder alternativen Wirtschaftsmöglichkeiten ihre Wirkung entfalten. Durch präfigurative Politik soll glaubwürdig aufgezeigt werden, dass anarchistisches Zusammenleben nicht nur gerechter ist, sondern sich im Alltag auch bewährt und Lebensqualität bietet. Anstatt bestehende staatliche Strukturen zu übernehmen oder gar zu Fall zu bringen, geht es also darum, gewaltfrei alternative Institutionen zu schaffen, die die Menschen ermutigen, mitzumachen und selbst initiativ zu werden. Auch diejenigen, die sich dem Brauen von *Lambic* widmen, versuchen Bedingungen zu schaffen, die einer spontanen Gärung zuträglich sein sollen. So sind in manchen *Lambic*-Gärkellern beispielsweise Spinnen willkommen und erhalten dann auch ein lebenslanges Wohnrecht, da sie zur Verbreitung von Mikroben beitragen.[43] Im Gegensatz dazu weiß die präfigurative Anarchismuspolitik herzlich wenig mit den «Arachniden» – so der wissenschaftliche Begriff für Spinnen – anzufangen. Sie verfolgt andere Ansätze. Drei davon sollen kurz vorgestellt werden: Das erste Beispiel führt in die Ökonomie, wo präfigurativ-politische Maßnahmen in der Produktions-,

---

41 Kopp (2014): S. 64.

42 Loick (2017): S. 77.

43 Dornbusch (2017): S. 142.

Konsumations- und Zirkulationssphäre Anwendung finden können. Anarchistische Produktion bedeutet, dass Arbeiter:innen sowohl die Arbeitsbedingungen als auch die Gewinne direkt kontrollieren. Ein präfiguratives Beispiel dafür ist die von Robert Owen (1771–1858) geleitete genossenschaftliche Siedlung *New Harmony*. Im Zusammenhang mit der Zirkulationssphäre lässt sich die Volksbank, eine Idee Proudhons, anführen, die zinsfreie Kredite für Arbeiter:innen bereitstellen und so deren Abhängigkeit vom kapitalistischen Markt verringern soll. Die Konsumationssphäre kann beispielsweise präfiguriativ verändert werden, indem Arbeiter:innen gemeinsame Einkaufskooperativen bilden, wodurch bessere Produkte zu niedrigeren Preisen verfügbar werden. Ziel der drei Strategien ist es, die kapitalistische Wirtschaft von innen heraus zu reformieren.[44] Ein weiteres Beispiel für präfigurative Politik sind selbstorganisierte Gesellschaften. Ein besonders eindrucksvolles Beispiel dafür liefert Kropotkin, der auf eine englische Organisation verweist, die sich der Rettung von Schiffbrüchigen widmete. Diese Initiative war insofern anarchistisch, als sie jenseits staatlicher Interventionen und ökonomischen Nutzendenkens handelte und sich als freiwilliger Zusammenschluss selbstorganisiert um die Rettung von Schiffbrüchigen kümmerte. Dieser Fall zeigt, dass sich auch innerhalb eines kapitalistischen Systems anarchistische Prinzipien umsetzen lassen.[45] Als drittes Beispiel können die *Commons* genannt werden – materielle oder immaterielle Güter, die allen frei zur Verfügung stehen. Traditionell denkt man dabei an die Allmende oder an öffentlich zugängliche Parks und Bibliotheken. Im Fall immaterieller Commons sind zum Beispiel kulturelle Werke oder Wikipedia gemeint. Diese stellen frei zugängliche, ge-

44 Loick (2017): S. 43.

45 Kropotkin (2014): S. 154.

meinschaftliche Güter dar, die durch freiwillige Kooperation entstanden sind.[46]

Was die Wirkungsmöglichkeiten präfigurativer Politik angeht, hat sich inzwischen zweifellos eine gewisse Ernüchterung breitgemacht. Viele anarchistisch Gesinnte haben erkannt, dass diese Ansätze gesamtgesellschaftlich weniger Einfluss haben, als einst angenommen. In einer Welt, die immer vernetzter ist, findet anarchistische Praxis zunehmend in abgeschotteten und analogen Rückzugsorten statt, fernab öffentlicher Sichtbarkeit.

Der Anarchismus lehnt das Modellieren einer idealen Gesellschaft ab, da er darin die Gefahr sieht, dass menschliche Bedürfnisse nicht mehr angemessen erfasst werden. Stattdessen geht es um das Verständnis davon, dass der Konsensprozess fortwährend ist. Die Zukunft bleibt so unbestimmt. Im Vergleich dazu ist die *Lambic*-Szene deutlich traditionsorientierter. Als Beweis dafür kann die Reaktion auf die zunehmend gesüßten *Lambics* und *Gueuzes* in den späten 1990er Jahren angeführt werden. Obwohl die Süßung finanziell nicht unprofitabel war, entfernte sie sich vom traditionellen Geschmack und übertünchte die Komplexität. Dies führte zur Gründung der Organisation *HORAL* (*Hoge Raad voor Ambachtelijke Lambikbieren*), die sich dem Schutz und der Förderung der traditionellen *Lambics* und *Gueuzes* verschrieben hat. Ein Beleg für ihr Wirken ist die mittlerweile etablierte Bezeichnung «Oude», die sicherstellt, dass das Bier ungesüßt in der Flasche abgefüllt wird.[47]

Der Exkurs zu den freiheitstheoretischen Annahmen hat bereits aufgezeigt, dass sich daraus verschiedene anarchistische

---

46 Loick (2017): S. 153.

47 Oliver (2012): S. 411–412.

Positionen ableiten lassen. Basierend auf den Konzepten der negativen und positiven Freiheit lässt sich zwischen einem individualanarchistischen und einem kollektivanarchistischen Ansatz unterscheiden. Die Umrisse beider Ansätze sollen im Folgenden durch jeweils einen Vertreter etwas deutlicher werden: Henry David Thoreau wird den Individualanarchismus repräsentieren, während Bakunin den Kollektivanarchismus vertreten wird.

Im Gegensatz zum kollektivistisch orientierten Ansatz weist die individualanarchistische Position einen geringeren Sinn für politische Organisation auf, da sie bei externen Einflüssen schneller paternalistische Tendenzen erkennt und somit die Gefahr der Unterdrückung des Individuums sieht. Keine Frage, die individualanarchistische Richtung ist keineswegs homogen, sondern vereint mit individualistischen, libertären und liberalen Akzentsetzungen unterschiedliche Ansätze. Diese teilen jedoch die Auffassung, dass den Individualrechten unbedingtes Primat zukommt.[48] Der Wert der Gesellschaft hingegen ist davon nur abgeleitet und somit sekundär.[49] Henry David Thoreau, der dem amerikanischen Transzendentalismus zugeordnet wird – einer Strömung, die nicht nur intensive Naturerfahrungen sucht, sondern diese auch als ein Ventil betrachtet, um sich von gesellschaftlich-konformistischen Tendenzen zu befreien, – schreibt dazu: «Nie wird es einen wirklich freien und aufgeklärten Staat geben, solange der Staat nicht endlich das Individuum als höchsten und eigenständigen Souverän anerkennt, von dem er sich erst seine – des Staates – ganze Macht und Autorität ableiten und solange er den Einzelmenschen nicht entsprechend behandelt. Gerne stelle ich mir einen Staat vor, der es sich leisten kann, zu allen Menschen ge-

---

48 Loick (2017): S. 65.

49 Loick (2017): S. 49.

recht zu sein; der das Individuum respektvoll, gleichsam gutnachbarlich behandelt; einen Staat, der es nicht für unvereinbar mit seiner Würde hält, wenn einige abseits von ihm leben, weder an ihm teilhaben noch sich von ihm vereinnahmen lassen wollen [...].»[50] Thoreau schreibt nicht nur vom abseitigen Leben, sondern sucht es auch selbst aktiv auf. Es zieht ihn an den Walden-Teich in Massachusetts, um zu erkunden, inwieweit ein autarkes Leben fern von zivilisatorischen Bequemlichkeiten möglich ist. Dort baut er eine Hütte, macht das Land urbar, fischt und geht all den wesentlichen Tätigkeiten nach, die für den Lebensunterhalt notwendig sind. Durch diesen temporären Rückzug von der Gesellschaft hofft Thoreau, dass die Stimme des Gewissens klarer zum Ausdruck kommt, die er auch politisch Geltung verschaffen möchte. In einer Passage schreibt er, dass er «sich durch den Schlamm und Kot der Meinungen, der Vorurteile, der Tradition, der Täuschung und des Scheines»[51] hindurcharbeiten möchte, bis er sich als Einzelner in seiner Eigenheit findet. Sein Streben nach einem selbstgenügsamen, autarken Leben am Walden-Teich stellt für Thoreau die Grundlage für ein autonomes, selbstbestimmtes Leben dar.[52] Dass auch das *Gueuze* bzw. das *Lambic* Anteil an der Idee der Autarkie haben, wurde bereits deutlich, da für den Gärprozess nur die eigenen Terroirbedingungen genutzt werden. Auch der Walden-Teich regt zu *Gueuze*-Assoziationen an: Das gesamte produzierte *Gueuze* des Jahres 2006 (600.000 Liter[53]) hätte im Walden-Teich (3.210.000.000 Liter[54]), basierend auf einer Messung von 2001, 5'350 Mal Platz gehabt.

50 Thoreau (2013): S. 58–59.
51 Thoreau (2007): S. 104.
52 Safranski (2021): 135.
53 Oliver (2012): S. 412.
54 Colman, Friesz (2001): S. 4.

Aber genug der mathematischen Spielerei und zurück zu Thoreau: Er ermutigt diejenigen, die mit schwerwiegenden Ungerechtigkeiten konfrontiert sind – Thoreau selbst sieht sich konkret mit der Sklaverei und dem Mexikanisch-Amerikanischen Krieg konfrontiert –, sich zu weigern, diese durch ihre Steuerzahlungen mitzutragen. Wer sich jedoch weigert, muss auch bereit sein, für seine Überzeugungen ins Gefängnis zu gehen. Wenn dieses Prinzip Nachahmung findet – ganz nach dem *Gusto* der präfigurativen Politik – könnte es durch massenhafte Festnahmen das System ins Wanken bringen. Mahatma Gandhi (1869–1948) und Martin Luther King (1929–1968) ließen sich unter anderem von dieser Anleitung zum gewaltfreien Widerstand inspirieren.[55]

Der kollektivistisch orientierte Ansatz vertritt die bereits erwähnte Auffassung, dass staatliche Herrschaft der echten Gemeinschaft im Weg steht. Auch hier lassen sich unterschiedliche Akzentsetzungen identifizieren, wobei im Folgenden der Ansatz von Bakunin näher behandelt werden soll. Dieser setzt sich kompromisslos für das freie Denken ein und lehnt folglich jegliche hierarchischen und konformistischen Strukturen ab. Seine Kritik richtet sich dabei insbesondere gegen religiöse Autoritäten. Auch wenn er institutionelle Autorität kategorisch ablehnt, sieht er Autorität unter bestimmten Voraussetzungen als legitim an – nämlich dann, wenn sie freiwillig und zeitlich begrenzt verliehen wird. So plädiert er für eine zirkulierende Autorität in der Gemeinschaft, bei der jedes Mitglied seine Expertise einbringt und die anderen sich zeitweilig freiwillig unterordnen.[56] Das Bild einer zirkulierenden Autorität findet auch in der *Lambic*-Fermentation seine Entsprechung, wobei der «Stabübergabe» hier weniger ein freiwilliger Beschluss zu-

---

55 Loick (2017): S. 64.

56 Loick (2017): S. 73.

grunde liegt, sondern vielmehr eine natürliche Gesetzmäßigkeit. Ohne nun eine vertiefte chemische Analyse bieten zu wollen, kann doch gesagt werden, dass die *Lambic*-Fermentation vier Phasen durchläuft, in denen jeweils verschiedene Bakterien- und Hefestämme «das Zepter» übernehmen.[57] Anstelle also, einen Chemiebaukasten zu öffnen, kehren wir zu Bakunin zurück. Aus dessen prinzipiellen Ablehnung jeder institutionalisierten Form von Autoritarismus folgt politisch die Idee freiwilliger, föderativer Zusammensetzungen von Assoziationen, bei denen sowohl jedes Individuum als auch jede Assoziation stets das bedingungslose Recht auf Selbstbestimmung beibehält. Die Leitungsbefugnis verläuft *bottom-up*, was bedeutet, dass eine Befehlsgewalt «von oben nach unten», sei es von der Föderation gegenüber den Assoziationen oder gegenüber dem Individuum, ausgeschlossen werden soll.[58] Überträgt man diese Überlegungen auf den ökonomischen Bereich, so entsteht Bakunin zufolge die Forderung nach einer Vergesellschaftung bzw. Kollektivierung der Produktionsmittel, die sich, im Unterschied zum Kapitalismus, nicht im Privateigentum befinden, sondern demokratisch durch autonome Assoziationen verwaltet werden. Eine Grundprämisse des sogenannten kollektivistischen Anarchismus lautet, «dass Freiheit ohne Sozialismus Privilegienwirtschaft und Ungerechtigkeit, und Sozialismus ohne Freiheit Sklaverei und Brutalität bedeutet».[59] Gleichzeitig darf nicht unerwähnt bleiben, dass Bakunin sich klar vom Kommunismus abgrenzt. Einerseits betont er das Prinzip der individuellen Entlohnung, die die Arbeitsleistung honorieren soll, andererseits befürwortet er einen geldbasierten Marktaustausch. Dabei setzt er sich für die Gleichheit der

57 Oliver (2012): S. 535–538.

58 Loick (2017): S. 74.

59 Bakunin (2005): S. 62.

Ausgangsbedingungen ein, was bedeutet, dass allen die gleichen Möglichkeiten gegeben werden sollen, ihre Fähigkeiten einzubringen und Fertigkeiten zu entwickeln. Infolgedessen positioniert sich Bakunin gegen das Erbrecht, da es gleiche Startchancen verhindern würde. Zudem hebt Bakunin hervor, dass der Einzelne frei entscheiden können soll, ob er durch mehr Arbeit mehr Lohn verdienen oder lieber etwas weniger arbeiten und dafür mehr Freizeit genießen möchte. Wie bereits angemerkt, hat die antiautoritäre Haltung zur Folge, dass jedes revolutionäre Programm verworfen wird. Ganz im Sinne des Mottos «von unten nach oben» soll der Wille des Volkes die anarchistische Bewegung lenken. Dass menschliche Bedürfnisse in einem kontinuierlichen, konsensualen Findungsprozess berücksichtigt werden und dabei die jeweiligen Lebensrealitäten direkt Gehör finden, wird als stabilisierender Faktor für die anarchistische Praxis verstanden. Wenn wir hingegen fragen, was dem *Gueuze* seine Lagerfähigkeit verleiht – schließlich kann es problemlos fünf, zehn Jahre oder sogar länger im Keller auf seinen Einsatz warten – führt uns dies zur stabilitätsstiftenden Rolle des Hopfens. Die Hopfendolden werden absichtlich drei Jahre lang gelagert, da sie dadurch an Aroma und Bitterkeit verlieren und das *Gueuze* in seiner sensorischen Charakteristik nicht beeinflussen. Gleichzeitig behalten sie jedoch ihre Fähigkeit, dem Bier mikrobiologische Stabilität zu verleihen.[60] Es bedarf also Geduld, damit der Hopfen diese Wirkung entfalten kann. Ebenso wird wohl auch Bakunin Geduld brauchen, da es schwer zu bestimmen ist, wann «aus der Tiefe des Seins» anarchistische Revolutionsimpulse entstehen werden.[61] Wie bereits gezeigt, möchte der Anarchismus diese «Tiefe des Seins» mit präfigurativer Hebammenhilfe anregen.

60 Oliver (2012): S. 535–538.

61 Bakunin (2011): S. 278.

Diese Transformationstheorie, die einerseits auf den *bottom-up*-Prozess setzt und sich autoritären Einflüssen verwehrt, andererseits jedoch zur Initiierung dieses Prozesses einer Form revolutionärer Hebammenhilfe bedarf, bewegt sich also ohne Zweifel in einem gewissen Spannungsfeld.[62]

Die Flasche, die sich allmählich leert, zeigt an, dass das nächste Nachschenken vermutlich das letzte sein wird. Warum nicht mit dem letzten Glas noch ein wenig in die Geschichte des Anarchismus und des *Gueuze* eintauchen? Einführend lässt sich anmerken, dass sowohl das *Gueuze* als auch der Anarchismus die Eigenschaft zu teilen scheinen, in der populären Geschichtsschreibung älter gemacht zu werden, als sie tatsächlich sind.

Versteht man den Anarchismus schlicht als die Neigung, die Legitimität der bestehenden Herrschaftsordnung in Frage zu stellen, so lassen sich in unterschiedlichsten Epochen anarchistische Tendenzen ausfindig machen. Erster Halt: die Antike. Ein illustres Beispiel liefert Diogenes von Sinope (ca. 400–323 v.Chr.). Als Alexander der Große (356–323 v.Chr.) ihm einen Wunsch offerierte, während er ihn beim Sonnenbaden fand, antwortete Diogenes lapidar, er solle aus der Sonne gehen.[63] Die Autorität – Alexander genoss immerhin bereits zu Lebzeiten den Status eines göttlichen Herrschers – wird hier somit symbolisch in Frage gestellt. Die zweite Station führt ins Mittelalter, wo die Kirche den anarchistischen Zustand völliger Freiheit und Gleichheit in das jenseitige Reich Gottes transzendierte, wäh-

62 Loick (2017): S. 77.

63 Da *Lambic* traditionell in der Winterzeit bei Temperaturen unter 15 °C gebraut wird, ist anzunehmen, dass Diogenes, als Liebhaber des Sonnenbades, das Angebot, eine Brauschürze anzuziehen, wohl ebenso lapidar abgelehnt hätte.

rend gleichzeitig eine diesseitige, also weltliche Anarchie entschieden bekämpft wurde. Mit dem dritten Zwischenstopp erreichen wir das absolutistische Zeitalter, wo demokratische Strömungen als «anarchistisch» verunglimpft wurden, um die eigenen Machtansprüche unter Berufung auf die «gottgewollte Ordnung» zu verteidigen.[64] Aber auch wenn sich Versatzstücke der anarchistischen Definition in unterschiedlichsten Epochen der Geschichte wiederfinden, macht es Sinn, die Geburtsstunde des Anarchismus als eigenständige Strömung im 19. Jahrhundert zu verorten, da erst mit der Moderne die Möglichkeit entstand, den Anarchismus als radikale Konsequenz der Aufklärung im Kontext der Staatsformlehre zu denken.[65]

Auch beim *Gueuze* zeigt sich, dass, sobald es um seine Geschichte geht, ein historisches Weitwinkelobjektiv aufgestellt wird, das wohl unzulässigerweise in weit vergangene Epochen schielt. Roel Mulder (*geb. n. bek.), ein bieraffiner Historiker, weist darauf hin, dass das gängige Narrativ, das *Lambic* – und damit auch seinen Substil *Gueuze* – als das älteste Bier Belgiens oder gar Europas zu bezeichnen, zwar verlockend ist, aber einer kritischen Überprüfung bedarf.[66] Wer die spontane Fermentation als zentrales Merkmal hervorhebt und dann noch auf die Bezeichnung «Urbier»[67] stößt, wird möglicherweise auch an die frühen bierähnlichen Getränke denken, die bis ins 10. Jahrtausend v. Chr. in Mesopotamien belegt sind.[68] Das erste Bier entstand vermutlich zufällig: Getreidekörner, die in einer feuchten Umgebung gelagert wurden, begannen zu keimen. Der dabei freigesetzte Zucker zog Hefen

64 Degen, Knoblauch (2019): S. 10–11.

65 Loick (2017): S. 17–19.

66 Mulder (2018): S. 2.

67 Bernhardt (2005): S. 45.

68 Hirschfelder, Trummer (2022): S. 11.

aus der Mikroflora an, die eine spontane Fermentation einleiteten.[69] Wenn ein im 21. Jahrhundert sozialisierter Gaumen dieses erste Bier vor sich hätte, würde er es wahrscheinlich nicht als Bier erkennen. Die Gemeinsamkeiten dieses ersten Bieres mit *Lambic* und *Gueuze* liegen, um sie nochmals hervorzuheben, nicht nur in der für uns ungewohnten Aromatik, sondern auch in der spontanen Fermentation. Neben den eben genannten Bezügen zu den ersten Bieren der Menschheitsgeschichte, die in der *Lambic*- bzw. *Gueuze*-Historiographie eher sparsam erwähnt werden, tauchen häufiger die Jahrhunderte des späten Mittelalters, wie das 14.[70] oder 15.[71], als Ursprung der *Lambic*-Tradition auf. Demgegenüber weist Mulder darauf hin, dass der erste Beleg für ein Bier, das dem *Lambic* ähnelt, aus dem Jahr 1721 stammt.[72] In dieser Quelle wird ein spontan vergorenes Bier namens *Faro* erwähnt, ein Begriff, der bis heute in der *Lambic*-Tradition als weitere Substilbezeichnung neben derjenigen des *Gueuze* heimisch ist. Die früheste Quelle, die den Namen «Lambic» nennt, datiert aus dem Jahr 1794, und spricht von «Allambique». Die erste bekannte Erwähnung von *Gueuze* stammt dagegen aus dem Jahr 1829, wobei es sich um ein gereiftes, noch nicht assembliertes, jedoch hochqualitatives *Lambic* handelte, das meist in Fässern gelagert wurde.[73] Wenn wir das Jahr 1829 nun gewissermaßen als Beginn der dokumentierten *Gueuze*-Geschichte betrachten, darf analog gefragt werden, wann denn die Geburtsstunde des Anarchismus schlägt? Nicht selten wird in diesem Zusammenhang auf Proudhon verwiesen, der mit seinem Werk *Was ist Eigentum?*

69 Hirschfelder, Trummer (2022): S. 27–28.

70 Mulder (2018): S. 3.

71 Wesseloh (2015): S. 191.

72 Mulder (2018): S. 3.

73 Mulder (2018): S. 4–5.

aus dem Jahr 1840 als Begründer der anarchistischen Bewegung gilt.[74] Nur elf Jahre trennen die Begründungsurkunden – historisch gesehen ein Katzensprung. Und genauso wie sich der Anarchismus seit 1840 in verschiedene Richtungen bewegt hat, hat sich auch die Definition dessen, was unter *Gueuze* verstanden wird, im Laufe der Zeit verändert. So begann man erst gegen Ende des 19. Jahrhunderts, *Gueuze* als *Assemblage* aus *Lambics* zu verstehen.[75] Das *Gueuze* in Flaschen etablierte sich gar erst zu Beginn des 20. Jahrhunderts, während es zuvor noch häufig im Fass zu finden war.[76] Ein kurioses Beispiel dafür gab es am 21. Juli 1890, während der Feier des belgischen Nationalfeiertags. Wer sich bei der berühmten Statue des *Manneken Pis* aufhielt, sah, dass das Urinalsystem an ein Bierfass angeschlossen war, aus dem *Gueuze* drang.[77] Inwiefern hier die ästhetische Freiheit bereits anklopft, oder welche weiteren Bedingungen erfüllt sein müssten, damit sie es täte, soll hier offenbleiben.

Die leere Flasche wird mitsamt dem Weidenkorb, dem *Lambic Basket*, abgeräumt. Die Sommelière, sichtlich erfreut über unsere Aufmerksamkeit für das Bier, schiebt uns einen Flyer zu. Mit großen Lettern wird darauf für eine *Tour de Gueuze* geworben, scheinbar von *HORAL* organisiert. Ein Bus führt dabei Begeisterte zu zahlreichen *Gueuze*-Brauereien. Für Liebhaber:innen von *Lambic* gleicht das fraglos einer religiösen Pilgerreise.[78] Wir schmunzeln und fragen uns, ob sich Bakunin für eine solche säkulare Pilgerreise wohl überreden ließe.

---

74 Seyferth (2015): S. 108.

75 Mulder (2018): S. 10–11.

76 Mulder (2018): S. 10.

77 Mulder (2018): S. 7.

78 Oliver (2012): S. 411–412.

Wir stehen auf, gehen an den vollen Tischen vorbei und denken, dass sich der Großteil hier wohl mit den anarchistischen Zielen «einer herrschaftsfreien und gewaltfreien Gesellschaft» identifizieren wird.[79] Vermutlich wird die Mehrheit hier der Verwirklichung anarchistischer Praxis mit Skepsis begegnen. Ein Grund für diese Bedenken könnte der Mangel an praktischen anarchistischen Erfahrungen sein, während ein anderer wohl in der als idealistisch erachteten Anthropologie liegt, die den Anarchismus prägt. Wenn wir schon bei der Anthropologie sind, denken wir, dass es auch Platz für Gegenstimmen geben sollte. Godwin würde diesem Kritikpunkt entgegenhalten, welchen Einfluss Staaten auf die Sitten haben – oder, etwas altmodischer, auf die moralische Vervollkommnung des Menschen –, und zeigt, dass sich die negativen Auswirkungen staatlicher Herrschaft auf die moralische Konstitution der Menschen empirisch belegen lassen. Diese Schlussfolgerung bedeutet jedoch auch, dass der Vorwurf, dem Anarchismus liege eine idealistische Anthropologie zugrunde, auf einem gesellschaftlichen Standpunkt basiert, der nicht neutral ist, sondern auch auf den negativen Auswirkungen staatlicher Herrschaft fußt.[80] Die anthropologische Kritik wirft der subversiven Neigung des Anarchismus skandalisierend auch Chaos vor. Im Laufe des Abends wurde uns jedoch klar, dass diese Kritik auch positiv verstanden werden kann: Der Anarchismus will nicht nur jedes andere, sondern auch sein eigenes Gesellschaftssystem niemals als abgeschlossen betrachten, sondern es stets der lebensweltlichen Kritik der Menschen aussetzen. Darin mag man zwar Chaos erkennen, gleichzeitig aber auch die Bereitschaft, sich korrigieren zu lassen und sich nicht aus Bequemlichkeit in fragwürdigen Konventionen einzunis-

79 Degen, Knoblauch (2019): S. 113.

80 Godwin (2004): S. 180.

ten. Mit Blick auf unser Vorhaben, uns mit verschiedenen politischen Theorien zu beschäftigen, kann gesagt werden, dass die Politische Philosophie, trotz ihrer vielfältigen Ansätze, im Kern den Versuch darstellt, für staatliche Gewalt gute Gründe zu finden – sei es, indem sie sie diese als notwendig, alternativlos oder moralisch geboten darstellt. Der Anarchismus hingegen ist die einzige politische Theorie, die diese Legitimation grundlegend infrage stellt.

Nun, die anderen politischen Philosophien müssen noch warten. Lieber suchen wir uns ein Plätzchen für einen Digestif, um der Frage nachzugehen, wie sich anarchistische Praxis heute zeigt und welche Ansätze der Anarchismus angesichts aktueller Herausforderungen verfolgt. Während wir durch die Straßen schlendern und nach einem Digestif im anarchistischen Geist Ausschau halten, kommt uns die *Occupy-Wall-Street*-Bewegung um David Graeber (1961–2020) in den Sinn. Graeber ordnete diese Bewegung, die 2011 eine stärkere Kontrolle des Finanzmarktes einforderte, der anarchistischen Tradition zu. Erstens lehnt *Occupy* es ab, konkrete Forderungen zu stellen, da dies die bestehenden Institutionen grundsätzlich legitimieren würde. Zweitens orientieren sich die Aktivisten an moralischen Prinzipien und nicht an rechtlichen Gesetzen. Drittens strebt *Occupy* danach, interne Hierarchien zu vermeiden, und setzt stattdessen auf Konsensentscheidungen und direkte Demokratie. Viertens versuchen die Besetzer:innen, bereits in der bestehenden Gesellschaft neue Formen des Zusammenlebens und Handelns vorzuleben.[81]

Passanten geben uns den Hinweis, dass sich in der Nähe eine genossenschaftlich geführte Bar finden lässt. Dort werden wir unseren Digestif genießen. Davor lassen wir uns jedoch noch die Frage durch den Kopf gehen, was der Anarchismus

---

81 Loick (2021): S. 185.

zur ökologischen Krise zu sagen hat. Als einer der wichtigsten Vertreter des sogenannten Öko-Anarchismus gilt Murray Bookchin (1921–2006). Bookchin diagnostiziert zunächst, dass in einem kapitalistischen Gesellschaftssystem der Natur primär instrumentell begegnet wird. Das heißt, ihr kommt vor allem die Rolle zu, Rohstoffe zu liefern, die dann verwertet werden. Dies führt beispielsweise dazu, dass Tiere plötzlich in industriellen Massentierhaltungen gehalten oder fossile Brennstoffe ohne Rücksicht auf das Klima verwendet werden. Laut Bookchin sei es jedoch bei weitem nicht ausreichend, wenn sich das Individuum selbstkritisch mit seinem Konsum beschäftigt und eine ethischere Lebensführung anstrebt. Vielmehr brauche es eine transformatorische Politik, die die kapitalistisch-instrumentelle Herangehensweise durch eine nachhaltigere Form des Zusammenlebens ersetzt. Konkret meint Bookchin, dass die Güter, die der Mensch zum Leben benötigt, lokal produziert werden sollten, da nur so die regionalen Besonderheiten und dadurch auch die Diversität bewahrt werden können.[82] Hier wird erneut die Idee einer dezentralen, autonomen Föderationsstruktur angedeutet, in der die Mitglieder vor Ort über Produktions- und Konsumptionsverhältnisse bestimmen können.

So, dort hinten ist das Lokal. Dort finden wir unseren Digestif. Zeit des Nachhallens und des Weiterdenkens.

Literaturverzeichnis Philosophie

Bakunin, Michail (2005): *Die revolutionäre Frage. Föderalismus, Sozialismus, Antitheologismus.* Münster: Unrast.

Bakunin, Michail (2015): *Gott und der Staat.* Berlin: Hofenberg.

82 Loick (2021): S. 178–180.

Bakunin, Michail (2011): *Staatlichkeit und Anarchie.* Berlin: Karin Kramer Verlag.

Brandt, Reinhard / Herb, Karlfriedrich (Hrsg.) (2012): *Jean-Jacques Rousseau. Vom Gesellschaftsvertrag oder Prinzipien des Staatsrechts.* Berlin: Akademie Verlag.

Buber, Martin (1967): *Der utopische Sozialismus.* Köln: Hegner Verlag.

Celikates, Robin / Gosepath, Stefan (2013): *Politische Philosophie (Grundkurs Philosophie, Band 6).* Stuttgart: Reclam.

Colman, John A. / Friesz, Paul J. (2001): *Geohydrology and Limnology of Walden Pond, Concord, Massachusetts.* Northborough, MA: U.S. Geolocical Survey, U.S. Dept. of the Interior.

Degen, Hans Jürgen / Knoblauch, Jochen (2019): *Anarchismus. Eine Einführung.* Stuttgart: Schmetterling Verlag.

Godwin, William (2004): *Politische Gerechtigkeit.* Freiburg i. B.: Haufe.

Kropotkin, Peter (2014): *Die Eroberung des Brotes.* Aschaffenburg: Alibri.

Landauer, Gustav (1998): *Aufruf zum Sozialismus.* Berlin: Oppo Verlag.

Loick, Daniel (2021): *Anarchismus zur Einführung.* Hamburg: Junius.

Maier, Hans / Denzer, Horst (Hrsg.) (2007): *Von Locke bis Max Weber (Klassiker des politischen Denkens, Band 2).* München: Beck.

Malatesta, Errico (1975): *Anarchie.* Berlin: BRD Karin Kramer Verlag.

Nettlau, Max (1993): *Geschichte der Anarchie: Der Vorfrühling der Anarchie. Ihre historische Entwicklung von den Anfängen zum Jahre 1864 (Band 1).* Berlin: Der Syndikalist.

Nozick, Robert (2006): *Anarchie, Staat, Utopia.* München: Olzog.

Proudhon, Pierre-Joseph (2018): *Was ist Eigentum?* Münster: Unrast.

Ricoeur, Paul (1986): *Die lebendige Metapher.* München: Brill Fink.

Safranski, Rüdiger (2021): *Der Einzelne.* Frankfurt a. M.: Fischer.

Seyferth, Peter (Hrsg.) (2015): *Den Staat zerschlagen! Anarchistische Staatsverständnisse.* Baden-Baden: Nomos.

Sommer, Andreas Urs (2022): *Eine Demokratie für das 21. Jahrhundert.* Freiburg i. B.: Herder.

Thoreau, Henry David (2013): *Ziviler Ungehorsam.* Stuttgart: Reclam.

Thoreau, Henry David (2007): *Walden oder Leben in den Wäldern.* Zürich: Diogenes.

Tolstoi, Lew Nikolajewitsch (2007): *Die Sklaverei unserer Zeit.* Aschaffenburg: Alibri.

Literaturverzeichnis Bier

Bernhardt, Ann-Marie (2005): *Unterwegs auf den Spuren des belgischen Bieres.* Eupen: GEV.

Dornbusch, Horst (2017): *Lexikon der Biersorten.* Nürnberg: Hans Carl.

Dornbusch, Horst (2014): *Die Biersorten der Brauwelt.* Nürnberg: Hans Carl.

Hirschfelder, Gunter / Trummer, Manuel (2022): *Bier. Die ersten 13.000 Jahre.* Darmstadt: WBG.

Kopp, Sylvia (2014): *Das Craft-Bier Buch. Die neue Braukultur.* Köln: Gestalten.

Mulder, Roel (2018): «Lambic. The Need for a New Historical Narrative.» *Brewery History*, 175: S. 2–13.

Oliver, Garrett (Hrsg.) (2012): *The Oxford Companion to Beer.* New York: Oxford University Press.

Rissanen, Mika / Tahvanainen, Juha (2016): *Die Geschichte Europas in 24 Bieren.* Köln: Eichborn.

Wesseloh, Oliver (2015): *Bier leben. Die neue Braukultur.* Hamburg: Rowohlt.

Pilsner und Liberalismus

Wo das Ideal der Unparteilichkeit auf die sensorische Standardisierung trifft

Wer im von Helmut Adams (*1973) herausgegebenen Buch *Cocktailian. Bier & Craft Beer* nach dem Stichwort «Pilsner» sucht, wird auf folgenden Satz stoßen: «In der Zeit der europäischen Revolutionen 1848 wurde das [Pilsner] der Begleiter der [liberalen] Kräfte und drückte die neue Zeit aus, die viele herbeisehnten.»[1] Auch wenn die Frage, ob das *Pilsner* nun als eine Art Mitstreiter des Liberalismus zu verstehen ist – der dessen Anliegen Nachdruck verlieh und ihm Anerkennung verschaffte –, eigentlich ins Fachgebiet der Historiker fällt, kann einleitend doch eine zeitliche Koinzidenz festgestellt werden: In der Mitte des 19. Jahrhunderts, als liberale Bewegungen für Grundrechte, Rechtsstaatlichkeit und politische Teilhabe kämpften, erblickte 1842 in der böhmischen Stadt Plzeň, auf Deutsch Pilsen, der nach ihr benannte Bierstil das Licht der Welt. Die Tatsache, dass das *Pilsner* als Vorbild für das *Lagerbier* diente, das den heutigen globalen Biermarkt dominiert, erlaubt es, einen ersten Aspekt des im Alltag vielseitig verwendeten Begriffs «Liberalismus» hervorzuheben. So liegt es nämlich nahe, dass der Erfolg des *Lagerbiers* auf einen Eingriff in jene Zahnräder zurückzuführen ist, die man gemeinhin als «markt-

1 Adam (2014): S. 213.

liberal» bezeichnet.[2] Ein Schelm könnte nun einwerfen, dass der Umstand, dass sich der Marktliberalismus bereits vor der eigentlichen Präsentation seines Gattungsbegriffs «Liberalismus» quasi hervorgedrängt hat, als Ausdruck seines expansiven Naturells gesehen werden kann. Aber zurück zur Popularität des *Lagerbieres:* Neun von zehn Bieren, die weltweit konsumiert werden, sind *Lagerbiere* und unmittelbare Nachkommen des *Pilsners.*[3] Ebenso wird der Liberalismus – zumindest in der sogenannten «westlichen Hemisphäre» – als führendes Paradigma der politischen Theorie angesehen. Auf Neudeutsch zusammengefasst: *The pilsner and liberalism are – at least in the West – everywhere.*

Inwiefern das *Pilsner* neben seiner Rolle als historischer Begleiter liberaler Bestrebungen auch als symbolische Referenz für die liberale Theorie fungieren kann, soll im Zuge dieses Essays nun herausgearbeitet werden. Das Herausschälen symbolischer Zusammenhänge wird wohl nicht selten von einem Augenzwinkern begleitet, wobei dies nicht im Widerspruch zum Anspruch steht, dass das Kriterium des pädagogischen Mehrwerts stets diskret irgendwie mitschwingen soll.

Der Philosoph Pierre Zaoui (*1968) schreibt, dass der Begriff «Liberalismus» «ein ganzes Sammelsurium an Bedeutungen und Konzepten bezeichnet und keine klaren Bedeutungen hat».[4] Selbst wenn man Zaouis Aussage mit dem etymologischen Verweis relativieren möchte, dass Liberale (lat. *liber* ‹frei›) doch *per definitionem* die Freunde der Freiheit seien[5], wird rasch deutlich, dass auch dies nur *prima facie* Klarheit zu

2 Oliver (2012): S. 651–652.

3 Oliver (2012): S. 532.

4 Zaoui, Dutreix (2022): S. 7

5 Kohler (2012): S. 20.

schaffen vermag, da wir dadurch auf die grundlegende Frage stoßen, was denn unter Freiheit konkret zu verstehen ist. Gerade wegen der unterschiedlichen Verständnisse von Freiheit wird laut Michael Festl (*1980) begreiflich, «warum manche den Liberalismus für etwas schelten, das er für andere nicht einmal ist».[6] Eben diese Ambiguität lässt sich anhand der Unterscheidung zwischen dem kontinentaleuropäischen und dem anglo-amerikanischen Liberalismus-Verständnis gut verdeutlichen (was so nebenbei dem Marktliberalismus nun doch noch zu einer Vorstellung mit gebotener Formalität verhilft): Die kontinentaleuropäische Auffassung des Liberalismus lehnt staatliche Einmischung ab und vertritt eine wirtschafts- bzw. marktliberale Haltung, während das anglo-amerikanische Verständnis staatliche Eingriffe in die Wirtschaft unter sozialliberal-egalitären Gesichtspunkten befürwortet. Bei aller Unterschiedlichkeit eint die beiden Auffassungen gleichwohl die Maxime, Bedingungen zu schaffen, unter denen sich die individuelle Freiheit erhalten und entfalten kann.[7] Diese können entsprechend marktliberal oder sozialliberal verstanden werden. Die marktliberale Variante strebt nach Freiheitsverhältnissen, in denen sich der Staat im Hintergrund hält und nur dann in das Marktgeschehen eingreift, wenn es notwendig ist, die öffentliche Ordnung oder das Privateigentum zu schützen. Die sozialliberale Variante betrachtet hingegen staatliche Eingriffe im Sinne wohlfahrtsstaatlicher Umverteilung als gerechtfertigt, wenn dadurch die soziale Gerechtigkeit gefördert werden kann.[8]

Als Urvater des Liberalismus, aus dem sowohl der kontinentaleuropäische als auch der anglo-amerikanische Zweig

6 Festl (2021): S. VI.

7 Gutmann (2001): S. 8784.

8 Celikates (2013): S. 71.

hervorgegangen sind, gilt John Locke (1632–1704).[9] Seine Theorie wird den liberalen Auftakt für dieses Kapitel bilden. Unterstützung erhält Locke durch John Rawls (1921–2002), der hier ausdrücklich die sozialliberale Variante, auch bekannt als «politischer Liberalismus»[10], repräsentieren wird. Die marktliberale Strömung, als «Libertarismus» bezeichnet, wird in Kapitel 3 behandelt.

Auch wenn die klare Trennung zwischen «Libertarismus» und «Politischem Liberalismus» aus theoretischer Warte sinnvoll ist, muss darauf hingewiesen werden, dass bei den im Folgenden betrachteten historischen Ereignissen die marktliberalen und sozialliberalen Bestrebungen oft so miteinander verwoben sind, dass sich die «historischen Knäuel» nicht immer im Sinne der theoretischen Trennschärfe entwirren lassen. Ein Beispiel dafür, wie marktliberale und sozialliberale Bestrebungen miteinander verknüpft sein könnten, ist die verstärkte Zugänglichkeit von Bier für Frauen im 19. Jahrhundert.[11]

Nachdem die definitorischen Linien des Liberalismus schon mal umrissen worden sind, ist es nun an der Zeit, sich dem *böhmischen Pilsner* anzunähern. Weshalb nicht mit einer Degustationsbeschreibung die sinnesbezogene Vorstellungskraft anregen? Damit der Griff zum Degustationsglas aber nicht gänzlich unvorbereitet erfolgt, seien vorab zwei Hinweise angegeben: Erstens ist die Spezifizierung, dass es sich hier um ein *Pilsner* «böhmischer Art» handelt, insofern relevant, als man drei Grundarten des *Pilsners* unterscheiden kann: das *böhmische Pilsner*, das *deutsche Pils* beziehungsweise *Pilsener* und das international sowie industriell produzierte Massen-

9 Höffe (2016): S. 249.

10 Im weiteren Verlauf werden die Begriffe «Liberalismus» und «Politischer Liberalismus» als synonym verwendet.

11 Hirschfelder, Trummer (2022): S. 154–155.

pilsner.[12, 13] Zweitens wird das *Pilsner* untergärig gebraut. Im Gegensatz zur obergärigen Brauart arbeitet die Hefe hier bei kühleren Temperaturen am Boden, was zu einem klareren und fokussierteren Geschmack führt, der nun degustativ überprüft werden soll: Wer an einem *böhmischen Pilsner* riecht, nimmt hopfenaromatische Noten wahr, die kräuterwürzig, floral, oft auch erdig und nicht selten leicht zitral duften. Am Gaumen zeigt sich das *Pilsner* geradlinig, mit dezenten Malzaromen, die der Hopfenaromatik Raum geben. Der Körper wirkt schlank und eine zurückhaltende, feinperlige Textur ist wahrnehmbar. Der langanhaltende Abgang ist von krautigen Bitternoten geprägt.[14]

Nachdem die Nase und der Gaumen eine belebende Stimulierung gefunden haben, soll nun das Geschichtsinteresse genährt werden: Ein Ereignis aus dem Jahr 1838, dessen Tragweite für die Geschichte des Bieres sich erst im Rückblick offenbaren

---

12 Dornbusch (2017): S. 166.

13 Vielleicht war die vom neuen Bier evozierte Freude 1842 derart überschäumend, dass die Pilsner vergaßen, ihr Bier als Marke zu schützen. Erst 17 Jahre später, 1859, wurde der Name «Pilsner Bier» registriert. So überrascht es nicht, dass es zahlreiche Nachahmerbiere gab, wobei sich besonders diejenigen aus Deutschland hervorhoben (Oliver [2012]: 651–652). Ein deutsches Bier, das nach Pilsner Art gebraut wurde, wurde ab 1872 mit «Pils» abgekürzt. Ebenfalls gängig ist die Bezeichnung «Pilsener», in der sich ein zusätzliches «e» einnistete.
Übrigens: Wenn schon in der Begriffsgeschichte gegraben wird, soll nicht vorenthalten werden, dass das Wort «Liberalismus» erstmals 1823 im *Dictionnaire universel de la langue française* von Pierre-Claude-Victor Boiste (1765–1824) erwähnt wird (Zaoui, Dutreix [2022]: S. 7.)

14 Kopp (2014): S. 46.

wird, dient als Ausgangspunkt, um die Entstehungsbedingungen des *Pilsners* zu skizzieren, die anschließend als Grundlage sowie Kontrastfolie herangezogen werden, um wesentliche Elemente des politischen Liberalismus zu verdeutlichen.

Anno 1838 also. Schon seit einigen Jahren waren in den Pilsnergassen Klagen über das ungenießbare Bier der örtlichen Brauerei zu vernehmen. Im Jahr 1838 blieb es jedoch nicht bei Unmutsäußerungen. Die Qualität des Bieres war derart unbefriedigend, dass sich aufgebrachte Wirte mit der gesamten Jahresproduktion, die 36 Fässer umfasste, vors Rathaus begaben, um dort den säuerlich-trüben Inhalt der Kanalisation zu übergeben.[15] Da damit die Vertrauensreserven für den heimischen Brauereibetrieb jedoch endgültig aufgebraucht waren, traten etwa 260 Bürger zusammen, um Mittel für die Neugründung einer Brauerei zu sammeln, die den Namen «Mestansky Pivovar» (Bürgerliche Brauerei) tragen sollte.[16] Mit diesem Erneuerungsprojekt ging natürlich auch eine eingehende Untersuchung einher, die den Ursachen nachging, warum die Biere so deutlich hinter den qualitativen Ansprüchen zurückblieben. Es zeigte sich, dass die unbefriedigenden Resultate in den Braukesseln stark mit der bis dahin verwendeten obergärigen Brauart in Zusammenhang standen. Damit die obergärige Hefe Zucker in Alkohol umwandeln kann, benötigt sie, wie bereits angedeutet, höhere Temperaturen als die untergärige Hefe, etwa zwischen 15 und 25 Grad. Da warme Gärtemperaturen für umherschwirrende Bakterien sehr anziehend wirken, kann es vorkommen, dass das im Entstehen begriffene Bier nicht nur infiziert, sondern im schlimmsten Fall auch verdorben wird. Die obergärige Brauart birgt somit ein Risiko, das durch mangelnde Hygiene und unzureichendes Wissen über den fer-

---

15 Olivier (2012): S. 651–654.

16 Zeman (1959): S. 49.

mentativen Prozess noch verstärkt wird.[17] Dies erklärt, weshalb die Kunst, Biere in hoher und gleichbleibender Qualität zu brauen, über weite Teile der Biergeschichte immer wieder hinter den Ansprüchen zurückblieb.[18] Seit einigen Jahrhunderten gab es jedoch mit Bayern eine Region, die diese Infektionsgefahr umging und für konsistente Bierqualität stand. Dies hing wesentlich mit einem Machtwort von Fürst Albrecht V. im Jahr 1553 zusammen. Aufgrund der minderwertigen Qualität der Sommerbiere verbot dieser das Brauen zwischen dem 23. April und dem 29. September und verbannte so die obergärige Hefe weitestgehend aus den Braukesseln.[19] Im Umkehrschluss bedeutete dies freie Bahn für die untergärige Brauart, die niedrige Temperaturen benötigt und dadurch für Bierschädlinge deutlich weniger attraktiv ist.[20] Wenn man so will, legte Fürst Albrecht V. damit den Grundstein dafür, dass die «Mestansky Pivovar» ihre Fühler nach Bayern ausstreckte und mit Josef Groll (1813–1887) einen jungen Braumeister rekrutierte, der einen «exzellenten Ruf als Spezialist für stabile, [...] untergärige Biere» genoss.[21] Schon bald darauf begann Groll im neuen Brauhaus mit dem Tüfteln und präsentierte am Martinsfest, dem 11. November 1842, feierlich das Ergebnis.[22] Staunend wohnte die Stadt Pilsen diesem ungewohnten Anblick bei: Bis zu diesem Zeitpunkt kannte man Bier ausschließlich in dunklen Farbtönen. Die goldgelbe Farbe, die fast kristalline Klarheit und die stabile Schaumkrone mussten daher eine besondere Faszination ausgeübt haben. In der Tat war das

17 Ladenbauer, Paleczny, Springer (2016): S. 23.

18 Oliver (2012): S. 651.

19 Dornbusch (2017): S. 137–141.

20 Wiesmann (2011): S. 43.

21 Hirschfelder, Trummer (2022): S. 177.

22 Dornbusch (2017): S. 164.

Pilsner das erste wirklich helle Bier Kontinentaleuropas.[23] Aber nicht nur visuell vermochte es zu verzücken. Ein Schluck genügte, um sich von der Ausgewogenheit zwischen knackigen Hopfen- und erfrischenden Malznoten überzeugen zu lassen.[24] Die ungeliebten Säurenoten suchte man erfreulicherweise vergebens. Bei aller Begeisterung konnte an eben diesem Martinsfest wohl aber kaum erahnt werden, welchen globalen Siegeszug das *Pilsner* schon bald antreten würde. Als Erklärung für den weltweiten Triumph lässt sich das günstige Zusammentreffen von begeisternder Sensorik und wissenschaftlichem Fortschritt im Brauwesen anführen, wodurch die als vorzüglich bewertete Qualität auch durch ihre Beständigkeit glänzen konnte. Fraglos half der verstärkte Einsatz von Dampfkraft bei der quantitativen Verbreitung, während das wachsende Wissen und die verbesserte Kontrolle der Fermentation die sensorische Standardisierung förderten und die aufkommende Kühltechnik zur Etablierung der untergärigen Brauart beitrug. Das *Pilsner* avancierte zum Sinnbild eines modernen Lebensstils.[25] Allerdings soll nicht der Anschein erweckt werden, das *Pilsner* sei ganz ohne Wegbereiter entstanden. In ihren Rollen als Vorreiter sollen dem obergärigen *Pale Ale* sowie den beiden untergärigen Stilen, dem *Wiener Lager* und *Märzen*, somit noch etwas Anerkennung zuteilwerden. Auf der Suche nach einer Erzählung, in der alle drei Bierstile auch schön Unterschlupf finden, ist der Autor in den miteinander verschlungenen Lebenswegen der aus traditionsreichen Brauerfamilien stammenden Anton Dreher (1810–1863) und Gabriel Sedlmayr (1811–1891) fündig geworden. Zusammen reisten diese in den frühen 1830er-Jahren nach England und Schottland, um die dortigen

---

23 Oliver (2012): S. 653–654.

24 Dornbusch (2017): S. 165.

25 Hirschfelder, Trummer (2022): S. 189–190.

Brautechniken zu studieren – die im Vergleich zum europäischen Festland wissenschaftlich deutlich fortgeschrittener waren. Dort begegneten sie einem Bierstil namens *Pale Ale,* der in den 1820er-Jahren entstand und als erster heller Bierstil der Geschichte gilt.[26] Es ist anzunehmen, dass bereits der bloße Anblick die beiden Herren dazu motivierte, die dahinterstehenden Braugeheimnisse zu ergründen. Nach und nach machten sich Sedlmayr und Dreher mit den zahlreichen Methoden und Hilfsmitteln vertraut, die es den britischen Brauereien ermöglichten, die Bierproduktion wissenschaftlich zu steuern. Das Mälzungsverfahren, mit dem helles Malz kontrolliert und in großen Mengen hergestellt werden konnte; das Thermometer, das Mikroskop und das sogenannte Saccharometer, mit denen gleichmäßige Extrakte in der Würze erzielt werden konnten – all dies sind nur einige der damals für Kontinentaleuropa unbekannten Braumethoden und Brauwerkzeuge.[27] Dass die Briten ihre Braugeheimnisse sorgsam zu hüten versuchten und ihre Techniken dennoch in den 1841 neu auf den Markt gekommenen untergärigen Bierstilen *Wiener Lager* (Dreher) und *Märzen* (Sedlmayr) Anwendung fanden, hat dazu geführt, dass sich Sedlmayr und Dreher bis heute den Vorwurf der Industriespionage gefallen lassen müssen.[28] Aber selbst angesichts des Spionage-Hintergrunds bleibt beim *Wiener Lager* und *Märzen* der Status als erste moderne untergärige Biere unbestreitbar.[29] Modern insofern, als sie nicht nur auf britischem *Know-how* basierten, sondern auch, als ihre vergleichsweise

---

26 Dornbusch Horst (2017): S. 159–164.

27 Ladenbauer, Paleczny, Springer (2016): S. 19.

28 Oliver (2012): S. 816–817.

29 Aufgrund ihrer Eignung für längere Lagerung verwendet man für untergärige Biere heute oft den bereits verwendeten Sammelbegriff «Lagerbier» (Ladenbauer, Paleczny, Springer [2016]: S. 25.).

helle Farbe ein *Novum* darstellte. Das Malz war dabei nicht goldgelb wie beim *Pilsner*, sondern eher bernsteinfarben – und ist es selbstverständlich bis heute.

Soviel zur Geschichte der untergärigen Brauart und den historischen Wegbereitern des *Pilsners*, dessen globale Verbreitung – wie erwähnt – nicht zuletzt dem Zusammentreffen mit einer Phase wissenschaftlicher Innovation zu verdanken war. Bei der Verbreitung der goldgelben Sensation spielte die Eisenbahn eine wesentliche Rolle. So erlangte das *Pilsner* nämlich schon bald in Berlin und Paris Kultstatus und breitete sich ab 1874 auch auf amerikanischem Boden rapide aus.[30] Wie neuartig das goldgelbe, klare Bier – das in starkem Kontrast zum gewohnten trüben Bier stand – war, wurde bereits deutlich. Dass diese Wirkung noch dadurch verstärkt wurde, dass die Geburtsstunde des *Pilsners* zeitgleich mit der Ablösung des traditionellen Steinkrugs durch kommerzielle Gläser einherging, vermittelt eine Vorstellung davon, welchen Eindruck ein Glas mit goldgelbem, klarem Bier auf die Bevölkerung damals gemacht haben muss.[31]

Nachdem die Entstehungsgeschichte des *Pilsners* offengelegt worden ist, soll sie im weiteren Verlauf als eine Art Steinbruch fungieren, aus dem zentrale Elemente des politischen Liberalismus herausgearbeitet werden können.

Ähnlich wie die bieraffine Bürgerschaft aus Pilsen, die das ihr aufgetischte Bier als dermaßen ungenießbar empfand, dass die Wirte es ausschütteten, entstand der Liberalismus durch ein ablehnendes Nasenrümpfen gegenüber den vorherrschenden politischen Verhältnissen. Da dem Liberalismus die Methode des Ausschüttens versagt blieb, fanden sich alter-

30 Oliver (2012): S. 653–654.

31 Oliver (2012): S. 653–654.

native Wege, etwa in der Veröffentlichung von Schriften. Als eigentliches Gründungswerk gilt das von John Locke verfasste *Zwei Abhandlungen über die Regierung* (1689). In der *ersten* dieser beiden Abhandlungen rieb er sich freilich nicht an bakteriell kontaminierten Bieren auf, sondern an den absolutistischen Tendenzen seiner Zeit, die exemplarisch durch die monarchische Mentalität *L'État, c'est moi* eingefangen werden kann. Auch wenn sowohl das verdorbene Bier als auch das absolutistische Staatsverständnis imstande sind, Aversion auszulösen, sind die Folgen einer potentiell erfolgreichen Abwehrmaßnahme offensichtlich grundlegend verschieden: Obgleich es auch vorkam, dass das bakteriell kontaminierte Bier politisch instrumentalisiert wurde, um verschiedenste Verderbniszustände der Zeit anzuprangern, war letztlich wohl doch das «Bauchgrimmen»[32] der vorrangige Missstand, den es zu beheben galt. Wer hingegen Abwehrrechte gegenüber absolutistischer Herrschaft proklamiert, setzt sich gegen die Einschränkung diverser Freiheiten ein. So ist leicht vorstellbar, dass die willkürlichen Entscheidungen eines absolutistischen Machthabers in Rechtsunsicherheit, patriarchalischer Kontrolle über verschiedene Lebensbereiche oder schlicht in Gehorsamspflichten münden.

Zwischen trüben Bieren und den Legitimationsfiguren absolutistischer Herrschaft, die sich auf metaphysische, religiöse oder traditionelle Grundlagen stützten, lassen sich freilich Parallelen ziehen.[33] Weder beim trüben Bier noch bei den oftmals auf nebulösen Glaubenssätzen, dogmatischen Annahmen oder nicht überprüfbaren Prämissen beruhenden Legitimationsfiguren – die sich einer rationalen oder empirischen Überprüfung folglich entziehen – dürfte wirklicher Durchblick möglich

32 Ladenbauer, Paleczny, Springer (2016): S. 23.

33 Celikates (2013): S. 50.

sein. Eben diese Rechtfertigungsformen absolutistischer Herrschaft wollten die ersten Liberalen – ähnlich wie die aufgebrachten Wirte Pilsens ihr grausiges Bier vor dem Rathaus – entsorgen bzw. aus der Welt schaffen. Eine der Theorien, die den Absolutismus legitimierten und gegen die sich John Locke in seiner *ersten Abhandlung* wandte, stammte aus der Feder von Robert Filmer (1588–1653). Filmer rechtfertigte die absolutistische Herrschaft, indem er eine genealogische Verbindung vom alttestamentarischen Adam, dem Gott eine unumschränkte Herrschaft über die gesamte Schöpfung zugedacht haben soll, bis hin zu den Monarchen seiner Zeit herstellte. Dabei kam er zu dem Schluss, dass die absolute Gewalt, die die Monarchen als Nachkommen Adams erben, zwangsläufig auch auf die Untertanen ausgedehnt werden müsse.[34] Während diese Argumentation bis hierhin zumindest eine in sich geschlossene Stringenz aufweist, wird sie spätestens dann angreifbar, als Filmer sich lapidar dahingehend äußert, dass der exakte Nachweis der Erbfolge eigentlich unerheblich und die Könige entweder die rechtmäßigen Erben Adams seien oder einfach als solche gelten sollten – gleichgültig, auf welchem Weg sie sich die Krone erschlichen haben. Dies verstärkt den ohnehin bereits bestehenden Ideologieverdacht, wonach es Filmer letztlich nur um die absoluten Herrschaftsansprüche der Monarchie geht.[35] Locke versucht nun auf zwei Wegen, Filmer argumentativ den Zahn zu ziehen: Einerseits ist er bestrebt, die filmersche Bibelinterpretation mit sorgfältig ausgewählten Bibelzitaten zu widerlegen. Andererseits greift er die von Filmer offerierten argumentativen Flanken auf, um auf deren fehlende Schlüssigkeit hinzuweisen.

---

34 Euchner (2007): S. 19.

35 Euchner (2011): S. 73.

Bislang wurde die Gegenüberstellung zwischen vormodernen und aufklärerischen Denkfiguren – auf der einen Seite religiöse und traditionalistische Argumente, auf der anderen die rationale und empirische Herangehensweise – so dichotom gehalten, dass es auf den ersten Blick erstaunen mag, dass Locke, der als Vordenker der Aufklärung gilt, in seiner *ersten Abhandlung* auf Bibelzitate zurückgreift. Da Locke auch in der *zweiten Abhandlung*, wie noch gezeigt werden wird, mitunter traditionalistisch argumentiert, indem er sich auf den göttlichen Weltenplan beruft, könnte man folglich sagen, dass seine politischen Schriften auch vormoderne Züge aufweisen. Selbst wenn sich Locke also für eine strikte Trennung von Staat und Kirche starkmacht und Vernunft sowie Erfahrung hochhält, hat er sich also nie völlig von seiner puritanischen Herkunft gelöst.[36] Wenn man bedenkt, dass Locke seine Schrift vermutlich aufgrund der politischen Lage anonym veröffentlichte, und sich des Weiteren hypothetisch fragt, wie die Zensurstellen wohl reagiert hätten, wenn die Schrift ganz ohne Gottverweise ausgekommen wäre, drängt sich der Gedanke auf, dass vielleicht auch ein pragmatisches Kalkül den puritanischen Einschlag lenkte. Locke darf gleichwohl mit gutem Gewissen als moderner Denker bezeichnet werden, weil sein Gesamtwerk von dem Impetus durchzogen ist, obskure Aussagen kritisch zu prüfen.[37] Dies lässt sich bezeichnend an seinem erkenntnistheoretischen Werk *Versuch über den menschlichen Verstand* (1690) illustrieren, in dem er schreibt, wir würden «in der Ermittlung vernünftiger und kontemplativer Erkenntnis größere Fortschritte machen, wenn wir diese an der Quelle, in der Betrachtung der Dinge selbst suchten und, um sie zu finden, lieber von unseren eigenen Gedanken als von den Ge-

36 Euchner (2011): S. 110.

37 Euchner (2011): S. 78.

danken anderer Gebrauch zu machten».[38] Als bekennender Empirist fordert Locke, dass ein Urteil seine Rechtfertigung in der Erfahrung finden müsse. Diese Position hat insofern politische Implikationen, als die «Betrachtung der Dinge selbst» davor schützt, dass Prinzipien und Theorien, die zur Legitimierung und Verstärkung von Machtverhältnissen beitragen, unkritisch als wahr hingenommen werden. Diese empiristische Haltung erinnert, wenn man so will, an Sedlmayer und Dreher, die durch die Beobachtung der britischen Brautechniken – wobei die Frage der Beobachtungserlaubnis in diesem Zusammenhang unbeachtet bleiben darf – ein tieferes Verständnis des Brauvorgangs erlangten.

Das bereits genannte Stichwort «Obskurität» bezieht sich nicht nur auf das unsichtbar geknüpfte Band zwischen Herrscher und Gottes unergründlichem Willen oder auf das trübe Bier, sondern lässt sich auch auf verworrene politische und gesellschaftliche Verhältnisse anwenden. Der «Ruf nach Pressefreiheit»[39], eine der zentralen Forderungen der Revolutionen von 1848, lässt sich in diesem Licht als natürliche Folge der obskuren Zustände der Zeit verstehen. In diesem Ruf, der sich gegen intransparente Verhältnisse richtet, bündeln sich der Einsatz gegen Zensur und Propaganda, der Wunsch nach freiem Informationsfluss – der die Bürger befähigt, informierte Entscheidungen zu treffen, Machtstrukturen zu hinterfragen und Missstände aufzudecken – sowie die Hoffnung, dass dadurch politische Umgestaltungsprozesse angestoßen werden. Unter diesem Gesichtspunkt scheint das *Pilsner* in seiner Klarheit, in der umherfliegende Partikel sofort identifizierbar sind, insofern ein treffendes Symbol für die Pressefreiheit zu sein, da diese es ermöglichen soll, gesellschaftliche Missstände, die nur

---

38 Locke (1981): S. 102–103.

39 Bleyer (2022): S. 119.

zu oft im Verborgenen blieben, ebenso rasch aufzudecken und anzuprangern, wie die Partikel im Bier. Wer im 19. Jahrhundert ein helles und transparentes *Pilsner* in den Händen hielt, könnte tatsächlich die Vorstellung gehegt haben, dass mit dem Akt der Einverleibung auch ein Statement zur Pressefreiheit abgegeben wurde.

Wie es in Pilsen jedoch nicht beim weggeschütteten Bier blieb, sondern mit Josef Grolls *Pilsner* eine neue Bierära begann, sollen hier nicht allein die Ablehnung des Absolutismus der *ersten*, sondern auch die Herleitung liberaler, rechtsstaatlicher und volkssouveräner Strukturen der *zweiten Abhandlung* nachgezeichnet werden. Vorab soll mit einem Blick auf deren Wirkungsgeschichte noch etwas Spannung aufgebaut werden. Als Startpunkt dafür dient die lockesche Trias «life, liberty and estates»[40], die als grundlegendes Bürgerrecht vom Staat zu schützen ist. Dass diese Trias nicht nur sinnbildlich für die politische Hoffnung der frühen Neuzeit stand, sondern innerhalb weniger Jahre auch weltgeschichtliche Bedeutung erlangte, zeigt sich in der ersten liberalen Verfassung, der *Declaration of Independence* (1776), in der von «life, liberty and the pursuit of happiness» die Rede ist.[41] Ähnlich wie Sedlmayer und Dreher, denen Betriebsspionage auf britischem Boden vorgeworfen wird, könnte dem Verfasser dieser Worte, Thomas Jefferson (1743–1826), unterstellt werden, sich bei britischen Werken bedient, sprich bei Locke abgekupfert zu haben.[42] Da die *Declaration of Independence* gleichwohl unbestritten als amerikanisches Dokument gilt, soll der knackige Verweis nicht fehlen, dass das amerikanische Lager unter *Bier-Geeks* etwas spöttisch als verwässerte Variante des *Pilsners* bezeichnet

40 Ottmann (2021): S. 5.

41 Höffe (2016): S. 247.

42 Specht (2007): S. 167

wird.[43] Wer hierbei jedoch voreilig eine Parallele zu Jefferson ziehen und behaupten möchte, er habe die locke'sche Trias ebenfalls verwässert, würde fraglos zu weit gehen. Eine solche Kritik wäre schon deshalb fragwürdig, da die US-Verfassung nicht nur während der Revolution von 1848 als «vorbildliches Beispiel» für liberale Bestrebungen herangezogen wurde.[44]

Die *zweite Abhandlung* ist – im Vokabular eines Sommeliers ausgedrückt – merklich von einer kontraktualistischen Note geprägt. «Kontraktualistisch» bedeutet, dass die Legitimität politischer Ordnung auf einem hypothetischen oder tatsächlichen Gesellschaftsvertrag basiert, durch den Menschen ihre natürlichen Rechte an den Staat übertragen. Um die nun aufkommenden Fragen, was diese «natürlichen Rechte» beinhalten, und aus welchen Gründen sowie unter welchen Bedingungen es vernünftig ist, sie einem politischen Souverän abzutreten, zu beantworten, entwerfen die Kontraktualisten ein Ausgangsszenario: den sogenannten Naturzustand. Dieses Vorgehen steht ganz im Einklang mit der locke'schen Intention, die politische Macht aus ihren Ursprüngen, aus staatsfreien Verhältnissen, abzuleiten.[45] Locke beschreibt das vorstaatliche Zusammenleben als einen Zustand «völliger Freiheit [und] Gleichheit», in dem es keine «Unterordnung und Unterwerfung» gibt.[46] Freiheit im locke'schen Sinn bedeutet allerdings keine zügellose Willkür, sondern wird durch das Naturgesetz (*law of nature*) eingegrenzt: «[E]in [...] Gesetz, das einen jeden verpflichtet. Dieses Gesetz ist die Vernunft und sie lehrt die ganze Menschheit [...], dass, da alle gleich und unabhän-

43 Kopp Sylvia (2014): S. 46.
44 Bleyer (2022): S. 63.
45 Locke (2015): S. 46.
46 Locke (2015): S. 48.

gig sind, niemand dem anderen an seinem Leben, [Freiheit und Eigentum] Schaden zufügen soll; denn da alle Menschen das Werk eines einzigen allmächtigen und unendlich weisen Schöpfers, alle die Diener eines einzigen unumschränkten Herrn sind, [...] sind sie sein Eigentum, denn sie sind sein Werk, von ihm geschaffen, dass sie so lange bestehen, wie es ihm gefällt, nicht aber, wie es ihnen untereinander gefällt.»[47] Im Naturzustand gilt demnach ein Naturgesetz göttlichen Ursprungs, dessen Inhalt durch die Vernunft einsehbar ist und das den Schutz – notfalls auch durch Gewalt – sowohl des eigenen als auch des fremden Lebens, der Freiheit und des Eigentums fordert. Da Locke aus dem naturzuständlichen Schädigungsverbot letztlich einen Rechtsanspruch für die politische Gesellschaft ableiten wird, «greift er», wie der Philosoph Otfried Höffe (*1943) formuliert, «den Grundbedingungen des modernen Rechts- und Verfassungsstaates vor».[48]

Aber statt nun vorschnell zur Konstruktion der politischen Gesellschaft überzugehen, lohnt es sich, sich nochmals dem Naturzustand zuzuwenden: Aufgrund seiner Vernunftbegabung ist der Mensch im Naturzustand grundsätzlich imstande, ein gemeinwohlorientiertes Leben zu führen. Bei aller Idylle soll aber nicht darüber hinweggetäuscht werden, dass das vom Naturgesetz proklamierte Schädigungsverbot der drei Grundgüter «Leben, Freiheit und Eigentum» selbstverständlich auch missachtet werden kann. In solchen Fällen liegt «die Vollziehung des Naturgesetzes» – also die Pflicht, sich selbst und die Mitmenschen notfalls auch mit Gewalt zu verteidigen – «in jedermanns Händen».[49] Und ab hier werden die Mängel des Naturzustandes augenfällig: So bestehe die Gefahr,

47 Locke (2015): S. 49.
48 Höffe (2016): S. 250.
49 Locke (2015): S. 50.

meint Locke, dass die «Eigenliebe [die Menschen] für das eigene und das ihrer Freunde Interesse parteiisch mache [...]» und dass die Folgen, wenn jeder «Richter in eigener Sache» wäre, wohl als unerträglich erlebt würden.[50] Da in Bestrafungsmaßnahmen auch niedere Motive wie «Bosheit, Leidenschaft und Rachsucht» zum Tragen kommen, kann «das rechte Maß» rasch überschritten werden.[51] Im Naturzustand fehlt es an «anerkannten und unparteiischen Richter[n]», die «mit der nötigen Autorität ausgestattet» sind, «um alle Zwistigkeiten» nach einem noch einzusetzenden «festen, geordneten, bekannten Recht, das durch allgemeine Zustimmung als Norm [...] angenommen ist», zu entscheiden.[52] Hinzu kommt, dass eine Gewalt fehlt, die die «gehörige Vollstreckung» des Urteils, «wenn es denn gerecht ist», sicherstellen kann.[53]

In gewissem Sinne ist das Motiv, sich nicht nur der Vollziehungswillkür zu entziehen, sondern einen unparteiischen Boden aufzusuchen, vergleichbar mit dem der *Mestansky Pivovar*, die nicht nur der willkürlichen bakteriellen Kontamination einen Riegel vorschieben wollte, sondern auch beständige Qualität anstrebte. Um diese hehren Ziele – eine gleiche und faire Behandlung der Menschen auf der einen Seite und eine gleichbleibende Bierqualität auf der anderen – zu verwirklichen, scheint eine gewisse Vereinheitlichung von Prozessen unumgänglich. Während in Pilsen dabei der untergärigen und infektionsarmen Brauart eine Schlüsselfunktion zukam, verweist Locke auf die Bedeutung einer verbindlichen Regelung, oder, wie

---

50 Locke (2015): S. 53.

51 Locke (2015): S. 53.

52 Locke (2015): S. 77.

53 Locke (2015): S. 78.

er es schreibt: eines «gemeinsame[n], feststehende[n] Recht[s]».[54]

Nachdem die Mankos des Naturzustandes nun offengelegt sind, drängt sich die Frage auf, wie ein staatsförmiges Gemeinwesen entstehen soll. Ganz im kontraktualistischen Duktus erfolgt der Beitritt in die politische Gesellschaft durch freiwillige und individuelle Zustimmung. Dies bedeutet jedoch auch, dass der Einzelne seine natürlichen Rechte – also das Recht, Leben, Freiheit und Eigentum nicht nur zu verteidigen, sondern bei Übertretungen gegebenenfalls auch bestrafend einzugreifen – an eine übergeordnete Instanz, sprich den Staat, überträgt.[55] Auch wenn Ziel und Zweck des Gesellschaftsvertrages zweifellos die Beseitigung der Mängel des Naturzustands ist, soll dennoch noch das eine oder andere Wort darüber gesagt werden. So meint Locke: «Der große und wichtige Zweck, dass Menschen sich zu einem Staatswesen vereinigen und sich unter eine Regierung stellen, ist die Erhaltung von [Leben, Freiheit und Eigentum].»[56] Locke warnt jedoch davor, dass die «Macht, Gesetze zu geben» nicht in die Hände derselben Personen gelegt werden sollte wie die Macht, «diese Gesetze zu vollstrecken».[57] Sein Votum für die Gewaltenteilung ist auf die «Schwäche der menschlichen Natur» zurückzuführen, «die stets bereit ist, nach der Macht zu greifen […]».[58] Der gesetzgebenden Gewalt, der Legislative, kommt dabei die Aufgabe zu, dem Staatszweck eine konkrete Form zu geben. So «muss sie nach öffentlich bekannt gemachten, freien Gesetzen regieren, die nicht für besondere Fälle geändert wer-

54 Locke (2015): S. 67.

55 Locke (2015): S. 66.

56 Locke (2015): S. 58.

57 Locke (2015): S. 92.

58 Locke (2015): S. 92.

den dürfen, sondern für Reich und Arm nur einen Rechtsgrundsatz kennen, für den Günstling am Hof ebenso wie für den Bauern am Pflug».[59] Die Gesetze dürfen zudem «keinem anderen Zweck dienen als dem Wohl des Volkes».[60] Damit die erlassenen Gesetze auch durchgesetzt werden, bedarf es zudem einer zweiten Gewalt – der Exekutive.[61]

Schließlich bleibt zu erörtern, wer regiert und wie regiert wird, sowie inwieweit ein Widerstandsrecht zulässig ist. Locke vertritt die Auffassung, dass es nicht so entscheidend ist, ob es sich bei der Staatsform nun um eine konstitutionelle Monarchie oder um eine Demokratie handelt. Entscheidender ist die Frage, wie sich die Legislative nach dem Staatszweck ausrichtet, also der Überwindung der Unzulänglichkeiten des Naturzustands. Da die Vertragsschließenden bzw. das Volk der Legislative ihre politische Legitimität verleihen, die dadurch erhalten bleibt, dass sich die Legislative nach dem Wohl der Allgemeinheit ausrichtet, meint Höffe, dass man Locke mit gutem Gewissen als «Pionier des Prinzips der Volkssouveränität» bezeichnen dürfe.[62] Politische Handlungsfähigkeit wird bei Locke zudem durch die Mehrheitsentscheidung bestimmt: «Denn wenn eine Anzahl von Menschen mit Zustimmung jedes Individuums eine Gemeinschaft geschlossen hat, so hat sie dadurch diese Gemeinschaft zu einem einzigen Körper gemacht, mit der Macht, wie ein einziger Körper zu handeln, was nur durch den Willen und den Schluss der Mehrheit gesche-

---

59 Locke (2015): S. 84–85.

60 Locke (2015): S. 86.

61 Vollständigkeitshalber sei hier erwähnt, dass er mit der «föderativen Gewalt» noch eine dritte Gewalt anspricht, deren Aufgabe die internationale Staatstätigkeit umfasst (Locke [2015]: S. 93).

62 Höffe (2016): S. 256.

hen kann.»[63] Sobald die Regierung jedoch über die ihr «gesetzlich eingeräumte Macht hinausgeht», ihre Gewalt eigenmächtig verwendet und ihrem hauptsächlichen Ziel, der Erhaltung der drei Grundgüter «Leben, Freiheit und Eigentum», entgegenarbeitet, darf ihr «Widerstand geleistet werden wie jedem anderen, der mit Gewalt in das Recht eines anderen eingreift».[64] Die politische Macht fällt dann «an das Volk zurück, das ein Recht hat, seine ursprüngliche Freiheit wieder an sich zu nehmen und durch die Errichtung einer neuen Legislative [...] für seine eigene Wohlfahrt und Sicherheit [...] Sorge zu tragen.»[65]

Nachdem Locke als begründende Figur des Liberalismus vorgestellt worden ist, soll nun der sozialliberale Zweig näher beleuchtet werden. Als pointierte Hinführung dient ein Zitat des Philosophen Georg Kohler (*1945). Er schreibt: «Erstens ist die politische Philosophie des Liberalismus niemals gegen eine staatliche Ordnung gewesen, die das Gemeinwohl auch gegen mächtige Privatinteressen durchsetzt. [...] Zweitens ist der [Liberalismus] niemals nur dem Ideal der individuellen Selbstbestimmung verpflichtet gewesen, sondern ebenso dem Gedanken republikanischer Gemeinsinnigkeit. Drittens sind Liberale [...] zugleich Kritiker feudaler Privilegiensysteme. Von der Abschaffung der Adelstitel führt ein ziemlich direkter Weg zu einer – vernünftigen! – Erbschaftssteuer.»[66]

Mit der Theorie der Gerechtigkeit (1971) von John Rawls soll nun ein Ansatz vorgestellt werden, der «individuelle Selbstbestimmung» mit «republikanischem Gemeinsinn» ver-

63 Locke (2015): S. 70.

64 Locke (2015): S. 111.

65 Locke (2015): S. 116–117.

66 Kohler (2012): S. 21.

bindet. Bevor jedoch das Werk des langjährigen Harvardprofessors, eine der einflussreichsten politischen Schriften des 20. Jahrhunderts[67], umrissen wird, soll hervorgehoben werden, dass auch dieses kontraktualistisch geprägt ist. Hier bietet sich die Unterscheidung zwischen klassischem und modernem Kontraktualismus an. Locke kann dabei der klassischen Richtung, Rawls der modernen Zunft zugeordnet werden. Unterschiede lassen sich sowohl in ihren Zielen als auch in ihren Verfahren erkennen: Während sich der klassische Kontraktualismus mit der Rechtfertigung des Staates auseinandersetzt, steht die Staatsgründung für den modernen Kontraktualismus nicht mehr auf der *To-do*-Liste. Stattdessen befasst er sich mit der Frage, wie gerechte staatliche Institutionen aussehen sollten. Bezüglich des Verfahrens kann der klassische Naturzustand als Interaktionssituation charakterisiert werden, da das Schicksal der Menschen von den Entscheidungen ihrer Mitmenschen abhängt. So stellt sich bei Locke die Frage, ob die Mitmenschen bereit sind «ihre natürliche Gewalt zur Selbstverteidigung und zur Vollstreckung ihrer Urteile über das Verhalten anderer» aufzugeben.[68] Demgegenüber ähnelt der moderne Urzustand, wie noch bei Rawls gezeigt werden wird, eher einer Situation der Ungewissheit.[69] Abgesehen von diesen Unterschieden haben die klassische und die moderne Vertrags-

---

67 Laut Horst Dornbusch (*1947), einem bekannten Bierautor, zeichnete sich die amerikanische Bierlandschaft während der Entstehungsphase der *Theorie der Gerechtigkeit* eher durch sensorische Einfalt als durch Vielfalt aus. Neben dem vereinheitlichten Lagerbier waren andere Stile schwer erhältlich. Daher darf die These gewagt werden, dass Rawls seine Anregungen wohl außerhalb der amerikanischen Braukultur jener Zeit fand (Dornbusch [2017]: S. 135–137)

68 Specht (2007): S. 163.

69 Hübner (2016).

theorie gemeinsam, dass die Entscheidungssituation selbst für alle identisch ist. Ein gerechtfertigter Staat bzw. gerechte gesellschaftliche Institutionen sind letztlich das Ergebnis dessen, wozu sich Menschen in ihrem klugen Eigeninteresse unter fairen Bedingungen freiwillig entschließen.

Wer weiß, vielleicht wurde Rawls bei der Entwicklung einer idealen Entscheidungssituation, in der sich Individuen für gerechte Gesellschaftsstrukturen entscheiden, von der Figur der Justitia angeregt. Schließlich verkörpert sie mit ihren Insignien – der Waage, den verbundenen Augen und dem Schwert – das archetypische Bild der Gerechtigkeit, die stets ihre Unparteilichkeit wahrt und sich nicht von persönlichen Neigungen oder Abneigungen leiten lässt.[70] Im Geiste eben dieser Unparteilichkeit schafft Rawls nun also eine Entscheidungssituation, in der es nicht möglich sein soll, die gesuchten Gerechtigkeitsprinzipien auf die eigenen Verhältnisse zuzuschneiden. Hinter dem sogenannten «Schleier des Nichtwissens» fehlen den Personen bestimmte, potentiell gerechtigkeitskorrumpierende Informationen. So «kennt niemand seinen Platz in der Gesellschaft, seine Klasse oder seinen Status; ebensowenig seine natürlichen Gaben, seine Intelligenz, Körperkraft, usw. [...] Die Menschen im Urzustand wissen auch nicht, zu welchen Generation sie gehören.»[71] Mit dem Schleier des Nichtwissens werden somit die eigenen spezifischen Merkmale sowie die soziale Position verhüllt, da ansonsten die Gefahr besteht, dass die Wahl der Gerechtigkeitsprinzipien durch persönliche Neigungen beeinflusst wird.

Würde man Josef Groll den Schleier des Nichtwissens umlegen, hätte er beispielsweise keine Kenntnis davon, dass er sich als Brauersohn aus Vilshofen glücklich schätzen darf, in

70 Ziegler (2019): S. 79–80.

71 Rawls (1979): S. 160.

einer Zeit aufzuwachsen, in der gerade das Brauwesen boomt und insbesondere bayerische Braumeister international gefragt sind.[72] Weiterhin bliebe ihm verborgen, dass er als alles andere als ein Charmebolzen bekannt ist. Manche Zeitgenossen sprachen ihm gar jegliche Manieren ab, und sein Vater meinte, der Junior sei der ungehobeltste Mann in ganz Bayern – Eigenschaften, die auf dem sozialen Parkett nicht unbedingt dazu beitragen, dass sich Türen mit Leichtigkeit öffnen.[73] Was hingegen nicht in der Obhut des Schleiers des Nichtwissens liegt, ist, dass er als 74-jähriger Mann in seiner Stammkneipe mit einem Glas Bier in der Hand versterben würde.[74] Falls sich aus diesen Informationen jedoch unmissverständliche Rückschlüsse auf seinen somatischen Status ziehen ließen, müsste ihm dieser jedoch vorenthalten bleiben. Es lässt sich somit festhalten, dass alle individuellen und gesellschaftsrelationalen Faktoren, die den unparteiischen Blick trüben könnten, aus der Entscheidungssituation gewissermaßen herausgefiltert werden sollen. Diese gerechtigkeitsverstellenden Informationen finden im weitesten Sinne eine Entsprechung in den Schwebestoffen und Hefepartikeln vorpilsnerischer Biere: Beide beeinträchtigen den Durchblick – erst der Schleier des Nichtwissens sowie das *Pilsner* sorgen für klare Verhältnisse. Man darf die Schlussfolgerung wagen, dass die Tatsache, dass mit den aufkommenden Filtertechniken nicht nur die Klarheit, sondern auch die Haltbarkeit wesentlich zunahmen, nahelegt, dass ein unparteiischer Standpunkt auch in der Suche nach Gerechtigkeitsprinzipien eine gewisse Beständigkeit für das politisch-gesellschaftliche Leben mit sich bringt.[75]

---

72 Dornbusch (2017): S. 165.

73 Oliver (2012): S. 408.

74 Dornbusch (2017): S. 166.

75 Hirschfelder, Trummer (2022): S. 179.

Da Rawls sicherstellen möchte, dass die Entscheidungssituation für die Wahl der Gerechtigkeitsgrundsätze auch tatsächlich vollkommen fair ist, fordert er neben dem Schleier des Nichtwissens auch bestimmte andere Bedingungen. Eine von diesen betrifft die eben genannte Beständigkeit. Rawls hebt nämlich die Verbindlichkeit des Beschlusses hervor: «Sind einmal die Grundsätze anerkannt, so können sich die Parteien darauf verlassen, dass jeder sie einhält.»[76] Weiterhin hält er «die Annahme für [vernünftig], dass die Menschen im Urzustand gleich seien. Das heißt, sie haben bei der Wahl der Grundsätze alle die gleichen Rechte; jeder kann Vorschläge machen [...].»[77] Überdies nimmt Rawls an, dass es ein allgemeines Bedürfnis nach Grundgütern gebe, die jeder lieber im größeren als im kleineren Umfang besitzen sollte: «Die wichtigsten Arten der gesellschaftlichen Grundgüter sind Rechte, Freiheiten und Chancen sowie Einkommen und Vermögen.»[78]

Nachdem die Bedingungen bzw. Zutaten der rawlsschen Entscheidungssituation betrachtet worden sind, soll nun nach den Zutaten bzw. Ingredienzien des *böhmischen Pilsners* gefragt werden: Die Grundlage eines jeden Bieres ist das Malz. Beim *böhmischen Pilsner* wird das mährische Gerstenmalz Hana verwendet, das sich durch seine helle und süßliche Note auszeichnet. Eine zweite charakteristische Komponente ist der autochthone Saaz-Hopfen, dessen grasige und blumige Aromen sich mit einer kräftigen Bitterkeit verbinden. Bereits mehrfach wurde die untergärige Hefe genannt, die einen klareren und fokussierteren Geschmack fördert. *Last but not least* gilt es, das sehr weiche, sandstein-gefilterte Wasser zu erwäh-

76 Rawls (1979): S. 169.

77 Rawls (1979): S. 36.

78 Rawls (1979): S. 112.

nen, das die Hopfenbittere des Saaz-Hopfens geschmeidiger wirken lässt.[79]

Aber genug der Zutatenkunde und zurück zu Rawls: Ganze Abhandlungen wurden der Frage gewidmet, ob es für Menschen – die hinsichtlich ihrer künftigen gesellschaftlichen Position hinter dem Schleier des Nichtwissens ja im Dunkeln tappen – strategisch sinnvoller ist, bei der Wahl der Gerechtigkeitsprinzipien auf Risiko oder Sicherheit zu setzen. Rawls plädiert dafür, dass die ungünstigste mögliche Position (Minimum) so vorteilhaft wie möglich gestaltet werden soll (maximal), was er als Maximin-Strategie bezeichnet. Er schreibt: «Die Maximin-Regel ordnet die Alternativen nach ihren schlechtesten möglichen Ergebnissen: man soll diejenige wählen, deren schlechtestmögliches Ergebnis besser ist als das jeder anderen.»[80] Zur Veranschaulichung sei die folgende Güterverteilung in einer der Einfachheit halber angenommenen Dreipersonenwelt dargestellt:

1.	*10 : 8 : 1*
2.	*7 : 6 : 2*
3.	*5 : 4 : 4*[81]

Auch wenn die erste und zweite Ordnung sowohl einen höheren Durchschnitts- als auch Gesamtnutzen aufweisen, entscheiden sich die Menschen im rawlsschen Urzustand, gemäß der Maximin-Regel, für die dritte Form der Güterverteilung. Da hinter dem Schleier des Nichtwissens die Wahrscheinlichkeit, besonders schlecht abzuschneiden, unbekannt ist und jeder nur ein einziges Leben hat, reicht laut Rawls bereits die

79 Oliver (2012): S. 651–652.

80 Rawls (1979): S. 178.

81 Kymlicka (1996): S. 71.

bloße Möglichkeit, schlecht abzuschneiden, aus, um dieses Leben nicht wie einen Einsatz im Casino zu behandeln.

Letztlich wählen die Menschen im Urzustand zwei Gerechtigkeitsprinzipien: Erstens «soll [j]edermann [...] gleiches Recht auf das umfangreichste System gleicher Grundfreiheiten haben, das mit dem gleichen System für alle anderen verträglich ist».[82] Dieser Gleichheitsgrundsatz – der heute für jeden liberalen Rechtsstaat konstitutiv ist – fand bereits bei Locke Ausdruck, als er «für den Günstling am Hof» und «für den Bauern am Pflug» denselben «Rechtsgrundsatz» forderte.[83] Folgt man der Maximin-Strategie, liegt die Wahl des ersten Prinzips auf der Hand: Die Aussicht, bei den Grundfreiheiten benachteiligt zu werden, ist wenig verlockend. Vielmehr möchte ein jeder, dass seine Würde geachtet, seine Privatsphäre geschützt und seine Meinungsfreiheit gewährleistet werden. Das zweite Prinzip, dass «[s]oziale und wirtschaftliche Ungleichheiten [...] so zu gestalten sind, dass (a) vernünftigerweise zu erwarten ist, dass sie zu jedermanns Vorteil dienen und (b) sie mit Positionen und Ämtern verbunden sind, die jedem offenstehen»,[84] blieb in seiner Wirkgeschichte im Vergleich zum ersten Grundsatz weniger durchschlagend. Als Differenzprinzip bekannt, gestattet der zweite Grundsatz Unterschiede in der Einkommensverteilung, sofern die ungleiche Verteilung den am schlechtesten gestellten Mitgliedern der Gesellschaft zugutekommt und Positionen unter fairer Chancengleichheit allen zugänglich bleiben. Rawls führt aus, dass niemand einen Anspruch auf Vorteile erheben kann, die sich aus natürlichen Fähigkeiten oder einer vorteilhafteren Ausgangsposition ergeben; allerdings sei ihre Zulassung nicht unfair, sofern sie auch

82 Rawls (1979): S. 336.
83 Locke (2015): S. 85.
84 Rawls (1979): S. 336.

den weniger Begünstigten der «Lotterie der Natur» zugutekommen.[85] In der Herleitung des Differenzprinzips könnte man jedoch auch auf das von Kohler geforderte Zusammenspiel von «individueller Selbstbestimmung» und «republikanischem Gemeinsinn» hinweisen: Eine gestaffelte Vermögensverteilung wird von den Menschen, die sich hinter dem Schleier des Nichtwissens der ungleichen Verteilung der Begabungen bewusst sind, in Kauf genommen, um talentierte Individuen – im Sinne der individuellen Selbstbestimmung – zu fördern und zu unterstützen und um ihren Beitrag für die Allgemeinheit – und hier klingt der republikanische Gemeinsinn an – wertschöpfend einzusetzen.

Mit Blick auf die beiden Gerechtigkeitsprinzipien, also den Gleichheits- und Differenzgrundsatz, meint Rawls prägnant, dass «[a]lle sozialen Werte – Freiheit, Chancen, Einkommen, Vermögen und die sozialen Grundlagen der Selbstachtung – [...] gleichmäßig zu verteilen [sind], soweit nicht eine ungleiche Verteilung jedermann zum Vorteil gereicht. Ungerechtigkeit besteht demnach einfach in Ungleichheiten, die nicht jedermann Nutzen bringen.»[86]

Nachdem die liberalen Theorien von Locke und Rawls am Stück und ohne Zwischenverpflegung vorgestellt worden sind, scheint es nun angemessen, mit einem *Pilsner* anzustoßen und sich entspannt zurückzulehnen. Während man sich beim Zurücklehnen des entschleunigenden Gestus bewusst wird, taucht der Gedanke auf, dass in einem gewissen Sinne doch auch bei Locke und Rawls ein überlegter Hang zur Langsamkeit durchscheint. Dass die locke'sche Forderung nach Gewaltenteilung, bei der Entscheidungen von verschiedenen Instanzen geprüft

---

85 Rawls (1979): S. 122.

86 Rawls (1979): S. 83.

werden, zwangsläufig mehr Zeit erfordert als ein autokratisches System, liegt auf der Hand. Aber auch die Umsetzung der rawlsschen Gerechtigkeitsprinzipien, die rechtlich verlässliche und faire Institutionen erfordert, lässt sich nur schwer mit Schnellschlusshandlungen vereinbaren. In Anbetracht der Tatsache, dass der alltägliche Gebrauch von Smartphones oder anderen Geräten uns an sofortige Reaktionen, schnelle Updates und permanente Verfügbarkeit gewöhnt hat, erscheint das, was Locke und Rawls vorschwebt und das gemeinhin als Rechtsstaatlichkeit bezeichnet wird, als ausgesprochen träge. Die digitale Kultur scheint Erwartungen an schnelle Lösungen zu fördern, während rechtsstaatliche Prozesse, die auf Gründlichkeit, Abwägung und Stabilität setzen, ein anderes Tempo anschlagen. Vielleicht täte es gut, um sich im rechtsstaatlichen Rhythmus – der mit der Sicherung von Grundrechten und politischer Teilhabe einhergeht – zurechtzufinden, das Smartphone öfter wegzulegen und stattdessen bspw. einen Gärkeller aufzusuchen, der sich der untergärigen Brauart verschrieben hat. So führt eine kühle Gärung zu einer Verlangsamung des Stoffwechsels der Hefe, wodurch weniger Nebenprodukte entstehen und das Bier besonders sauber vergoren wird.[87] Augenzwinkernd lässt sich festhalten, dass sich ein rechtsstaatliches System in gewissem Sinne die Erkenntnis zu eigen macht, dass Bier, das eine kühlere Fermentationstemperatur durchläuft, weniger Stoffwechsel-Nebenprodukte enthält. Um keinen unnötigen Nährboden für Nebengeräusche zu bieten, setzt es auf ruhige, rationale und kühle Entscheidungsfindung anstelle von impulsiven, affektiven und überhitzten Reaktionen.

So entschleunigend der Gärkeller auch wirken mag, so klar ist es, dass man, sobald man draußen ist und seine süffi-

87 Dornbusch (2017): S. 140.

gen Erzeugnisse in den Händen hält, oft einem anderen Takt folgt.

Literaturverzeichnis Philosophie

Bratu, Christine / Dittmeyer, Moritz (2017): *Theorien des Liberalismus zur Einführung.* Hamburg: Junius.

Celikates, Robin / Gosepath, Stefan (2013): *Politische Philosophie (Grundkurs Philosophie, Band 6).* Stuttgart: Reclam.

Cheneval, Francis (2015): *Demokratietheorien zur Einführung.* Hamburg: Junius.

Euchner, Walter (2011): *John Locke zur Einführung.* Hamburg: Junius.

Euchner, Walter (2007): «John Locke (1632–1704)». In: *Von Locke bis Max Weber (Klassiker des politischen Denkens, Band 2).* Herausgegeben von Hans Maier und Horst Denzer. München: C.H. Beck, S. 16 – 30.

Festl, Michael (Hrsg.) (2021): *Handbuch Liberalismus.* Heidelberg/ Berlin: J.B. Metzler.

Gutmann, Amy (2001): «Liberalism». In: Smelser, Neil (Hrsg.): *International Encyclopedia of the Social & Behavioral Sciences (Band 4).* Amsterdam: Elsevier, S. 8784–8787.

Herzog, Lisa (2019): *Politische Philosophie.* Stuttgart: UTB.

Höffe, Otfried (2016): *Geschichte des politischen Denkens.* München: C.H. Beck.

Kohler, Georg (2012): «Der große Verrat. Was ist eigentlich mit dem Freisinn in der Schweiz passiert?» *Das Magazin*, 17.03. 2012, 20–25.

Kymlicka, Will (1996): *Politische Philosophie heute. Eine Einführung.* Frankfurt a. M.: Campus.

Ladwig, Bernd (2022): *Moderne politische Theorie. Fünfzehn Vorlesungen zur Einführung.* Stuttgart: UTB.

Locke, John (2015): *Politisches Denken.* Ausgewählt und kommentiert von Klaus Kremb. Wiesbaden: Marix Verlag.

Locke, John (1981): *Versuch über den menschlichen Verstand (Band I).* Hamburg: Felix Meiner.

Locke, John (1977): *Zwei Abhandlungen über die Regierung.* Frankfurt a. M.: Suhrkamp.

Mill, John Stuart (2009): *On Liberty.* Stuttgart: Reclam.

Ottmann, Henning (2021): «John Locke (1632–1704)». In: Festl, Michael (Hrsg.), *Handbuch Liberalismus.* Heidelberg/Berlin: J.B. Metzler, S. 3–10.

Pfister, Jonas (2011): *Philosophie. Ein Lehrbuch.* Stuttgart: Reclam.

Rawls, John (1979): *Eine Theorie der Gerechtigkeit.* Frankfurt a. M.: Suhrkamp.

Specht, Rainer (2007): *John Locke.* München: C.H. Beck.

Zaoui, Pierre / Dutreix, Romain (2022): *Liberalismus.* Berlin: Jacoby & Stuart.

Ziegler, Walther (2019): *Rawls in 60 Minuten.* Norderstedt: BoD – Books on Demand.

Webographie Philosophie

Hübner, Dietmar (2016): Vorlesung «Politische Philosophie 10. Moderne 1 – Harsanyi, Rawls»: https://www.youtube.com/watch?v=aHiZ9PBBpKo (aufgerufen am 20.02.2025).

Literaturverzeichnis Geschichte

Bayly, Christopher A. (2008): *Die Geburt der modernen Welt. Eine Globalgeschichte 1780–1914.* Frankfurt a. M.: Campus.

Bleyer, Alexandra (2022): *1848. Erfolgsgeschichte einer gescheiterten Revolution.* Stuttgart: Reclam.

Bong, Jörg / Hartwig, Ina / Weisband, Marina (2023): *1848. Frühe demokratische Programme und Texte zur R Revolution von Theodor Fontane, Emma Herwegh, Friedrich Hecker, Robert Blum.* Freiburg i. B.: Herder.

Literaturverzeichnis Bier

Adam, Helmut (Hrsg.) (2014): *Cocktailian. Bier & Craft Beer.* Wiesbaden: Tre Torri.

Dornbusch, Horst (2017): *Lexikon der Biersorten.* Nürnberg: Hans Carl.

Dornbusch, Horst (2014): *Die Biersorten der Brauwelt.* Nürnberg: Hans Carl.

Forsyth, Mark (2021): *Eine kurze Geschichte der Trunkenheit. Der Homo alcoholicus von der Steinzeit bis heute.* Stuttgart: Klett-Cotta.

Hirschfelder, Gunter / Trummer, Manuel (2022): *Bier. Die ersten 13.000 Jahre.* Darmstadt: WBG.

Kopp, Sylvia (2014): *Das Craft-Bier Buch. Die neue Braukultur.* Köln: Gestalten.

Ladenbauer, Wolfgang / Paleczny, Alfred / Springer, Christian (2016): *Wiener Bier-Geschichte.* Wien: Böhlau.

Oliver, Garrett (Hrsg.) (2012): *The Oxford Companion to Beer.* New York: Oxford University Press.

Raupach, Markus (2017): *Bier. Geschichte und Genuss.* Berlin: Palm.

Wiesmann, Matthias (2011): *Bier und wir. Geschichte der Brauereien und des Bierkonsums in der Schweiz.* Zürich: hier + jetzt.

Wit und Libertarismus

Wer das Bier braut, hat Anspruch darauf

Wenn es um Fragen der gesellschaftlichen Gerechtigkeit geht, wird kaum ein Bild so häufig bemüht wie das des Kuchens: Ein egalitärer Ansatz würde dafür sorgen, dass jeder ein gleich großes Stück erhielte, wohingegen eine bedürfnisorientierte Perspektive dem Hungrigsten sicherlich etwas mehr auf den Teller legen würde. Diese und andere Vorstellungen zur gerechten Verteilung – die sich bspw. an Chancen, Leistungen, Bedürftigkeit, Einkommen oder Vermögen orientieren – gelten als sogenannte «strukturelle Gerechtigkeitsauffassungen», die, wie der Name bereits vorwegnimmt, bestimmte Verteilungsmuster als gerecht erachten.[1] Demgegenüber macht der Libertarismus (lat. *libertas* ‹Freiheit›, frz. *libertaire* ‹freiheitsliebend›), der als Position der politischen Philosophie «die Freiheit der Individuen als einziges Ziel und alleinige Legitimation staatlichen Handelns anerkennt»[2], darauf aufmerksam, dass der Kuchen nicht einfach aus dem Nichts entstanden ist, sondern von bestimmten Personen gebacken wurde, die daher auch ein legitimes Anrecht auf ihn haben.[3] «Diese Rechte sind so gewichtig und weitreichend, dass sie die Frage aufwerfen»,

---

1 Nozick (1976): S. 148–149.

2 Knoll (2008): S. 9.

3 Wendt (2018): S. 103.

ob strukturierende Gerechtigkeitsvorstellungen überhaupt dazu befugt sind, das Kuchenmesser zu ergreifen.[4] Mit Robert Nozick (1938–2002), einem der prominentesten Libertarier, lässt sich die Frage mit einem prägnanten «Nein» beantworten. Salopp gesagt: Wer den Kuchen zubereitet, hat einen individuellen Anspruch darauf. In seinem Werk *Anarchy, State, and Utopia* (1974) stellt Nozick den strukturellen Verteilungsprinzipien das entgegen, was er die «Anspruchstheorie» nennt. Ihr zufolge ist für die Gerechtigkeit nicht die Struktur der Verteilung entscheidend, sondern die Art ihrer Entstehung, die sich danach bemisst, dass keine Ansprüche oder Rechte verletzt werden.

Da das Bild des Kuchens seine Aufgabe bei der Veranschaulichung der Verteilungsfrage erfüllt hat und *ergo* abtreten darf, die folgenden Ausführungen jedoch ebenfalls ein metaphorisches Geleit vertragen, soll nun gewissermaßen das Bild des Bierfasses in die Bresche springen. Nicht ein x-beliebiges Fass, natürlich, sondern eines, das mit einem Bierstil gefüllt ist, der durch seinen historischen Werdegang Berührungspunkte zur Anspruchstheorie erkennen lässt.[5] Doch ehe man sich der Geschichte des Bierstils zuwendet, sei eine kleine sensorische Würdigung erlaubt: So treten wir neugierig an den Zapfhahn und beobachten, wie sich unser Degustationsglas mit einem pastellgelben Getränk füllt, in dem goldene Akzente durch eine weißliche Trübung schimmern. Das Bier wird von einem schneeweißen, dichten, fast sahnig wirkenden Schaum gekrönt. Der Duft erinnert dezent an Apfel, pfeffrige sowie leicht säuer-

---

4 Nozick (1976): S. 11.

5 Im Gegensatz zum Kuchen oder anderen potenziellen Eigentumsgegenständen handelt es sich bei einem Bierstil um eine kulturelle Kategorie, die sich nur schwer in einen Eigentumsbegriff überführen lässt.

liche Noten schwingen mit, während auch Aromen von Koriander und Bitterorangen zum Vorschein kommen. Ein erster Schluck enthüllt fruchtig-zitrale, würzig-pfeffrige, getreideartige und leicht säuerlich-apfelige Aromen, die in einem erfrischend-spritzigen und sanft-vollmundigen Körper zur Geltung kommen. Auch die Koriander- und Bitterorangennoten sind auszumachen. Das *Finish* ist mild und frisch zugleich.[6] Während wir am Glas riechen, um uns nochmals des Bitterorangengeschmacks zu vergewissern, vernehmen wir, dass wir es mit dem belgischen Bierstil *Wit* (flämisch für die «Weiße»)[7] zu tun haben. «*Proost* und *Gezondheid!*»

Eben noch in lukullischer Unbeschwertheit dem *Wit* zugetan, werden wir von der kühlen Logik der Anspruchstheorie Nozicks auf den vermeintlichen Boden der Tatsachen zurückgebracht: Als erster Baustein wird der «Grundsatz der gerechten Aneignung» dargeboten, der den Blick auf die Frage lenkt, wann eine Erstaneignung äußerer, bis dahin herrenloser Güter als gerecht angesehen werden kann. Den zweiten Baustein markiert der «Grundsatz der gerechten Übertragung», der sich mit der Rechtmäßigkeit von Gütertransfers befasst. Schließlich besagt der formal-logische Schlussstein, dass ein Anspruch auf den Besitz eines bestimmten Guts nur dann besteht, wenn sowohl die Erstaneignung als auch alle nachfolgenden Übertragungen rechtmäßig erfolgt sind.[8] Wenn der Besitz hingegen rechtlich nicht zulässig ist, greift der «Grundsatz zur Beseiti-

6 Kopp (2014): S. 62.

7 Neben der flämischen Bezeichnung *Wit* ist für den Bierstil auch der französische Name *Blanche* gebräuchlich.

8 Nozick (1976): S. 144.

gung von Ungerechtigkeit»[9], der regelt, wie mit ungerecht Erworbenem oder Übertragenem umzugehen ist.[10, 11]

Solange die Grundsätze der gerechten Aneignung und Übertragung gewahrt bleiben, gilt jede daraus resultierende Verteilungsstruktur – sei es im Hinblick auf Einkommen, Vermögen oder auch Berufs- und Bildungschancen[12] – als rechtmäßig. Gerade in der Ergebnisoffenheit gegenüber dem Ausgang freiwilliger Interaktionen zeigt sich, was Nozick unter einer nicht-strukturellen Gerechtigkeitsvorstellung meint.[13, 14] Der Staat hat keine strukturelle Verteilungsgerechtigkeit zu verwirklichen; ihm kommt jedoch die Funktion zu, die individuellen Anspruchsrechte zu wahren und Institutionen bereitzustellen, die den freien Austausch sichern. Insofern ist er als minimalistisch zu begreifen.[15] Die Idee eines umverteilenden Sozialstaates wird damit verabschiedet, was freilich nicht heißt, dass der Libertarismus die moralische Pflicht, Unterstützung für Hilfsbedürftige zu leisten, nicht anerkennen kann. Das «Recht auf freie Verfügung über Eigentum» verbietet es je-

---

9 Celikates, Gosepath (2013): S. 74.

10 Kymlicka (1996): S. 100.

11 Nozick (1976): S. 146.

12 Wendt (2018): S. 104.

13 Wendt (2018): S. 106.

14 Der Fokus auf den zulässigen Bedingungen für Aneignung und Austausch macht darüber hinaus nachvollziehbar, warum der Libertarismus im deutschsprachigen Raum oft als «Markt-» bzw. «Wirtschaftsliberalismus» bezeichnet wird (Celikates, Gosepath [2013]: S. 72).

15 Nozick (1976): S. 143.

doch, dass diese Hilfe staatlich erzwungen wird.[16] Ihr kann nur freiwillig nachgekommen werden.[17]

Da gemäß der Anspruchstheorie der Entstehungsprozess einer Verteilung für deren Rechtmäßigkeit entscheidend ist, gilt sie als «historische Konzeption».[18] Anhand der bewegten Geschichte des *Wit* soll nun anschaulich gemacht werden, wie sich Eigentumsansprüche auf Grundlage der genannten Grundsätze historisch herleiten lassen.

Beginnen wir mit jenem Grundsatz, der die Voraussetzung jeglichen legitimen Besitzes bildet – dem der gerechten Erstaneignung. Mit ihm stellt sich die berechtigte Frage, wie etwas, das bislang niemandem gehörte, rechtmäßig zu Privateigentum werden kann. Anders gefragt: Wie kann jemand Anspruch auf ein vormals herrenloses Gut erheben? Eine einschlägige Antwort darauf, auf die sich auch Nozick bezieht, lässt sich bei John Locke (1632–1704) nachlesen. Nach dessen Auffassung stehen dem Menschen von Natur aus Rechte zu – etwa das Recht an der eigenen Person und an den Früchten seiner Arbeit. Locke schreibt: «Die ‹Arbeit› seines Körpers und das ‹Werk› seiner Hände sind sein Eigentum.»[19] Auch Nozick übernimmt die Idee, dass das Eigentum an der eigenen Person – mitsamt der vollständigen Verfügung über den eigenen Körper – die Grundlage von Eigentumsrechten ist.[20] Würde also jemand Anspruch auf die Früchte der Arbeit einer Person erheben, so käme das einer Verletzung deren Selbsteigentums gleich. Nozick folgt Locke aber auch insofern, als er dessen

16 Celikates, Gosepath (2013): S. 73.

17 Knoll (2008): S. 15.

18 Reese Schäfer (2018): S. 167.

19 Locke (2015): S. 59.

20 Nozick (1976): S. 164.

Einschränkung übernimmt: Erstaneignung ist nur dann legitim, wenn niemand gegenüber den vorherigen Nutzungsverhältnissen – bspw. im Fall der gemeinschaftlich genutzten Allmende[21] – materiell schlechtergestellt wird.[22, 23] Diese Vorbehaltsklausel, die auch «Lockes Proviso» genannt wird, kommt in folgender Passage zum Ausdruck: «Denn diese Arbeit ist das unbestreitbare Eigentum des Arbeitenden, und niemand außer ihm selbst kann ein Recht haben auf irgend etwas, was einmal mit seiner Arbeit verbunden ist – zumindest dort nicht, wo für die anderen bei gleicher Qualität noch genug davon in gleicher Güte vorhanden ist.»[24] Da die Vorbehaltsklausel der Erstaneignung allerdings nur in seltenen Fällen zum Tragen kommt, wird ein Großteil der Welt rasch in private Hände überführt, und befindet sich das Eigentum einmal rechtmäßig dort, ist auch der Anspruch auf die Gewinne aus Markttransaktionen gegeben.[25]

Nun würde es auf der Hand liegen, den Grundsatz der Erstaneignung an die Geburtsstunde des *Wits* zu koppeln. An dieser Stelle sind jedoch zwei Einwände anzuführen: Erstens lässt sich mit Recht sagen, dass ein Bierstil – da er ein kulinarisches, ja vielleicht gar kulturelles Erbe verkörpert – anders als ein Stück Land nicht ohne Weiteres in Eigentum überführt werden kann.[26] Im Weiteren wird dieser Einwurf jedoch insofern entkräftet, als es nicht um die Besitzverhältnisse des Bierstils geht, sondern um die der Brauereien, die für den Stil prägend waren oder es noch immer sind. Zweitens muss

21 Locke (2015): S. 60.
22 Nozick (1976): S. 165.
23 Celikates, Gosepath (2013): S. 78.
24 Locke (2015): S. 60.
25 Kymlicka (1996): S. 115.
26 Locke (2015): S. 60.

angemerkt werden, dass sich der genaue Entstehungszeitpunkt des Stils nicht bestimmen lässt. So führen manche Autoren das *Wit* auf die spätmittelalterliche Weizenbierkultur Brabants zurück[27], während andere seine Anfänge eher im 16. und 17. Jahrhundert verorten.[28] Statt eine genaue Datierung angeben zu können, ist es somit wahrscheinlicher, davon auszugehen, dass der Stil über die Jahrhunderte hinweg unterschiedlichen Wandlungen unterlag. So ist, unabhängig davon, ob nun ein mittelalterlicher oder neuzeitlicher Ursprung vorliegt, klar, dass man die Kombination aus Bitterorange und Koriander bis ins 19. Jahrhundert vergebens im *Wit* gesucht hätte. Allerdings wäre es nicht verwunderlich, dass im *Wit* der frühen Zeit anstelle von Hopfen andere, für uns heute unkonventionelle Kräuter und Gewürze Unterschlupf fanden. Zu jener Zeit war es üblich, dass Kräutermischungen, das sogenannte «Gruit», für die Aromatisierung und Konservierung des Bieres verwendet wurden, die unter anderem Schafgarbe, wilden Rosmarin, Wacholder, Ingwer, Heidekraut, Kümmel oder Zimt enthalten konnten.[29] Es sollte jedoch bis ins frühe 19. Jahrhundert dauern, bis die Curaçao-Orange, auf die später noch näher eingegangen wird, erstmals als Zutat im *Wit* Verwendung finden würde.[30] Im Jahr 1830 wurde Brabant, die Ursprungsregion des *Wit*, von den Niederlanden getrennt und Teil des neu gegründeten Staates Belgien. Mit dem Aufkommen des *Lagerbieres* im 20. Jahrhundert wandelten sich die Konsumgewohnheiten, was einen erheblichen Rückgang des *Wits* zur Folge hatte. So kam es dazu, dass in den 1950er Jahren die letzte *Wit*-Brauerei in Hoegaarden, die von Tomsin betrieben wurde, ihre

---

27 Oliver (2012): S. 832.

28 Beer Judge Certification Program (2008).

29 Oliver (2012): S. 410.

30 Oliver (2012): S. 276.

Tore schloss. Ein Jahrzehnt nach ihrer Schließung beschloss der örtliche Milchmann Pierre Celis (1925–2011), der in seiner Jugend in der Tomsin-Brauerei gearbeitet hatte, das *Wit* wiederzubeleben. Dafür besorgte er sich die erforderlichen Brauereigeräte, rekonstruierte das Rezept mit Hilfe seiner Erfahrungen bei Tomsin und der Erinnerungen der Einheimischen und gründete 1966 mit bescheidenen Mitteln seine eigene Brauerei: die Brouwerij Celis.[31] Dort begann er, ein *Wit* zu brauen, das er nach seiner Heimatstadt Hoegaarden benannte.[32] Das Bier erfreute sich großer Beliebtheit, was sich nicht zuletzt an einem stetigen Anstieg der Produktion ablesen ließ. 1985, als die Jahresproduktion beachtliche 75.000 Hektoliter betrug, brannte die Brauerei durch ein verheerendes Feuer bis auf die Grundmauern nieder.[33] Auch wenn die Frage, wie es mit Pierre Celis und seiner Brauerei weiterging, erst im Zusammenhang mit dem zweiten Grundsatz behandelt werden soll, liefert der Brand Anlass, Nozicks Gedanken aufzugreifen, wonach Besitz, der nicht nur auf glücklichen Umständen, sondern auch auf Risikobereitschaft beruht, nicht mit jenen geteilt werden muss, die dieses Risiko scheuen. In einem besonders pointierten Zitat schreibt Nozick: «Oft glauben sich Menschen, die keine Risiken auf sich nehmen möchten, dazu berechtigt, von denen, die etwas riskieren und dabei gewinnen, etwas zu verlangen; doch die gleichen Leute fühlen sich nicht gehalten, auch an den Verlusten derer teilzunehmen, die etwas riskieren. Zum Beispiel erwarten die Croupiers in Spielkasinos großzügige Trinkgelder bei großen Gewinnen, aber sie möch-

---

31 1978 erfolgte die Umbenennung der Brauerei in De Kluis, was «Kloster» bedeutet, als Hommage an die Mönche, die im Mittelalter in der Region Bier brauten (Craft Beer and Brewing [s.d.]).

32 Oliver (2012): S. 231.

33 Oliver (2012): S. 441.

ten keineswegs einen Teil der Verluste tragen. Eine solche asymmetrische Teilnahme ist noch weniger bei Geschäftsunternehmungen begründet, wo der Erfolg keine reine Sache des Zufalls ist».[34]

Nun eignet sich Celis kein Land an, sondern belebt mit dem *Wit* vielmehr ein kulinarisches, womöglich gar kulturelles Erbe wieder. Gerade aufgrund der Rückbesinnung auf die regionale Biertradition sowie des Andockens an die Verfahren der ehemaligen Tomsin-Brauerei ließe sich argumentieren, dass hier eher der Grundsatz des Transfers als der der Erstaneignung zum Tragen komme. Dem lässt sich jedoch entgegenhalten, dass Celis ja kein bestehendes Eigentum – etwa in Form eines Brauereischlüssels und des dazugehörigen Brauhauses – übernommen, sondern in Eigenregie eine beinahe in Vergessenheit geratene Praxis neu belebt hat, indem er sich Wissen über alte Brautechniken aneignete, nach geeigneten Gerätschaften suchte, brautechnisch zu experimentieren begann und letztlich eine eigene Brauerei eröffnete. In Übereinstimmung mit Nozick lässt sich sagen, dass Celis durch Arbeit ein vormals herrenloses Gut – in diesem Fall fast vergessenes Wissen – in legitimen Besitz überführt hat. Soweit die Argumente, die dafürsprechen, die Gründung der Brouwerij Celis im Sinne des Prinzips der Erstaneignung zu verstehen. Da ferner kein Verstoß gegen das Proviso vorliegt – durch die Gründung der Brauerei scheint niemand schlechtergestellt zu sein –, hat Celis auch einen legitimen Anspruch auf das von ihm hergestellte *Wit* und den daraus resultierenden Gewinn.

Der beim Brand von 1985 unterbrochene Erzählfaden soll nun – im Hinblick auf den Übertragungsgrundsatz – wieder aufgenommen werden. Angesichts des beträchtlichen Scha-

34 Nozick (1976): S. 234.

dens, den das Feuer verursacht hat, war für Celis an einen selbstfinanzierten Wiederaufbau nicht zu denken. So wandte er sich an die belgische Interbrew-Braugruppe, die bereits unter anderem die bekannten Marken Stella Artois und Leffe führte. Diese gewährte ihre Unterstützung beim Wiederaufbau und übernahm 1990 schließlich die Brauerei sowie die Marke Hoegaarden vollständig.[35] 2004 fusionierte Interbrew mit dem lateinamerikanischen Getränkekonzern AmBev, wodurch InBev entstand. Doch damit nicht genug: 2008 erwarb InBev – begleitet von Protesten der amerikanischen Öffentlichkeit – die größte US-Brauerei, Anheuser-Busch (AB), und änderte seinen Namen in AB InBev. Heute umfasst das Portfolio von AB InBev mehr als 500 Marken, darunter Budweiser und Corona. Mehr als jedes vierte weltweit verkaufte Bier stammt mittlerweile von diesem heute größten Bierkonzern.[36] Erwähnenswert ist hierbei, dass sich nicht nur über Hoegaarden eine Verbindung von Pierre Celis zu AB InBev herstellen lässt. Nach dem Aufkauf seiner Brauerei durch Interbrew wanderte Celis nach Amerika, genauer gesagt nach Austin, Texas, aus und gründete dort 1992 die Celis Brewery, wo er unter anderem mit dem «Celis White» erneut ein *Wit* anbot. So hochwertig seine Biere auch waren, kämpfte sein Unternehmen dennoch mit finanziellen Problemen. Es folgte auch hier eine Übernahme, nämlich 1995 durch die Miller Brewing Company, die 2002 in SABMiller eingegliedert wurde und heute Teil des AB InBev-Konzerns ist.[37] Auch wenn die Celis Brewery 2001 schließen musste, verdeutlicht dieses Beispiel gleichwohl die umfassenden Akquisitionstätigkeiten von AB InBev.

---

35 Oliver (2012): S. 441.

36 Big Alcohol Exposed (2023).

37 Oliver (2012): S. 231.

Wie Nozick den Grundsatz des gerechten Transfers bestimmt, etwa durch den Ausschluss von Diebstahl und Betrug, wird an und für sich wohl kaum Anlass zu Kontroversen geben.[38] Weitaus mehr Diskussionsstoff liefert hingegen das berühmte Wilt-Chamberlain-Argument, mit dem Nozick demonstriert, wie freiwillige Tausch- und Schenkungsakte zu verschiedensten Verteilungen führen können.[39] Zunächst lädt Nozick die Leserschaft dazu ein, sich auf ein Gedankenexperiment einzulassen. Man stelle sich eine Gesellschaft vor, deren Güterverteilung mit den eigenen Vorstellungen von Gerechtigkeit übereinstimmt. In eben dieser Gesellschaft hat der lokale Basketballclub nun das Glück, dass Wilt Chamberlain, ein außergewöhnlich talentierter und beliebter Spieler, zum Team *getradet* wird. Der Spielervertrag legt nun fest, dass er bei jedem verkauften Zuschauerticket einen nicht unbeträchtlichen Anteil erhält. Da die Menschen in Scharen ins Stadion pilgern, um die Attraktion *live* spielen zu sehen, schnellt Chamberlains Kontostand in die Höhe. Die ursprünglich als gerecht empfundene Verteilungsstruktur gerät damit ins Wanken – und je deutlicher die strukturelle Verschiebung ausfällt, desto lauter werden die Stimmen, die nach einer Rückkehr zu den Ausgangsbedingungen rufen. Das Chamberlain-Argument verdeutlicht also, dass ganz gleich welche Verteilungsstruktur man für gerecht hält und an den Anfang des Gedankenexperiments setzt, diese letztlich durch freies Tauschen und Schenken gesprengt bzw. aufgehoben wird. Folgt man nun Nozick in der Annahme, dass jede plausible Gerechtigkeitstheorie individuelle (Tausch-)Freiheiten gewähren sollte, ist der Konflikt mit strukturellen Gerechtigkeitsauffassungen schon vorprogrammiert. Wer also darauf besteht, den gerechten Ursprungs-

38 Nozick (1976): S. 145.

39 Nozick (1976): S. 152–155.

zustand wiederherzustellen, der filtriert gewissermaßen die Ergebnisse aus den freiwilligen Transaktionen aus der Gesellschaft heraus. Das würde allerdings so gar nicht dem Gusto von Nozick entsprechen, der – um doch noch einen sensorischen Bezug herzustellen – im *Wit* einen Mitstreiter im Verzicht auf Filtrierung finden würde.

Obwohl sich der Zusammenhang der Übernahmen von InterBrew bis AB InBev mit dem Übertragungsgrundsatz quasi von selbst erschließt, bleibt dennoch zu klären, inwieweit diese auch legitim waren. Wer nun eine detaillierte Aufschlüsselung erwartet, wird jedoch nicht fündig – einerseits, weil Nozick die Grundsätze inhaltlich recht unbestimmt belässt[40], andererseits, weil es hier nicht um spezifische Verträge, sondern um übergeordnete Prinzipien gehen soll. Im Allgemeinen lässt sich jedoch festhalten, dass – auch wenn es sich im Gegensatz zu Chamberlain bei Interbrew und AB InBev nicht um eine Einzelperson, sondern um Konzerne handelt – die skizzierten Übernahmen insofern mit dem Grundsatz des gerechten Transfers im Einklang stehen, als die Übertragungen freiwillig und nicht durch Diebstahl, Betrug oder ähnliche Mittel erfolgten.

Zu guter Letzt: der Grundsatz der Beseitigung von Ungerechtigkeit. Richtet man einen Marker als Instrument der Sichtbarmachung auf das historische Zustandekommen ungerechter Besitzverhältnisse, können neben Aneignungs- auch Übertragungspraktiken sichtbar werden – selbst dann, wenn kein Betrug und Diebstahl vorliegt. Dies ergibt sich daraus, dass Nozick die locke'sche Vorbehaltsklausel interessanter-

40 Wendt (2008): S. 105.

weise nicht nur auf den Aneignungs-, sondern auch auf den Transfergrundsatz anwendet.[41]

Ausgehend vom *Wit* sollen in der Folge zwei Denkanstöße geliefert werden, die eine eingehendere Betrachtung des Grundsatzes der Beseitigung von Ungerechtigkeit ermöglichen: Die erste Anregung, die sich aus dem *Wit* ableiten lässt, lehnt sich an die Geschichte einer seiner Zutaten, nämlich der Curaçao-Orange[42], an und leitet in die Thematik des unrechtmäßig angeeigneten Landes über. Die Erzählung nimmt ihren Anfang im Jahr 1527, als Curaçao Teil des spanischen Kolonialreichs wurde. Mit einer aus Spanien eingeführten Sorte asiatischen Ursprungs wurden bald die ersten Orangenhaine angepflanzt. Auch wenn die Frucht selbst, wahrscheinlich bedingt durch den vulkanischen Boden und das trockene Klima, nicht wirklich schmackhaft war, überzeugte doch die Schale mit feinen Aromastoffen. Im Jahr 1815 übernahmen die Niederlande die Kontrolle über Curaçao, und wie auch andere Gewürze fand die bittere Orangenschale ihren Weg in niederländische und ab 1830 auch belgische Biere.[43] Wenn man nun mit der nozick'schen Schablone an die Curaçao-Erzählung tritt, wird deutlich, dass das kolonialisierte Land, da es unrechtmäßig genommen wurde, an die rechtmäßige Eigentümerschaft zurückzugeben ist. Die Curaçao-Orange selbst vermittelt jedoch auch eine Vorstellung davon, wie aufgrund historischer Verwebungen und Verstrickungen die Rekonstruktion und Zuordnung von Besitzverhältnissen schwierig sein kann. Ein möglicher Vorschlag im Umgang mit Besitzverhältnissen, die nachweislich unrechtmäßig sind, sich aber historisch nicht mehr ein-

---

41 Nozick (1976): S. 241.

42 Neben der Curaçao-Orange wird heute bspw. auch die Schale der Valencia-Orange verwendet (Oliver [2012]: S. 833).

43 Oliver (2012): S. 276.

deutig rekonstruieren lassen, wäre eine einmalige, nach dem rawls'schen Unterschiedsprinzip (siehe Kapitel «Liberalismus») durchgeführte allgemeine Umverteilung. Erst daraufhin würde der libertäre Transfergrundsatz in Kraft treten.[44] Für die zweite Anregung muss jedoch insofern etwas ausgeholt werden, als sie sich nicht direkt aus dem *Wit* selbst deduzieren lässt, sondern von den monopolisierenden Besitzverhältnissen von AB InBev ausgeht und die Frage aufwirft, inwiefern diese für Nozick legitim sind. So lässt sich zunächst festhalten, dass auch dann, wenn die erstmalige Aneignung und die nachfolgenden Übertragungen in vollkommen freiwilligen Transaktionen erfolgen, dies dennoch mit der locke'schen Vorbehaltsklausel kollidieren kann. Dies wäre nämlich dann der Fall, wenn ein Monopol auf lebenswichtige Ressourcen entsteht. So stelle man sich bspw. eine Person vor, die rechtmäßig drei Wasserquellen erwirbt.[45] Nachdem jedoch alle anderen Wasserquellen bis auf diese drei versiegen, entsteht ein Monopol über eine lebenswichtige Ressource, was andere in eine schlechtere Position bringt, als es in einer Welt ohne Privateigentum an Wasserquellen der Fall wäre.[46] Daran anknüpfend und zur Ursprungsfrage überleitend, inwiefern die Monopolisierungstendenzen von AB InBev mit Nozicks Theorie vereinbar sind, ist anzunehmen, dass man bei Nozick erhebliches argumentatives Geschütz auffahren müsste, um ihn davon zu überzeugen, dass hier ein Verstoß gegen das Proviso vorliegt. Deutlich wahrscheinlicher ist hingegen, dass Nozick wenig Einwände gegen die Monopolisierungsbestrebungen von AB InBev hätte: Erstens, auch wenn andere dies vielleicht anders sehen, ist Bier keine lebensnotwendige Ressource. Zweitens

44 Kymlicka (1996): S. 112–113.

45 Wendt (2018): S. 114.

46 Knoll (2018): S. 15.

sind die Marktanteile von AB InBev zwar beträchtlich, aber sie zeigen auch, dass es noch weitere *Player* auf dem Markt gibt.

Die Anspruchstheorie legt ein grundlegendes Anliegen des Libertarismus zutage: Das Individuum mitsamt seinen Rechten gilt es, vor einem übergriffigen Staat zu schützen.[47] Mit dem Recht auf freie Verfügung über Eigentum wird die Zulässigkeit staatlicher Einflussnahme grundsätzlich infrage gestellt.[48] Allerdings wird «die Frage, ob die Aneignung von Ressourcen durch erstmalige Inbesitznahme oder Nutzung grenzenlos legitim ist», innerhalb des Libertarismus unterschiedlich beantwortet.[49] Einige betrachten dies als grundsätzlich unproblematisch und streichen etwa die locke'sche Vorbehaltsklausel aus ihrer Theorie. Andere hingegen betonen, dass jede Person mit gleichen Startchancen ins Leben gehen soll. Die daraus hervorgehenden Ungleichheiten infolge freiwilliger Tauschakte gelten dann – ganz im Sinne der Anspruchstheorie – als gerecht.[50] Aber auch wenn die Frage der Eigentumsrechte zu unterschiedlichen libertären Theorieentwürfen führt, steht im Zentrum doch meist das, was man als Recht des Menschen an der eigenen Person bezeichnen kann. Es ist das Selbsteigentum, das gewährleistet, dass wir unseren Projekten und Idealen nachgehen können.[51] Dieser libertäre Leitgedanke scheint sich nicht nur im Leben von Pierre Celis, sondern bereits im Titel seiner Biografie *My Life* beispielhaft widerzuspiegeln.[52]

---

47 Reese-Schäfer (2018): S. 158.

48 Celikates, Gosepath (2013): S. 73.

49 Knoll (2008): S. 33.

50 Knoll (2008): S. 30.

51 Kymlicka (1996): S. 116.

52 Billen (2005).

Literaturverzeichnis Philosophie

Biebricher, Thomas (2022): *Neoliberalismus zur Einführung.* Hamburg: Junius.

Bouillon, Hardy (2018): «Nozick und die Staatsphilosophie von Anthony de Jasay». In: *Der Minimalstaat. Zum Staatsverständnis von Robert Nozick.* Herausgegeben von Bodo Knoll. Baden-Baden: Nomos, 2018, S. 55–72.

Celikates, Robin / Gosepath, Stefan (2013): *Politische Philosophie (Grundkurs Philosophie,* Band 6). Stuttgart: Reclam.

Knoll, Bodo (Hrsg.) (2018): *Der Minimalstaat. Zum Staatsverständnis von Robert Nozick.* Baden-Baden: Nomos.

Knoll, Bodo / Koenig, Andreas (2018): «Nozicks Rechtfertigung des Staates: Menschenbild, natürliche Rechte und hypothetische Genese». In: *Der Minimalstaat. Zum Staatsverständnis von Robert Nozick.* Herausgegeben von Bodo Knoll. Baden-Baden: Nomos, 2018, S. 73–98.

Knoll, Bodo (2008): *Minimalstaat. Eine Auseinandersetzung mit Robert Nozicks Argumenten.* Tübingen: Mohr Siebeck.

Kymlicka, Will (1996): *Politische Philosophie heute. Eine Einführung.* Frankfurt a. M.: Campus

Locke, John (2015): *Politisches Denken.* Ausgewählt und kommentiert von Klaus Kremb. Wiesbaden: Marix Verlag.

Nozick, Robert (1976): *Anarchie, Staat, Utopia.* München: Mvg – Moderne Verlagsgesellschaft.

Reese-Schäfer, Walter (2018): «Robert Nozick und die philosophische Begründung des kapitalistischen Antietatismus». In: *Der Minimalstaat. Zum Staatsverständnis von Robert Nozick.* Herausgegeben von Bodo Knoll. Baden-Baden: Nomos, 2018, S. 153–173.

Wendt, Fabian (2018): «Strukturelle Gerechtigkeit und das Lockesche Proviso». In: *Der Minimalstaat. Zum Staatsverständnis von Robert Nozick.* Herausgegeben von Bodo Knoll. Baden-Baden: Nomos, 2018, S. 103–121.

Literaturverzeichnis Bier

Billen, Raymond (2005): *Pierre Celis: My Life.* Antwerpen: Media Marketing Communications.

Dornbusch, Horst (2017): *Lexikon der Biersorten.* Nürnberg: Hans Carl.

Dornbusch, Horst (2014): *Die Biersorten der Brauwelt.* Nürnberg: Hans Carl.

Hirschfelder, Gunter / Trummer, Manuel (2022): *Bier. Die ersten 13.000 Jahre.* Darmstadt: WBG.

Kopp, Sylvia (2014): *Das Craft-Bier Buch. Die neue Braukultur.* Köln: Gestalten.

Oliver, Garrett (Hrsg.) (2012): *The Oxford Companion to Beer.* New York: Oxford University Press.

Raupach, Markus (2017): *Bier. Geschichte und Genuss.* Berlin: Palm.

Webographie Bier

Beer History (2021): «Book Review. Celis Beer: Born in Belgium, Brewed in Texas». *Brewery History* 185 (2020): S. 78–79: https://www.breweryhistory.com/journal/archive/185/Book%20reviews.pdf (aufgerufen am 19.04.2025).

Beer Judge Certification Program (2008): «Category 16 – Belgian and French Ale». In: Beer Judge Certification Program, *2008 BJCP Style Guidelines:* https://legacy.bjcp.org/2008styles/style16.php (aufgerufen am 19.04.2025).

Big Alcohol Exposed (2023): «AB InBev [profile of the company Anheuser-Busch InBev]». In: Movendi International, *Big Alcohol Exposed:* https://bigalcohol.exposed/the-largest-alcohol-producers/abinbev/?utm_source=chatgpt.com (aufgerufen am 19.04.2025).

Craft Beer and Brewing (s.d.): «The Oxford Companion to Beer Definition of De Kluis (Brewery)»: https://beerandbrewing.com/dictionary/g7TuZaxEP0/?utm_source=chatgpt.com (aufgerufen am 19.04.2025).

India Pale Ale und Deliberation

Sich über das gute Leben und den guten Geschmack beraten

Wer dieses und kein anderes Bier öffne, heißt es in einer Werbung, finde darin das Ursprüngliche, Einfache und Authentische. Dabei wird eine Stimmung hervorgerufen, die an einen unbeschwerten *Roadtrip* erinnert. In einer weiteren Werbung versichert eine frivole Stimme sinngemäß, dass genau jenes Bier das geeignete Mittel sei, um den sozial-kalten, von instrumentellen Logiken und strategischer Selbstvermarktung geprägten Berufsalltag hinter sich zu lassen und durch das gemeinschaftliche Ritual des Biertrinkens kostbare Momente der Geselligkeit zu erleben.

Solche und ähnliche Werbungen, die von Großkonzernen schon seit einigen Dekaden über Bildschirme und Kinoleinwände gejagt werden, lösen bei der Anhängerschaft des sogenannten *Craft*-Biers (engl. *craft* ‹Handwerk›) Reaktionen aus, die sich wohl irgendwo zwischen belustigtem Lachen und ungläubigem Staunen ansiedeln lassen. Dies überrascht nicht, wenn man bedenkt, dass sich die Bewegung rund um das *Craft*-Bier, das von kleinen, unabhängigen und kommerziellen Brauereien handwerklich hergestellt wird, nicht selten mit manichäischer Unnachgiebigkeit von den Industriebieren der

Großkonzerne abgrenzt.[1] Auf der einen Seite der hochgezogenen Trennwand findet sich also das Massenbier der Großkonzerne – in der Regel hell und untergärig. Dieses soll möglichst automatisiert, effizient und kostengünstig produziert werden und erhält nur gelegentlich kleine *Upgrades* in Rezeptur und Sensorik. Aber auch wenn es sich nur um Mikro-Feintuning handelt, ist die Marketingabteilung bestrebt, Neuerungen mit einem werbewirksamen Anstrich zu versehen, der Individualität oder Authentizität, Selbstgenügsamkeit, Geselligkeit oder andere Sehnsuchtswerte suggerieren soll. Aber es versteht sich von selbst, dass Werbung auch dann zu funktionieren hat, wenn alles beim Alten bleibt. Darüber hinaus ruft der Umstand, dass die Großkonzerne mit monopolistischem Duktus gerne bestimmen, was in Supermärkten und Gaststätten verkauft werden darf, in der *Craft*-Bier-Szene ebenfalls wenig Begeisterung hervor. Auf der anderen Seite der Trennwand steht das, was man als *Craft*-Haltung bezeichnen könnte. Ihr ist es ein Anliegen, eben nicht dogmatisch auf das untergärige Helle zu setzen und es durch Marketingmaßnahmen zu überhöhen, sondern vielmehr ein vielfältiges und innovatives Stil-Portfolio zur Geltung zu bringen, das sich nicht über Werbung, sondern über seinen Geschmack definiert. Gerade im regen Austausch mit der *Craft*-Bewegung – wo man sich über bestehende und denkbare Geschmacksprofile austauscht und Vorlieben erörtert – entstehen neue Bierkonzepte, die in unterschiedlichsten Stilen und Neuinterpretationen münden. Bei aller Vielfalt sticht jedoch ein Stil hervor, der gewissermaßen als «Rockstar der Szene» gehandelt wird. So gibt es kaum eine *Craft*-Brauerei, die diesen Stil nicht in ihrem Sortiment führt, und weltweit gilt er als der *Craft*-Stil, der am meisten verkauft wird.[2] Es han-

1 Oliver (2012): S. 270.

2 Kopp (2014): S. 48.

delt sich dabei um das hopfenbetonte *IPA* (Akronym für ‹*India Pale Ale*›), das in den kommenden Ausführungen mit gutem Gewissen als Repräsentant der *Craft*-Bier-Bewegung gelten darf.

Zugespitzt könnte man zusammenfassen, dass während *Craft*-Brauende den Kontakt zu Bierinteressierten suchen und im Austausch Anstöße für neue Kreationen finden, Großbrauereien enorme Summen in Werbung und Marketing aufwenden, um ihre Biere als beste Wahl darzustellen.[3]

Auch wenn die obige Darstellung des Selbstverständnisses der *Craft*-Szene insofern überzeichnet ist, als sie ausblendet, dass der Kampf um Platz in den Regalen der Geschäfte auch hier dazu führt, dass die Ellenbogen ausgefahren werden[4], lässt sich dennoch festhalten, dass die dialogische Ausrichtung auf Augenhöhe ein für sie wesentliches *Credo* ist: Dies zeigt sich bspw. beim gemeinsamen Degustieren, das als «konkrete[r] intersubjektive[r] Verständigungsprozess»[5] im Hinblick auf den guten Geschmack gepflegt wird, oder darin, dass es nicht ungewöhnlich ist, dass selbst Brauereien, die in direkter Konkurrenz zueinander stehen, gemeinsam sogenannte «Collaboration Brews» (Gemeinschaftssude) in die Flasche bringen.[6] Wenn man nun auf den Titel des vorliegenden Kapitels schielt, können daraus die Fragen abgeleitet werden, ob und inwieweit das *Craft*-Prinzip der intersubjektiven Verständigung als deliberativ (lat. *deliberare* ‹abwägen, beraten›) interpretiert werden kann. Tatsächlich scheinen einige Eigenschaften, die das Adjektiv «deliberativ» kennzeichnen, auf die *Craft*-Bewegung

3 Raupach (2017): 150–152.
4 Wessloh (2015): S. 55.
5 Pinzani (2007): S. 142.
6 Oliver (2012): S. 270–273.

zuzutreffen: So verfolgt sie eine partizipative und diskursive Kultur (alle – ob mit oder ohne Degustationsglas in der Hand – sollen ihre sensorischen Deutungen einbringen dürfen), fördert kooperative Entscheidungsprozesse (Biere werden als Gemeinschaftsprojekt gebraut) und möchte sich von dogmatischem Denken befreien (nur weil man sich an das *Lagerbier* gewöhnt hat, heißt das nicht, dass es keine Alternativen geben darf). Aber bei all diesen Gemeinsamkeiten soll nicht darüber hinweggetäuscht werden, dass mit der herkömmlichen Verwendung des Begriffs «deliberativ» ein politischer Anspruch verbunden ist, der in der Regel bestimmte demokratische Charakteristika betonen will.[7] Auch wenn es falsch wäre, das von der *Craft*-Bewegung gelebte Ethos als apolitisch abzutun, kann doch festgehalten werden, dass sie nicht als politischer Akteur im klassischen Sinne auftritt – nicht zuletzt, da sie offen kommerzielle Interessen verfolgt – und die Bezeichnung «deliberativ» somit nur mit Vorbehalt für sich beanspruchen kann.

Während die *Craft*-Bewegung die Bezeichnung «deliberativ» nur dann für sich reklamieren kann, wenn ein weit gefasster Begriff von «Deliberation» Anwendung findet, steht die politische Theorie von Jürgen Habermas (*1929) beispielhaft für das, was als «deliberative Politik» bzw. «deliberative Demokratie» verstanden wird. Der politisch-normative Kern seiner Theorie – um gleich zur Sache zu kommen – ist das «Modell einer Rechtsgemeinschaft, die sich über die gemeinsame Praxis der Staatsbürger selbst bestimmt».[8] Im weiteren Verlauf sollen die grundlegenden Termini der Theorie nacheinander erläutert werden. Zu Beginn bietet sich die Betrachtung des Begriffs «Lebenswelt» an, da eine gewisse Ähnlichkeit mit dem

---

7 Papadopoulou (2006): S. 9.

8 Habermas (1992): S. 105.

Craft-Ideal des intersubjektiven Verständigungsprozesses zu bestehen scheint.

Die «Lebenswelt» ist nämlich «gleichsam der transzendentale Ort, an dem sich Sprecher und Hörer begegnen; wo sie reziprok den Anspruch erheben können, dass ihre Äußerungen mit der Welt [...] zusammenpassen; und wo sie diese Geltungsansprüche kritisieren und bestätigen, ihren Dissens austragen und Einverständnis erzielen können».[9] Sie wird dabei in zwei Bereichen sichtbar: Zum einen gewährt sie einen privaten Rückzugsraum. Zum anderen ermöglicht sie den Individuen die Bildung einer Öffentlichkeit, die etwa in Diskussionen, Foren oder Bürgerinitiativen zum Vorschein kommt.[10] An diesem Punkt begegnen wir einem weiteren zentralen Begriff in Habermas' Theorie: dem der «Öffentlichkeit». Er verweist auf den kommunikativen Raum zwischen der bürgerlichen Lebenswelt und dem Staat.[11] Habermas begreift die Öffentlichkeit weder als Organisation noch als Institution oder als bestimmtes Normengefüge bzw. System mit festen Grenzziehungen, sondern zunächst als ein durchlässiges Gebilde[12], als eine Art «Warnsystem mit unspezialisierten, aber gesellschaftsweit empfindlichen Sensoren».[13] Man kann sich die Öffentlichkeit als «ein [plurales und dezentrales] Netzwerk für die Kommunikation von Inhalten und Stellungnahmen, also von Meinungen» vorstellen.[14] Und eben dieses kommunikative Netzwerk – in dem sich unterschiedlichste soziale Bewegungen, Assoziationen und Gruppierungen mit verschiedensten Anliegen auf

9 Habermas (1995): S. 192.
10 Hartmann, Meyer (2005): S. 198–199.
11 Reese-Schäfer (2012): S. 128.
12 Reese-Schäfer (2012): S. 128.
13 Habermas (1992): S. 435.
14 Habermas (1992): S. 436.

vielfältigste Weise Gehör verschaffen – stellt eine unersetzliche Voraussetzung für die «demokratische […] Meinungs- und Willensbildung» dar.[15] In Bezug auf die Öffentlichkeit zeigt sich allerdings, dass in ihr bei weitem nicht nur lebensweltliche, sondern auch systemweltliche Einflüsse zur Geltung kommen. Anders als in der Lebenswelt, die Habermas als Ort beschreibt, an dem «sich Sprecher und Hörer begegnen», ist in der «Systemwelt» – um diesen Begriff nun vorzustellen – hingegen ein zweckrationales, instrumentelles und strategisches Denken und Handeln vorherrschend, das nicht für seine Bereitschaft zur intersubjektiven Verständigung bekannt ist. Zur Systemwelt zählt Habermas den «Staat» sowie den «Markt». Während sich der Staat mit seinen Befehls-, Sanktions-, Organisations- und Exekutivinstrumenten – die zusammen als «administrative Macht» bezeichnet werden[16] – Zugang zur Öffentlichkeit verschafft, ist der öffentliche Einflussbereich des Marktes wesentlich von der Ressource «Geld» abhängig.[17] Wer nun jedoch achselzuckend bemerkt, dass es kaum überraschen dürfte, dass auch die Systemwelten Einfluss auf die Öffentlichkeit nehmen und sich deshalb im Grunde jegliche Diskussionen darüber erübrigen würden, der verkennt nach Habermas, in welchem Ausmaß Politik und Ökonomie «in die Lebenswelt [eindringen und] – wie Kolonialherren – […] Assimilation [erzwingen]».[18] Hier einige Beispiele, die darauf hindeuten, dass anstelle einer kritischen Öffentlichkeit eine Scheinöffentlichkeit vorliegt: Man denke an das Manipulieren der öffentlichen Meinung durch private Interessengruppen oder die Medienwelt, an die allgegenwärtigen Werbekampagnen, die den

15 Habermas (1992): S. 363.

16 König (2012): S. 13.

17 Reese-Schäfer (2012): S. 125.

18 Habermas (1995): S. 522.

öffentlichen Raum in Beschlag nehmen, an die Eventisierung und Ökonomisierung kultureller Anlässe, an die Politik, die sich durch Personalentscheidungen in Universitäten einnistet, sowie an inszenierte Politikveranstaltungen, die standardisierten Handlungsleitfäden folgen. Es gilt daher, autonome Rückzugsräume zu schaffen, die frei von den Interessen der Systemwelt sind und in denen im intersubjektiven und prozeduralisierten Austausch das entsteht, was man «Volkssouveränität» nennen könnte.[19] An dieser Stelle tritt also der oben erwähnte politisch-normative Kern der deliberativen Theorie von Habermas – das Ideal einer selbstbestimmten Rechtsgemeinschaft[20] – klar hervor. Halten wir nochmals fest: Habermas diagnostiziert ein «Eindringen von Formen ökonomischer und administrativer Rationalität» in die Lebenswelt[21], weshalb seine Therapie konsequenterweise bei der Abwehr von Politik und Ökonomie aus der Lebenswelt beginnt und darüber hinaus nach Möglichkeiten sucht, wie diese sich behaupten kann.[22] Für die alltägliche Lebenswelt begibt sich Habermas auf die Suche nach einer geeigneten Ausdrucksplattform, die zugleich als vermittelnde Instanz zwischen der Lebenswelt und der politischen Öffentlichkeit agiert und findet diese im Begriff der «Zivilgesellschaft».[23] Habermas schreibt dazu: «Die Zivilgesellschaft setzt sich aus jenen mehr oder weniger spontan entstandenen Vereinigungen, Organisationen und Bewegungen zusammen, welche die Resonanz, die die gesellschaftlichen Problemlagen in den privaten Lebensbereichen finden, aufnehmen, kondensieren und lautverstärkend an die politi-

19 Hartmann, Meyer (2005): S. 199–200.

20 König (2012): S. 12.

21 Habermas (1995): S. 488.

22 Reese-Schäfer (2012): S. 124.

23 Reese Schäfer (2012): S. 129.

sche Öffentlichkeit weiterleiten.»[24] Zivilgesellschaftlichen Assoziationen kommt also die Funktion zu, Anliegen aus der Lebenswelt zu bündeln und ihnen eine Stimme im politischen System zu verschaffen[25], die, auch wenn sie selbst nicht direkt abstimmen können, durch Öffentlichkeitsarbeit das zu erzeugen imstande sind, was Habermas «kommunikative Macht» oder «Solidarität» nennt.[26, 27] Da hier nicht die instrumentell-strategische Erfolgsorientierung der Systemwelt vorherrscht, sondern vielmehr die kooperative Verständigung über Deutungen im Vordergrund steht, die anschließend einer Mobilisierung unterzogen wird,[28] sorgt nach Habermas' Ansicht die freiwillige zivilgesellschaftliche Assoziation für eine «soziale Verankerung der Öffentlichkeit in der Lebenswelt».[29] Die Zivilgesellschaft sieht sich daher der Verantwortung gegenüber, einen wesentlichen Teil der normativen Erwartungen der deliberativen Theorie zu übernehmen.

Ausgehend von der These, dass die ökonomische Rationalität die Lebenswelt kolonialisiert und diese daher ein sich behauptendes Sprachrohr benötigt, sollen folgende Fragen abgeleitet werden: Erstens wird mit Blick auf die Großkonzerne, die das systemweltliche ökonomische Handlungssystem repräsentieren, gefragt, inwiefern sie sich tatsächlich wie Kolonialherren der Lebenswelt gebärden. In der zweiten Frage soll es dann um die *Craft*-Bewegung gehen, die in den bisherigen Ausführungen gegenüber den angeblichen Kolonialisierungsbestrebungen

---

24 Habermas (1992): S. 443.

25 König (2012): S. 23.

26 König (2012): S. 23.

27 Reese Schäfer (2012): S. 125.

28 Reese-Schäfer (2012): S. 129.

29 Habermas (1992): S. 77.

der Großkonzerne als eine Art zivilgesellschaftliche Bastion stilisiert wurde. Es stellt sich die Frage, ob die *Craft*-Szene wirklich eine Sprachrohrfunktion für die Lebenswelt übernimmt.

Gemäß der dichotomen Darstellung, die die *Craft*-Bewegung als kommunikativ-aufgeschlossen und die Großkonzerne als instrumentell-effizienzorientiert skizziert, sowie ihrer Überführung in das ebenfalls polare Vokabular der «Lebenswelt» und der «Systemwelt», sind noch zwei präzisierende Weichenstellungen vonnöten: Einerseits könnte die dichotome Darstellung von *Craft*- und Industriebier leicht über die kommerziellen Interessen der *Craft*-Brauenden hinwegtäuschen, was mit einer Negierung systemweltlicher und somit instrumenteller Prägungen einhergehen könnte. Andererseits sei erwähnt, dass das Bestreben der *Craft*-Szene, die Biere der Großkonzerne in den Läden durch die eigenen zu ersetzen, normativ einer «Entweder-oder-Haltung» entspricht – einer Position, die bei Habermas nicht nur keine Entsprechung findet, sondern der er mit einer «Sowohl-als-auch-Ansicht» entgegentritt, die allerdings auf eine Steuerung der Systemwelt durch die kommunikative Macht der Lebenswelt abzielt.

Bevor dieser Happen, sprich die deliberative Beleuchtung der Bierwelt, jedoch serviert wird, soll, ähnlich wie in der Gastronomie, eine Art Zwischengang, ein *Trou Normand*, serviert werden. Dieser dient gleichzeitig der Förderung der Verdauung und der Anregung des Appetits und wird – wie gleich ersichtlich – den zuvor erwähnten Fragen weiteren Kontext zur Seite stellen. So legt das Menükonzept nahe, anstelle des Apfelbrandes *Calvados*, der klassischerweise als *Trou normand* gereicht wird, ein *IPA* – den Botschafter der *Craft*-Szene – aufzutischen. Das Intermezzo beginnt – ganz im Sinne gastronomischer Gepflogenheiten – mit der Sensorik des *IPAs*, woraufhin eine kleine Geschichte dieses Bierstils folgt, die schließlich die Möglichkeit bietet, eine Brücke zur Geschichte der *Craft*-Bewegung zu schlagen.

Bühne frei für eine sensorische Erkundung des *IPAs:* Eine leichte Trübung mit orangem Schimmer und kupferfarbenen Nuancen zeigt sich. Die beige Schaumschicht lässt Beständigkeit erkennen. Der Nase offenbart sich ein intensives, hopfenaromatisches Bouquet, das zitrale, exotisch-fruchtige, kräuterwürzige bis hin zu pinienartigen Noten entfaltet.[30] Im Antrunk sorgt eine markante Hopfenbittere für Struktur, während der süßliche Malzkörper, der dezent an Karamell und Toast erinnert, ausgewogen mit den zuvor genannten hopfenaromatischen Noten korrespondiert. Der Abgang ist langanhaltend und wird von bitteraromatischen Eindrücken dominiert.[31]

Im zweiten Akt des Intermezzos wird die Geschichte des *IPAs* beleuchtet: Ab der Mitte des 18. Jahrhunderts waren die britischen Mälzereien zunehmend in der Lage, helles Malz kontrolliert und in großen Mengen herzustellen, wodurch helle Biere erstmals für die breite Masse zugänglich und einigermassen erschwinglich wurden. In dieser Periode, in der helle Biere wie das *Pale Ale* oder das stärkere *October Beer* auf der Insel an Popularität gewannen, segelten die Schiffe der *East India Company* über die Weltmeere und brachten exotische Waren, unter anderem aus Indien, einträglich nach Hause. Da allerdings bis

30 Der Hopfen gilt traditionell als Lieferant von Bitterstoffen und als Haltbarmacher des Bieres. Dass er darüber hinaus jedoch auch unterschiedliche Aromen ins Bier bringt, rückt erst mit der *Craft*-Szene ins kollektive Bewusstsein. Weltweit lassen sich über 200 Hopfensorten unterscheiden, die Aromen von «Heidelbeere über Pfirsich, Mango bis hin zu Limette, Anis oder Minze» abdecken (Wesseloh [2015]: S. 126.). Das *IPA* als Stil macht sich sowohl die Hopfenbittere als auch die -aromen zu eigen.

31 Kopp (2014): S. 48.

in die zweite Hälfte des 18. Jahrhunderts kaum etwas gefunden wurde, das gewinnbringend nach Indien exportiert werden konnte, wurde der Laderaum dem Geschäftssinn der Schiffsoffiziere überlassen. Warum sollte man es nicht mit Bier versuchen? So entstand ein Vertrag mit der *Bow Brewery*, die sich in der Nähe des Hauptquartiers der *East India Company* befand und unter der Leitung von George Hodgson (circa 1730–1793) stand. Die Aussicht, Biere nach Indien zu verfrachten, stellte für Hodgson dabei ein gleichermaßen lukratives wie riskantes Unterfangen dar. Riskant insofern, als die dreimonatige Reise nach Indien durch verschiedene Klimazonen führte, wodurch die Chancen, dass ein herkömmliches *October Beer* oder ein *Porter* unbeschadet an ihrem Ziel ankommen würden, als gering eingeschätzt wurden. Da Hodgson die konservierende Wirkung des hohen Alkohol- und Hopfengehalts kannte, schraubte er beim *October Beer* so lange an diesen beiden Parametern, bis das Bier auch bei der Ankunft in Indien noch gut bekömmlich war. Der Stil *India Pale Ale* war geboren, wobei der Begriff jedoch erst viel später – und zwar 1833 in einer Zeitungsanzeige der *Bow Brewery* – erstmals auftauchte; zu diesem Zeitpunkt stand die Brauerei längst nicht mehr unter der Führung von George Hodgson.[32] Ebenfalls eine Erwähnung wert ist, unter welchen Umständen das stark eingebraute und hopfenbetonte *October Beer* auf heimischem Boden Verbreitung fand: Es war das Jahr 1827, als ein Schiff vor der englischen Küste havarierte. Die Ladung wurde nach Liverpool gebracht, wo sie dann derart Anklang fand, dass das Bier dank der Eisenbahn bald in zahlreichen *Pubs* erhältlich war.[33] Über Jahre hinweg erfreute sich das *IPA* großer Popularität, bis es gegen Ende des 19. Jahrhunderts zunehmend vom *Lagerbier*

32 Oliver (2012): S. 441.

33 Raupach (2017): S. 71–73.

verdrängt wurde. Die aufkommenden Abstinenzbewegungen, die Ende des 19. und Anfang des 20. Jahrhunderts besonders lautstark in Erscheinung traten, waren ein weiterer *Booster* für das alkoholärmere *Lagerbier.* So geriet das stark eingebraute *IPA* allmählich in Vergessenheit, bis es in den 1980er Jahren an der Westküste Amerikas eine Renaissance erlebte. Dabei wurde mit den lokalen und hocharomatischen Hopfensorten «Chinook» und «Cascade» experimentiert, die mit ihren zitrusartigen und harzigen Noten neue Geschmackserlebnisse boten. So entstand das sogenannte *West Coast IPA*, das sich schnell entlang der US-Westküste ausbreitete und später im gesamten Land wertschätzende Resonanz fand.[34] Für manche markiert dieses sensorisch neuartige Erlebnis den Beginn dessen, was heute als *Craft*-Bier-Bewegung bekannt ist. Nicht zuletzt aus diesem Grund, aber auch wegen seiner anhaltenden Beliebtheit gilt das *IPA* heute als «Flaggschiff» der *Craft*-Bier-Szene.[35]

Mit einem kurzen Geschichtsabriss der *Craft*-Bier-Bewegung folgt nun der dritte und letzte Akt des Intermezzos: Die Feststellung, dass sich der Stil neben dem mittlerweile klassischen *englischen IPA* und dem amerikanischen *West Coast IPA* in zahlreiche Substile ausdifferenziert hat – wie etwa das *Double IPA* (*DIPA*), *New England IPA* (NEIPA), *Black IPA*[36], *Session IPA*, *Belgian IPA*, *Milkshake IPA* oder das *brasilianischen Kaffee-IPA*[37, 38] –, macht deutlich, wie global die *Craft*-Bier-Szene heute agiert. Die Anfangszeit wird oft in den USA der 1970er und 1980er Jahre verortet, wobei man die Grundstein-

---

34 Oliver (2012): S. 482–486.

35 Wesseloh (2015): S. 188.

36 Dornbusch (2017): S. 120.

37 Dornbusch (2017): S. 119–121.

38 Dornbusch (2014): S. 141–151.

legung gerne dem US-amerikanischen Präsidenten Jimmy Carter (1924–2024) zuschreibt, der 1979 das Heimbrauen legalisierte.[39, 40] Ebenfalls in den 1970er Jahren entstand in England mit *CAMRA* (*Campaign for Real Ale*) ein Interessenverband, der sich gegen das Industriebier wandte, die Rückkehr des traditionellen *Ales* anstrebte und sich für Pubs als soziale Begegnungsstätten einsetzte.[41] Die erste europäische *Craft*-Brauerei wurde vermutlich 1996 in Italien gegründet und auf den Namen «Nuovo Birrificio Italiano» getauft.[42] Aber unabhängig davon, ob Amerika, England oder Italien: Überall war die Triebkraft, der industriellen «Einheitsplörre» selbstwirksam geschmackvolle Alternativen entgegenzuhalten.[43] Nach und nach wurde der *Homebrew-Spirit* globaler – von Dänemark über Japan bis Brasilien – und begann, konzernbildende Kräfte freizusetzen.[44] Ein Blick ins Lexikon zeigt dann auch, dass der Begriff «*Craft*-Bier» eine dehnbare Angelegenheit ist: So lässt er sich synonym mit Heimbrauen verwenden. Oder man folgt der Definition der amerikanischen *Brewers Association*, die 2011 für ihn die Kriterien «klein», «unabhängig» und «traditionell» festlegte. Eine Brauerei ist dann klein, wenn sie das jährliche Produktionsvolumen von 7.040.866 Hektolitern nicht überschreitet. Unabhängigkeit bedeute, dass nicht mehr als 25 % der Brauerei in den Händen der Getränkeindustrie liegen

---

39 Oliver (2012): S. 225–226.

40 Wer einen Braukessel zu Hause aufstellte, durfte die ersten 750 Liter steuerfrei brauen (Hirschfelder, Trummer [2022]: S. 208).

41 Oliver (2012): S. 208.

42 Raupach (2017): S. 185–186.

43 Wesseloh (2015): S. 49.

44 Hirschfelder, Trummer (2022): S. 210.

dürfen, und Traditionsbezug heisst, dass Malz ein zentraler Bestandteil des Brauens sein muss.[45]

Das *Trou normand* ist ausgetrunken, das Glas abgeräumt – bereit für den nächsten Gang. Dieser sei hiermit nochmals angekündigt: In Anknüpfung an die These, dass die Ökonomie in die Lebenswelt wie ein Kolonialherr eindringt und Assimilation erzwingt und dass daher eine starke Vertretung lebensweltlicher Belange wünschenswert ist, werden im Folgenden zwei Fragen erörtert, die es ermöglichen sollen, Habermas und die Bierwelt miteinander ins Gespräch zu bringen.

Erstens soll nun das Augenmerk auf die Großkonzerne fallen: Es stellt sich die Frage, ob sie sich tatsächlich wie Kolonialherren der Lebenswelt aufspielen. Um dies zu klären, soll anekdotisch als Bezugspunkt ein entlarvender Test einer Konsumentenschutzsendung herangezogen werden. Anhand dessen kann illustriert werden, dass die Großkonzerne kein Interesse an einem Ort hegen, «an dem sich Sprecher und Hörer begegnen; wo sie reziprok den Anspruch erheben können, dass ihre Äußerungen mit der Welt [...] zusammenpassen; und wo sie diese Geltungsansprüche kritisieren und bestätigen, ihren Dissens austragen und Einverständnis erzielen können».[46] Der Test selbst wurde 1985 von der Schweizer TV-Sendung «Kassensturz» durchgeführt, die sich dem Konsum- und Verbraucherschutz verschrieben hat. Auch wenn das schon eine Weile her ist, kann in Bezug auf die Gegenwart festgestellt werden, dass sowohl zu jener Zeit als auch heute weltweit das von den Großbetrieben vertriebene untergärige, helle Bier den Markt dominiert.[47] Trotz des aufkommenden *Homebrewing*-Trends

---

45 Oliver (2012): S. 270–273.

46 Habermas (1995): 192.

47 Raupach (2017): S. 184.

wurden also seit 1985 bei den Produktionsanteilen keine erheblichen tektonischen Verschiebungen verzeichnet.[48] Ebenfalls unverändert bleibt, dass die Großkonzerne damals wie heute auf nivellierte Produktionslinien setzen und dennoch unbeirrt an der Erzählung festhalten, einzigartige und authentische Produkte zu brauen,[49] was bereits zu Beginn dieses Kapitels zur Sprache kam. Im selben Zeitraum, in dem die Sendung «Kassensturz» die Braumeister von sechs unterschiedlichen Grossbrauereien zu einer Blindverkostung einlud, in deren Rahmen das Lagerbier der anwesenden Brauereien serviert wurde und jeder Braumeister das eigene erkennen sollte, herrschte in der Schweiz das seit 1935 etablierte «Bierkartell», das noch bis 1991 fortbestand. Unter der Ägide des Schweizerischen Bierbrauervereins wurden klar definierte Absatzmärkte geschaffen und die Produkte unter anderem hinsichtlich der Ingredienzien und der Stammwürze normiert.[50] Mit Restaurants und dem Detailhandel gab es ferner langjährige Verträge, die festlegten, welche Biermarken zu welchen Preisen verkauft werden mussten. Man könnte zu dem Schluss gelangen, dass die Großkonzerne demzufolge nicht einmal in die Rolle der eindringenden Kolonialherren schlüpfen mussten, sondern vielmehr darauf hinwirkten, dass gar kein Raum für lebensweltliche Regungen entstehen konnte. Folglich könnte man statt von *eindringenden* von *unterdrückenden* Kolonialherren sprechen. Auch wenn der Hinweis berechtigt ist, dass sich diese Veranlagung selbstredend noch heute beobachten lässt, lohnt es sich nun, sich der Aufgabe zuzuwenden, die den sechs Braumeistern in der Sendung «Kassensturz» gestellt wurde: ihr eigenes Bier blind zu identifizie-

48 Hirschfelder, Trummer (2022): S. 6.

49 Hirschfelder, Trummer (2022): S. 207–208.

50 Wiesmann (2011): S. 133.

ren. Diese erwies sich nämlich als dermaßen knifflig, dass nur einer der sechs Braumeister imstande war, sein Bier aus den sechs aufgetischten zu erkennen.[51] Statt sich auf ihren eigenen Geruchssinn und Geschmack zu verlassen, hätten die Braumeister laut Wahrscheinlichkeitstheorie das gleiche Ergebnis durch Würfeln erzielen können. Die Tatsache, dass selbst Braumeister, die tagtäglich mit diesen einzigartigen Getränken zu tun haben, diese nicht von anderen einzigartigen Getränken unterscheiden können, ist ein starkes Indiz dafür, dass die zugeschriebenen und angepriesenen Attribute offenbar keinen «Anspruch erheben[,] mit der Welt [...] zusammen[zu]passen». Gewiss sollten die Attribute nicht zu einem Diskurs über die Legitimität ihrer Geltungsansprüche einladen, sondern vielmehr schlicht als Setzung verstanden werden. Die Frage, ob sich diese Setzungen – die auch vor Regionalitäts- und Lokalitätsbekundungen nicht Halt machen – als wirksam erweisen, kann auf zwei Ebenen betrachtet werden: Kann die Setzung erstens die Kundschaft so überzeugen, dass diese die Produkte auch kauft? Inwieweit sickern zweitens die von der Setzung verbreiteten Bilder und Begriffe in die in der Öffentlichkeit wirksamen Vorstellungen ein? Dass mit diesen Setzungen nicht zu spaßen ist, soll folgendes Beispiel veranschaulichen: So kann es sich aus instrumentell-profitorientierten Überlegungen ergeben, die eigenen Produkte mit dem *Label* «Regionalität» zu versehen. Da allerdings nur wenige Brauereien Hopfen und Malz direkt vor der Türe vorfinden, wird das instrumentelle Kalkül einen großzügigen Regionalitätsbegriff befürworten, was unter Umständen zu einer derart umfassenden Ausdehnung des Radius führen kann, dass der Begriff «Regionalität» inhaltlich schlicht entleert wird. Der Erfolg solcher Marketingstrategien hängt entscheidend davon ab, inwieweit

51 SRF (2014).

diesen Setzungen eine wache Öffentlichkeit entgegentritt, die sich an einem kommunikativen, intersubjektiv verstandenen Handeln orientiert und so zu einer kritisch-diskursiven Instanz wird.[52]

Zweitens kann überlegt werden, ob die *Craft*-Szene tatsächlich für sich beanspruchen kann, Sprachrohr der Lebenswelt zu sein. Zunächst sei erwähnt, dass diese Fragestellung insofern nicht selbstverständlich ist, als die kommerziellen Interessen, die die *Craft*-Szene zweifelsohne hat, ja eine instrumentelle Herangehensweise in Aussicht stellen. Dass die Fragestellung aber gleichwohl ihre Berechtigung hat, verdeutlicht Habermas damit, dass er darauf verweist, dass auch «in der Lebenswelt […] strategische Interaktionen auftreten können» – oder umgekehrt.[53] Daher kann nun – ohne Widerspruch befürchten zu müssen – überlegt werden, ob die *Craft*-Szene als Botschafterin der Lebenswelt gelten kann. Einleitend lässt sich an bereits Gesagtem andocken: Die Kundschaft wird nicht nur als Marktteilnehmende, sondern auch als intersubjektiv Handelnde adressiert. In der Lebenswelt vorgefundene Präferenzen, Interessen und Ärgernisse werden aufgenommen, kondensiert[54] und in die Öffentlichkeit getragen, wo bspw. über Nachhaltigkeit, Geschmacksvielfalt und Zutaten gesprochen und Industriekritik geäußert wird.[55] Ein hervorstechendes Thema in der öffentlichen Debatte ist das «Reinheitsgebot», das im Bier ausschließlich Malz, Hopfen, Wasser und Hefe gestattet.[56] Die Auseinandersetzung damit entfachte Diskussionen über die Bedeutung von Traditionen und darüber, wann

---

52 Brunkhorst, Kreide, Lafont (2009): S. 374.

53 Habermas (1992): S. 43.

54 Habermas (1992): S. 443.

55 Hirschfelder, Trummer (2022): S. 211.

56 Hirschfelder, Trummer (2022): S. 5.

diese dogmatisch werden, sowie zur grundlegenden Frage, was ein Bier überhaupt als Bier auszeichnet. Ein weiterer Indikator dafür, dass in der *Craft*-Szene der Lebenswelt Platz eingeräumt wird, ist die gepflegte Kultur des bewussten Genusses. Da dieser ein intrinsischer Wert zugesprochen wird, lässt sie sich zudem auch schwieriger von instrumentellen und zweckrationalen Überlegungen vereinnahmen.[57] Auch die demokratischen *Vibes* des *Homebrewings*, verbunden mit der gelebten Bereitschaft, «Rezepte, Techniken, Tricks und Bezugsquellen» mit der *Craft*-Gemeinschaft zu teilen, stützen das Bild, eine «Bewegung von unten» zu sein.[58] All diese Punkte sprechen folglich klar dafür, dass in der *Craft*-Szene eine kommunikativ-lebensweltliche Vernunft zu finden ist.

Zu glauben, dass die *Craft*-Szene bereits durch ihr bloßes Bestehen die Stimme der Lebenswelt verkörpert, käme allerdings einer Romantisierung gleich. Vielmehr lohnt es sich, jene Denk- und Handlungsräume kritisch zu betrachten, die dem Anschein nach genuin lebensweltlich erscheinen, um auszuloten, ob sich darin nicht auch instrumentelle Logiken verbergen. Wie deutlich wurde, wäre es freilich falsch, überall dort, wo das instrumentelle Denken und Handeln der Systemwelt anklopft, gleich einen Kolonialherren zu vermuten. Da der Übergang zwischen einem blossen Anklopfen und einem kolonialisierendem sowie zur Assimilation zwingenden Ausbreiten jedoch leise und unvermittelt verlaufen kann, besteht Anlass, einen wachsamen Blick zu entwickeln, der die Lebenswelt hegt und pflegt sowie zur regulierenden Gegenwehr gegenüber systemweltlichen Übergriffen befähigt. Zu Beginn sei festgehalten, dass systemweltliche Einflüsse sowohl von außen als auch von innen erkennbar sind: Aus externer Sicht kaufen Großkonzer-

57 Ganzenmüller, Priller-Riegele (2013): S. 58.

58 Kopp (2014): S. 7–8.

ne vermehrt *Craft*-Brauereien auf, setzen in ihrer Außendarstellung auf das *Flair* des *Homebrewings* und höhlen so diesen Begriff aus.[59] Aus interner Sicht besteht im Zuge intensiver Ökonomisierungen und Konzernbildungen auch innerhalb der *Craft*-Bewegung die Gefahr, «inhaltlich leer und damit obsolet zu werden».[60] Eine steigende Produktionsmenge scheint zudem negativ mit der Zahl persönlicher Kontakte zu korrelieren.[61] Das Stichwort «persönlicher Kontakt», auf dessen Schultern sich der intersubjektive Verständigungsprozess gewissermaßen entfaltet, verweist direkt auf das lebensweltliche Steckenpferd der *Craft*-Bewegung, das nun auf potenzielle Einfallstore für instrumentell-zweckrationale Herangehensweisen untersucht werden soll. Ob die Gegebenheit, dass die Diskussionsinhalte des persönlichen Austausches nicht nur lebensweltlich-kommunikativ sind, sondern aufgrund kommerzieller Interessen instrumentell auf verwertbare Anregungen hin abgeklopft werden, einfach die Funktion der Bedürfnisdeckung übernimmt, die gegebenenfalls gar soziale Kohäsion zu fördern imstande ist, oder ob der Austausch eben instrumentalisiert und die Lebenswelt kolonialisiert wird, ist eine Frage, die es empirisch zu prüfen gilt. Ein Indikator dafür, dass sich die Systemwelt zu viel Raum aneignet, scheint zu sein, dass die Lebenswelt primär als Ressourcenlager betrachtet wird, aus dem man strategisch Ideen abzapft. Ein weiteres Anzeichen zeigt sich darin, wenn das Bild des persönlichen Kontakts vermarktet wird, was die kritische Frage aufwirft, ob die lebensweltliche Verständigung durch seine Instrumentalisierung nicht korrumpiert wird.

---

59 Raupach (2017): S. 152.

60 Hirschfelder, Trummer (2022): S. 220.

61 Raupach (2017): S. 152.

Zu guter Letzt vermag die Gegenüberstellung von Habermas und der Bierwelt eine Ahnung zu vermitteln, welch rares Gut autonome Rückzugsräume sind, die gänzlich frei von den Interessen der Systemwelt bleiben.

Ohne seine genaue Bedeutung in der *Craft*-Szene und der deliberativen Demokratie zu bestimmen, fand der Begriff «intersubjektiver Verständigungsprozess» in den obigen Ausführungen wiederholt Verwendung. Es bleibt daher zu klären, inwiefern man sich von diesem den «zwanglose[n] Zwang des besseren Argumentes» respektive des «besseren Geschmacks» versprechen kann.[62]

Sobald es um Geschmacksurteile geht, so lautet die gängige Meinung, betreten wir einen Bereich, der sich der intersubjektiven Beratschlagung entzieht. Es haftet ihnen der Ruf an, lediglich individuelle Präferenzen abzubilden und somit nur einen subjektiven Eindruck vermitteln zu können, während demgegenüber Werturteile durchaus den Anspruch erheben, mithilfe moralischer, rationaler und kultureller Kriterien intersubjektiv begründbar zu sein. Sowas wie eine degustative Beratschlagung erscheint unter diesem Licht daher zumindest fragwürdig. Dieser Ansicht soll mit der These entgegengetreten werden, dass Geschmacksurteile durchaus ein diskursiver Gegenstand sein können: Zum einen ermöglicht ein geteiltes Sensorik-Vokabular eine Verständigung über Geruchs- und Geschmackseindrücke. Dass dieses Vokabular nicht im luftleeren Raum steht, sondern sich auch empirisch als tragfähig erweist, zeigt sich bspw. darin, dass es nicht unwahrscheinlich ist, dass ein als Banane erkannter Duft bei einer chemischen Untersuchung durch das Ester *Isoamylacetat* erklärt werden kann, das eben auch der Banane ihr charakteristisches Aroma verleiht.

62 Habermas, Luhmann (1971): S. 137.

Mit etwas Übung lassen sich analog auch spezifische Hopfen- und Malzaromen erkennen, so wie auch Einflüsse von Holzfässern und Hefeausbau sensorisch dekodierbar sind. *Ergo* lässt sich festhalten, dass das Geschmackserleben mit der Außenwelt auf empirisch einsehbare Weise korrespondiert, was es von der Vorstellung befreit, atomistisch-subjektiv zu sein. Dies schließt jedoch selbstredend Degustationsbeschreibungen nicht aus, bei denen eine sich verselbstständigte Fantasie – ob gewollt oder nicht – leitend ist. Zum anderen lassen sich auch Beurteilungskriterien – wie bspw. Intensität, Komplexität, Balance und Länge – finden, die zu einen intersubjektiven Verständigungsrahmen beitragen. Demnach lässt sich zusammenfassen, dass auch Geschmacksurteile mit einem gut begründeten Geltungsanspruch einhergehen können. Und wenn subjektive Präferenzen – ob offengelegt oder nicht – dennoch in den Austausch einfließen, sind sie für den intersubjektiven Verständigungsprozess selten hinderlich, sondern bilden vielmehr einen belebenden Ausgangspunkt für weitere Gespräche.

Von den Geschmacksurteilen zu den handlungsrelevanten Normen: Habermas betont, dass die Möglichkeit, öffentlich «Deutungen, Behauptungen, Empfehlungen, Erklärungen [und] Rechtfertigungen aufzustellen und deren Geltungsanspruch zu problematisieren, zu begründen oder zu widerlegen, sodass keine Vormeinung dauerhaft der Thematisierung und Kritik entzogen bleibt»[63], allen gleich, frei und offen zugänglich sein muss.[64] Der Anspruch der Diskurstheorie ist es, diese Sprechakte auf ihre Konsensfähigkeit hin zu überprüfen, was im Umkehrschluss heißt, dass Normen, die nur partikuläre Interessen vertreten, aus dem diskursiven Prozess herausfallen.

63 Habermas (1973): S. 255–257.

64 Reese-Schäfer (2012): S. 128.

Habermas schreibt dazu: «Statt allen anderen eine Maxime, von der ich will, dass sie ein allgemeines Gesetz sei, als gültig vorzuschreiben, muss ich meine Maxime zum Zweck der diskursiven Prüfung ihres Universalitätsanspruchs allen anderen vorlegen.»[65] Er zeichnet also eine ideale Sprechsituation, die, obwohl sie in ihrer Reinform empirisch wohl selten anzutreffen ist, insofern praktische Relevanz hat, als «Fiktion[en]» ohne Zweifel regulatorische Orientierung bieten und dadurch «operativ wirksam[werden]».[66]

Im Diskursprinzip sind Habermas zufolge zwei Prozesse angelegt: Einerseits soll der intersubjektive Verständigungsprozess, in dem man sich mit anderen auseinandersetzt und deren Kritik an unseren Vorlieben sowie unserer Vorstellung des gemeinsamen guten Lebens aufnimmt, dem Individuum helfen, ein besseres Verständnis der eigenen Interessen zu entwickeln und sich im Umgang mit Interessenskonflikten zurechtzufinden.[67] Andererseits verfolgt Habermas den Anspruch, dass das Diskursprinzip nicht nur als eine Form individuell-moralischer Selbstbestimmung zur Anwendung kommen, sondern auch als Prinzip der Politik, konkret als Demokratieprinzip, wirksam werden soll. So meint er, dass die Setzung von Recht erst dann legitim Geltung beanspruchen kann, wenn ihr ein diskursiver Prozess vorausgeht, in dem die Diskursteilnehmenden politische Selbstbestimmung ausüben können.[68]

Da die Bierwelt mit ihren Großkonzernen eine Fokussierung auf das «ökonomische Handlungssystem» nahegelegt hat, fand

65 Habermas (1983): S. 77.
66 Habermas (1973): S. 255.
67 Pinzani (2007): S. 143.
68 Habermas (2005): S. 100.

die «politische Administration» als Bestandteil der Systemwelt in der bisherigen Erörterung kaum Beachtung. Dies soll nun geändert werden, was sich gut mit der Absicht vereinen lässt, zu verdeutlichen, dass Habermas bezüglich «Lebenswelt» und «Systemwelt» eine «Entweder-oder-Position» nicht nur ablehnt, sondern ausdrücklich verwirft, indem er die wechselseitige Abhängigkeit von «kommunikativer Macht» (Ressource der Zivilgesellschaft) und «administrativer Macht» (Ressource des Staates) betont.

Damit Anliegen aus der Lebenswelt überhaupt zivilgesellschaftlich gebündelt werden können und daraus sowas wie eine «kommunikative Macht» entstehen kann, bedarf es eines rechtlichen Rahmens, der diesen Bündelungsprozess schützt. Dieser Rahmen basiert auf den Grundrechten, zu denen unter anderem, vereinfacht gesagt, das Recht auf Freiheit, Gleichheit, Rechtsschutz und Partizipation zählen.[69] Der Schutz dieser Rechte fällt dabei in den Aufgabenbereich der «administrativen Macht».[70] Bei näherer Betrachtung wird jedoch deutlich, dass die Grundrechte für die Bildung der «kommunikativen Macht» zwar notwendig sind, ihre Entstehung aber eine Bürgerschaft erfordert, die von der ihr zugesicherten Autonomie auch tatsächlich Gebrauch macht, um den Regeln des Zusam-

69 König (2012): S. 13–14.

70 Wer nun eine Analogie zu Jimmy Carter ziehen möchte, der das Heimbrauen legalisierte und dem Bier dadurch mehr zivilgesellschaftliche Ausdrucksmöglichkeiten verschaffte, dem sei erwidert, dass Habermas von universellen Rechten spricht, die für das Funktionieren einer offenen Gesellschaft unabdingbar sind, während Carter mit der Legalisierung der Bierherstellung eine sehr spezifische Gesetzgebung erließ, die jedoch im Bereich der Bierwelt fraglos eine öffnende Wirkung hatte.

menlebens Legitimität zu verleihen.[71] Die Pointe besteht nun darin, dass die «administrative Macht» ihre Legitimierung erst durch die «kommunikative Macht» erhält. Verzichtet sie darauf, verfällt sie zur bloßen Gewalt.[72] Damit der politische Alltag im Sinne des idealen Anspruchs an eine deliberative Demokratie – der eine Steuerung der administrativen Macht durch die kommunikative Macht umfasst – auch einer empirischen Prüfung unterzogen werden kann, unterzieht Habermas sein deliberatives Modell einer «soziologischen Übersetzung».[73] Dabei versteht Habermas das politische System als Kreislauf mit Zentrum (Parlament, Regierung, Gerichtswesen, Verwaltung und Parteien) und Peripherie (Zivilgesellschaft, Verbände, Interessensgruppen und Öffentlichkeit). Der offizielle, normativ gebotene Machtkreislauf geht – ganz im Einklang mit dem Ideal der Selbstregierung – von der Peripherie aus. Wie zuvor angemerkt, sind Entscheidungen des politischen Zentrums nur dann bindend und legitim, wenn der Machtkreislauf durch die «kommunikative Macht» gesteuert wird. Der offizielle Machtkreislauf steht jedoch in Konkurrenz mit dem, was Habermas als «Gegenkreislauf» bezeichnet, in welchem das Zentrum bei Entscheidungsprozessen die Peripherie nicht miteinbezieht – sei es durch eine Verwaltung, die Selbstprogrammierungen vornimmt, oder durch das Eingreifen ökonomischer Akteure in den Gesetzgebungsprozess –, sondern es vor vollendete Tatsachen stellt. Mit Blick auf den politischen Alltag kommt Habermas nun zum Schluss, dass der Gegenkreislauf der bestimmende sei, während der offizielle Kreislauf nur in außergewöhnlichen Momenten zum Tragen komme. Diese Tatsache stellt allerdings nicht grundsätzlich das Modell delibera-

---

71 König (2012): S. 15.

72 König (2012): S. 14.

73 Habermas (1992): S. 383.

tiver Demokratie in Frage. Entscheidend ist für Habermas, dass in Konfliktsituationen der Gegenkreislauf problematisiert werden kann und der offizielle Machtkreislauf wieder ins Rollen kommt.[74] Eine Grundvoraussetzung dafür ist jedoch zweifellos eine lebendige, zivilgesellschaftlich geprägte Öffentlichkeit.

Damit «fällt ein guter Teil der normativen Erwartungen, die mit der deliberativen Politik verknüpft sind, auf die peripheren Strukturen der Meinungsbildung».[75] Dass diese peripheren Strukturen, von denen mitunter zivilgesellschaftliche Impulse ausgehen, jedoch nicht einfach naturgegeben und statisch sind, sondern fortwährend erneuert und belebt werden müssen, scheint die Geschichte der *Craft*-Szene und mit ihr auch die des *IPAs* insofern exemplarisch zu zeigen, als deren *Do-it-yourself*-Ethos, der sich als kooperativ und diskursiv versteht, natürlich bei Weitem nicht davor gefeit ist, von instrumentellen Logiken durchdrungen zu werden.[76] Während die *Craft*-Szene mit dem Bierfestival einen idealtypischen Ort der intersubjektiven Verständigung hat, stellt sich analog die Frage, wie es um die deliberativen Diskursforen bzw. Beteiligungsmöglichkeiten bestellt ist: Im Wissen, dass das Vorhandensein von Diskursräumen nicht zwangsläufig deren Nutzung bedeutet, bietet es sich gleichwohl an, auf der Eingabeseite des politischen Prozesses die bereits vorhandenen deliberativen Arenen zu stärken und auf der Ausgabeseite eine Form von Rechtsöffentlichkeit zu institutionalisieren[77], die «über die bestehende Expertenkultur hinausreicht und hinreichend sensibel ist, um

74 König (2012): S. 19–21.

75 Habermas (1992): S. 434.

76 Hirschfelder, Trummer (2022): S. 210.

77 Iser, Strecker (2022): S. 168–169.

problematische Grundsatzentscheidungen zum Fokus öffentlicher Kontroversen zu machen».[78]

Das Projekt der Moderne sei es, der Idee zur Realisierung zu verhelfen, dass die Menschen ihre Lebensverhältnisse selbstbestimmt, frei und ungezwungen gestalten können. Da dieses Projekt Habermas zufolge latent bedroht ist, plädiert er, um dem entgegenzuwirken, für eine vitale Öffentlichkeit sowie für eine Demokratisierung staatlicher und privater Strukturen.[79] Der «kommunikativen Macht» kommt in der öffentlichen Aktivität, der Rechtsgenese und der Rechtsetzung eine autorisierende Kraft zu. Habermas setzt auf eine Bürgerschaft, die kritisch hinterfragt, sich lebendig und überlegt austauscht und sich lautstark einbringt.

Vielleicht erklärt sich der von vielen hochgeschätzte Geschmack des *IPAs* auch dadurch, dass er die Vorstellung weckt, sensorisch an der Idee der autorisierenden Kraft der «kommunikativen Macht» teilzuhaben.

Literaturverzeichnis Philosophie

Becker, Michael / Schmidt, Johannes / Zintl, Reinhard (2006): *Politische Philosophie.* Paderborn: UTB.

Brunkhorst, Hauke / Kreide, Regina / Lafont, Cristina (Hrsg.) (2009): *Habermas Handbuch.* Heidelberg/Berlin: J.B. Metzler.

Cheneval, Francis (2015): *Demokratietheorien zur Einführung.* Hamburg: Junius.

Habermas, Jürgen / Ratzinger, Joseph (2018): *Dialektik der Säkularisierung. Über Vernunft und Religion.* Freiburg i. B.: Herder.

Habermas, Jürgen (2009): *Diskursethik (Philosophische Texte,* Band 3). Frankfurt: Suhrkamp.

78 Habermas (1992): S. 530.

79 Iser, Strecker (2022): S. 10.

Habermas, Jürgen (2005): Zwischen Naturalismus und Religion. Philosophische Aufsätze. Frankfurt: Suhrkamp.

Habermas, Jürgen (1995): *Zur Kritik der funktionalistischen Vernunft.* (*Die Theorie des kommunikativen Handelns,* Band 2). Frankfurt: Suhrkamp.

Habermas, Jürgen (1992): *Faktizität und Geltung Beiträge zur Diskurstheorie des Rechts und des demokratischen Rechtsstaats.* Frankfurt: Suhrkamp.

Habermas, Jürgen (1983): *Kommunikatives Handeln und Moralbewusstsein.* Frankfurt: Suhrkamp.

Habermas, Jürgen (1973): «Wahrheitstheorien». In: *Wirklichkeit und Reflexion. Walter Schulz zum 60. Geburtstag.* Herausgegeben von Helmut Fahrenbach und Walter Schulz, Pfullingen: Neske, S. 211–265.

Habermas, Jürgen / Luhmann, Niklas (1971): *Theorie der Gesellschaft oder Sozialtechnologie.* Frankfurt: Suhrkamp.

Hartmann, Jürgen / Meyer, Bernd (2005): *Einführung in die politischen Theorien der Gegenwart.* Wiesbaden: VS Verlag für Sozialwissenschaften.

Herzog, Lisa (2019): *Politische Philosophie.* Paderborn: UTB.

Hüller, Thorsten (2005). «Deliberative Öffentlichkeit». *InIIS-Arbeitspapiere,* Nr. 32. (2005): S. 1–35.

Iser, Mattias / Strecker, David (2022): *Jürgen Habermas zur Einführung.* Hamburg: Junius.

König, Tim (2012): *In guter Gesellschaft? Einführung in die politische Soziologie von Jürgen Habermas und Niklas Luhmann.* Berlin: Springer.

Pinzani, Alessandro (2007): *Jürgen Habermas.* München: C.H. Beck.

Reese-Schäfer, Walter (2012): *Politische Theorie der Gegenwart in achtzehn Modellen.* München: Oldenbourg.

Römpp, Georg (2015): *Habermas leicht gemacht.* Paderborn: UTB.

Ziegler, Walther (2017): *Habermas in 60 Minuten.* Norderstedt: BoD – Books on Demand.

Webographie Philosophie

Papadopoulou, Theodora (2006): *Deliberative Demokratie und Diskurs. Eine Debatte zwischen Habermas und Rawls.* Dissertation, Eberhard Karls Universität Tübingen: http://hdl.handle.net/10900/46278 (aufgerufen am 02.04.2025).

Literaturverzeichnis Bier

Dornbusch, Horst (2017): *Lexikon der Biersorten.* Nürnberg: Hans Carl.

Dornbusch, Horst (2014): *Die Biersorten der Brauwelt.* Nürnberg: Hans Carl.

Ganzenmüller, Sandra / Priller-Riegele, Sebastian (2013): *Bier & Genuss.* München: BLV.

Hirschfelder, Gunter / Trummer, Manuel (2022): *Bier. Die ersten 13.000 Jahre.* Darmstadt: WBG.

Kopp, Sylvia (2014): *Das Craft-Bier Buch. Die neue Braukultur.* Köln: Gestalten.

Oliver, Garrett (Hrsg.) (2012): *The Oxford Companion to Beer.* New York: Oxford University Press.

Raupach, Markus (2017): *Bier. Geschichte und Genuss.* Berlin: Palm.

Wesseloh, Oliver (2015): *Bier leben. Die neue Braukultur.* Hamburg: Rowohlt.

Wiesmann, Matthias (2011): *Bier und wir. Geschichte der Brauereien und des Bierkonsums in der Schweiz.* Zürich: Hier und Jetzt.

Webographie Bier

SRF (2014): «‹40 Jahre Kassensturz›: Die besten Tests»: https://www.srf.ch/sendungen/kassensturz-espresso/40-jahre-kassensturz/40-jahre-kassensturz-40-jahre-kassensturz-die-besten-tests (aufgerufen am 30.03.2025).

Abteibier und Kommunitarismus

Die *vita communis* im Blick

Ab der Mitte des 18. Jahrhundert beginnt sich die europäische Lebenswelt nachhaltig zu verändern. Unterschiedliche Schlagwörter vermögen davon eine Vorstellung zu geben: Industrielle Revolution, Aufklärung, Säkularisierung und Globalisierung. Diese Umbruchzeit wird landläufig mit dem Begriff der «Moderne» eingefangen, wobei die Moderne – je nach Definition – bis in die Jetztzeit andauert.[1] Blicken wir aus heutiger Warte auf diese lebensweltlichen Umwälzungen zurück, machen wir dies selten, ohne dabei ihre emanzipatorischen Früchte zu betonen: Vor dem geistigen Auge sehen wir, wie man sich nach und nach von autoritären Fundamentalismen, von paternalistischen Tendenzen oder allgemein von sozialen Rollenzwängen freigestrampelt hat. Dieser Drang zum Freistrampeln, um beim Bild zu bleiben, kommt bei keiner Denkrichtung der politischen Philosophie so stark zum Ausdruck wie beim Liberalismus. Bekanntlich setzt sich dieser für die autonome Entscheidungskraft ein. Nun ist es aber so, dass sich mit dem Freistrampeln das Individuum nicht nur einen freien Bewegungsradius verschafft, sondern zugleich auch die Umge-

---

1 Die kommenden Ausführungen basieren auf einer Definition der «Moderne», die den Zeitraum ab dem mittleren 18. Jahrhundert bis heute umfasst.

bung auf Trittdistanz hält. Eben hier wird der Kommunitarismus (lat. *communitas* ‹Gemeinschaft›) hellhörig. Ihm zufolge besteht nämlich die Gefahr, dass das nach Autonomie strebende und (sich freistrampelnde) Individuum vergisst, dass es für seine Freiheitsrechte auch eine Gesellschaft bedarf, die ihm diese überhaupt zusichern. Charles Taylor (*1931), einer dieser Kommunitarier, meint dann auch nachdrücklich, dass liberale Institutionen durch mehr Bürgerbeteiligung und Gemeinsinn gestärkt werden müssen.[2] Der Kommunitarismus weist demzufolge auf die Ambivalenz des «Sich-Freistrampelns» hin: Auf der einen Seite leugnet er nicht, dass der Antrieb, sich von traditionellen Strukturen – wie Familie, Gruppen und Gemeinschaften – zu lösen, mit den individuellen Freiheitsrechten fraglos Schützenswertes hervorbrachte. Auf der anderen Seite weist der kommunitarische Mahnfinger darauf hin, dass diese Herauslösung der Individuen aus traditionellen Strukturen eine Vereinzelung mit politischen Implikationen zur Folge habe.

Bevor wir uns nun aber in kommunitarischen Befürchtungen verlieren, soll eine Definition der hier besprochenen politphilosophischen Position angeboten werden. Walter Reese-Schäfer (*1951) schreibt hierzu: «Das kommunitarische Projekt ist der Versuch einer Wiederbelebung von Gemeinschaftsdenken unter den Bedingungen […] moderner Informations- und Dienstleistungsgesellschaften.»[3] Die Definition unterstreicht, dass der Kommunitarismus keine vormodernen Zustände herbeisehnt, sondern sich mit den modernen (und somit auch den liberalen) Bedingungen arrangieren möchte. «Vormoderne Zustände»? Dieses Stichwort nehmen wir gleich als Anlass, uns dem Degustationsglas vor uns zuzuwenden.

---

2 Reese-Schäfer (2001): S. 33.

3 Reese-Schäfer (2001): S. 7.

Wie der Titel bereits ankündigt, wartet die Kultur des Abteibieres auf uns. Allerdings kann, mit der Definition von Reese-Schäfer im Hinterkopf, die berechtige Frage aufgeworfen werden, ob wir es hier nicht mit einem Bierstil zu tun haben, der für die Zeit vor der Säkularisierung und folglich auch für die Vormoderne steht. Hier bahnt sich also ein Pairing-Kontrast zwischen der politischen Theorie und dem Bierstil an. Aber es lassen sich auch harmonische Andockstellen finden: Da Ordensleute ja Wert auf die *vita communis* (lat. für ‹gemeinsames Leben›) legen, kann zugespitzt gesagt werden, dass das Abteibier exemplarisch für Gemeinschaftlichkeit, das Kernanliegen des Kommunitarismus, steht. Auch wenn der Kommunitarismus zwar vielstimmig ist, zeigt er, wie eben schon bekräftigt wurde, die deutliche Tendenz, sich von einer Philosophie der Retrotopie (von lat. *retro* ‹zurück› und griech. *topos* ‹Ort›) – einer Denkrichtung, die die Vorbilder für die Gegenwart und Zukunft in der Vergangenheit sucht – zu distanzieren.[4] Wie in der obigen Definition deutlich wurde, strebt der Kommunitarismus ein Arrangement mit den «modernen Bedingungen» an. Ein dafür besonders anschauliches Beispiel stellt die Position von Amitai Etzioni (1929–2023) dar. Etzioni sieht sich selbst als kommunitarischen Liberalen und strebt ein Gleichgewicht zwischen individueller Freiheit und gemeinschaftlicher Ordnung an.[5] Darüber hinaus gibt es natürlich auch kommunitarische Stimmen, die sich gegenüber dem Liberalismus deutlich distanzierter äussern.

Obwohl die Kommunitarier:innen in ihren Schwerpunktsetzungen zweifelsohne unterschiedlich sind, sind sie sich alle

4 Eine Ausnahme, die diese Regel bestätigt, ist der Kommunitarier Alasdair MacIntyre (*1929), der tatsächlich als politischer Romantiker gilt.

5 Reese-Schäfer (2001): S. 114.

darin einig, dass nicht nur die Religion – auch wenn das Pairing mit dem Abteibier dies nahelegen mag – zur Stärkung der Zivilgesellschaft beitragen kann. So können bspw. selbstverständlich auch «Nichtregierungsorganisationen, Assoziationen, Verbände, Gewerkschaften [...] und alle Formen von Vereinen»[6] gemeinschaftsstiftend wirken.

Die kommunitarische Sorge, dass das «moralische Gewebe der Gemeinschaften [...] in Auflösung begriffen [ist]»[7], soll als Anstoss dienen, die kulturgeschichtliche Bedeutung des Abteibieres genauer zu untersuchen. Die Absicht dabei ist klar: Durch das Eintauchen in die Kulturgeschichte soll eine klarere Vorstellung entstehen, was mit «moralischem Gewebe» gemeint sein könnte. Bevor wir gleich die Geschichtsbücher aufschlagen, scheint es geboten vorauszuschicken, dass sich die kommenden Betrachtungen auf den Benediktinerorden, der als die älteste Ordensgemeinschaft des Abendlandes gilt, beschränken. Hierfür können drei Gründe genannt werden: Erstens bietet sich ein Fokus schon deshalb an, weil sonst die Gefahr besteht, sich in der Vielfalt der Klosterkulturen zu verlieren. Zweitens zeigte der Benediktinerorden schon in seinen frühen Jahren eine Affinität zum Bier. Drittens stehen seine Braukreationen auch heute noch hoch im Kurs. Es bleibt also eigentlich nur noch zu hoffen, dass die Schwerpunktsetzung von den Paulanern, Augustinern, Franziskanern und all den anderen bierbrauenden Ordensgemeinschaften verziehen wird.

Damit der kulturhistorische Exkurs auch etwas strukturiert daherkommt, werden zwei historische Phasen unterschieden: Die erste erstreckt sich vom Mittelalter bis zum Aufkom-

6 Reese-Schäfer (2001): S. 10.

7 Reese-Schäfer (2001): S. 15.

men der Moderne. Die zweite Phase umfasst die Zeit von der Französischen Revolution bis zur Gegenwart.

Der Autor könnte die erste Phase einfach mit einer prägnanten Setzung einläuten: Benedikt von Nursia (480–547) gründete im Jahr 529 das benediktinische Mutterkloster Monte Cassino. Die Aussage wäre klar und der Beginn unserer Reise präzise bestimmt. Allerdings würde der Autor eine didaktische Gelegenheit verpassen, wenn er es unterlassen würde, diese Form der Setzung zu problematisieren. Wenn wir die kommunitarische Beteuerung, dass Identität ohne Verankerung in konkreten Lebenszusammenhängen nicht vorstellbar ist[8] (*embedded self*[9]), nämlich wirklich ernst nehmen, dann müsste konsequenterweise auch die Geschichtsschreibung immer um Kontext bemüht sein (man könnte hier analog von *embedded history* sprechen). Der eigentlich intendierte Einstieg in die erste Phase, in der der Autor nur auf Benedikt und seine Klostergründung im Jahr 529 hinweisen wollte, scheint aber beispielhaft für eine Geschichtsdarstellung zu sein, die für ein atomistisches Selbst- und Weltverständnis steht. Und genau diese Neigung nach dekontextualisierender Isolierung ist dem Kommunitarismus ja ein Dorn im Auge. Soviel dazu, und nun zurück zu Benedikt. Dieser legt um das Jahr 540 die *Regula Benedicti* vor, die bis heute als grundlegendes Regelwerk für den Orden gilt. Darin fordert er von seiner Klostergemeinschaft eine autarke Lebensführung, was bspw. auch heisst, dass bei Bierbedarf selbst gebraut werden muss. Mit dem Aufkommen des Klosterwesens ensteht nach und nach auch eine Bierkultur mit einer gewissen Systematik.[10] Wir wissen, dass die Klosterbiere der ersten Generationen mit unterschiedlichen Kräu-

8 Löschke (2013): Folie 8.

9 Sandel (2010).

10 Hirschfelder, Trummer (2022): S. 90.

tern – aber noch nicht mit Hopfen! – gewürzt wurden. Bald kristallisieren sich drei Klosterbiere heraus: Das *celia*, ein Starkbier aus Gersten- und Weizenmalz, war für den Tisch des Abtes und Gäste gedacht. An die Mönche und die Pilger wurde hingegen das aus Gersten- und Hafermalz gebraute *cervisa* ausgeschenkt, welches bei Feierlichkeiten auch schon mal mit Honig angereichert wurde (*cervisa mellita*). Das Dünnbier *conventus*, das für Klosterarbeiter und Bettler vorgesehen war, wurde indes aus Malzrückständen vom *celia* oder *cervisa* gewonnen und hin und wieder auch mit frischem Haferbier verschnitten.[11] Ausserhalb der Klostermauern spielte das Bier in diesen ersten Jahrhunderten des Mittelalters nur eine geringe Rolle. Demnach wurde Bier primär in klösterlicher Gemeinschaft in Männerrunden getrunken. Um zu verdeutlichen, wie stark der Bierkonsum «rituell aufgeladen» war und «in die Nähe des religiösen Kultus» rückte, soll jedoch eine weltliche Quelle herangezogen werden.[12] Sie stammt aus der Feder von Einhard (770–840), einem Gelehrten am Hof von Karl dem Grossen (747/748–814). Sie zeigt auf, dass das Trinkverhalten in eine feste Ordnung eingebunden war: Bier wurde nur bei gemeinsamen Mahlzeiten ausgeschenkt und die Menge war zudem meist genau rationiert. Einhard berichtet indes von ritualisierten Gelagen, in denen auch grössere Mengen konsumiert wurden. Ziel war es, einen Rauschzustand zu erreichen, der durch Gesang, habitualisierte Handlungen und wahrscheinlich auch kultische Praktiken begleitet wurde. Heute wird darüber spekuliert, ob es eine Art Verpflichtung gab, sich als Teil der Gruppe berauschen zu müssen.[13] Auch wenn der gerade beschriebene ritualisierte Alkoholkonsum in Gruppen

11 Dornbusch (2017): S. 38–41.

12 Hirschfelder, Trummer (2022): S. 84.

13 Hirschfelder, Trummer (2022): S. 93.

für das frühe Mittelalter besonders typisch war, machen die Kulturwissenschaftler Hirschfelder und Trummer (2022) darauf aufmerksam, dass sich gruppenverbindliche Konsumformen auch im Hoch- und im Spätmittelalter und gar bis hin zur Schwelle der Moderne finden lassen.[14]

Die oben vorgestellten frühmittelalterlichen Biere zeigten bereits, dass der Hopfen dem Bier nicht inhärent ist. Der Grund, warum man heute bei Bier dennoch reflexartig an Hopfen denkt, führt uns wieder zu den Benediktinern, und zwar ins Kloster Corvey in der Nähe von Höxter, zurück. Aus einer Schriftquelle wissen wir, dass dort im Jahr 822 beim Bierbrauen Hopfen verwendet wurde.[15] Ältere Dokumente, die Hopfen als Bierwürze erwähnen, sind nicht vorhanden. Aber das ist noch nicht alles: Selbst der Name «Hopfen» hat eine benediktinische Prägung. Hildegard von Bingen (1098–1179), die als Benediktiner-Äbtissin für ihre Kenntnisse in Natur- und Heilkunde bekannt war, trug mit ihrem Begriff «Hoppo» wesentlich zur heutigen Bezeichnung «Hopfen» bei.[16]

Das Geburtsjahr von Hildegard von Bingen, 1098, dient als Ausgangspunkt für einen kleinen, aber bedeutsamen Einschub, der später in diesem Text noch von Belang sein wird. In diesem Jahr trennten sich die Zisterzienser vom Benediktinerorden. Der Auslöser dafür waren der steigende Wohlstand und die als nachlässig empfundene Disziplin in den Benediktinerklöstern. Diese Entwicklungen lösten den Wunsch aus, sich wieder intensiver auf die *Regula Benedicti* zu besinnen und ein asketischeres Leben führen zu wollen. Wir kommen noch darauf zurück.

---

14 Hirschfelder, Trummer (2022): S. 124–125.

15 Hirschfelder, Trummer (2022): S. 104.

16 Dornbusch (2017): S. 38–41.

Bevor wir zur zweiten Phase übergehen, sollen zwei Punkte vorausgeschickt werden: Erstens erfolgt gleich ein ziemlich abrupter Sprung von mehreren Jahrhunderten hin zur Zeit der Französischen Revolution (1789–1799), zu den Napoleonischen Kriegen (1792–1815) und allgemein zur «Moderne». Hierbei lassen wir bspw. die Renaissance, die Reformation, die wachsende Bedeutung der Wirtshauskultur oder auch den 30-jährigen Krieg (1618–1648) ausser Acht. Wir verpassen dabei, wie sich im Zuge der Entwicklung neuer Städte im Hoch- und Spätmittelalter das Bier vom frühmittelalterlichen Luxusgetränk nach und nach zum Alltagsgetränk entwickelt und sich von der Klosterkultur emanzipiert. Diesen Mut zur Lücke begründen wir damit, dass wir uns auf die groben Hauptlinien der benediktinischen Bierkultur konzentrieren wollen.[17] Zweitens muss noch eine weitere ordensgemeinschaftliche Abspaltung erwähnt werden: Im 17. Jahrhundert formierten sich innerhalb des Zisterzienserordens einige Mitglieder neu, die glaubten, dass die Gemeinschaft zu weit von den ursprünglichen Regeln des Heiligen Benedikt abgekommen war. Diese Gruppe, bekannt als die «Trappisten»[18] oder «Zisterzienser der strengeren Observanz», strebte nach mehr Askese. Die wiederholten Abspaltungen und ihre ähnlichen Ursachen zeigen, dass selbst eine so grundlegende Autoritätsschrift wie die *Regula Benedicti* gelegentlich mit neuem Leben erfüllt werden

---

17 Jene, die dieses historische Vakuum nur schwer ertragen, erhalten hier gleich vier handreichende Empfehlungen: Neben dem bereits zitierten Buch von Hirschfelder und Trummer (2022) können weiter die Werke von Hornsey (2003), Unger (2007) und Arthur (2022) nahegelegt werden.

18 Der Name «Trappist» stammt von der Abbaye de La Trappe, wo diese Reformbewegung ihren Ursprung hat. Bier-Connaisseures werden wissen, dass der Abteiname auch auf Bieretiketten zu finden ist.

muss. Der Begriff der «lebendigen Tradition», wie ihn der Kommunitarier MacIntyre geprägt hat, betont, dass Traditionen nicht nur historisch, sondern auch sozial verkörpert werden sollen.[19]

Mit der Französischen Revolution betreten wir die Periode der sogenanntem «Sattelzeit» (ungefähr 1750–1850), die den Übergang von der Vormoderne zur Moderne kennzeichnet.[20] In diesen revolutionären Jahren ging man mit dem Christentum und traditionellen Glaubensbekenntnissen alles andere als zimperlich um. 1790 schaffte die Nationalversammlung die Ordensgemeinschaften ab. 1792 gingen offiziell bereits die letzten Klosterschlüssel in staatliche Hände über. Auch unsere Benediktiner, Zisterzienser und Trappisten wurden folglich vor die Tür gestellt. Wesentlich für die hier beschriebenen Linien der Abteibierkultur ist der Hinweis, dass die Trappisten Zuflucht in eine Region suchten, die ab 1830 Belgien genannt würde. Bevor wir auf die Trappisten in Belgien näher eingehen, soll erwähnt werden, dass die napoleonischen Kriege die Verstaatlichung des Kirchenbesitzes und den Machtverlust der Kirche in West- und Mitteleuropa weiter vorantrieben. Die über 1.000 Jahre alte Klosterbierkultur wurde durch diese radikale Säkularisierungspolitik dann auch weitestgehend zerstört. Nach der Niederlage der napoleonischen Armee bei Waterloo im Jahr 1815 zogen die europäischen Mächte neue Grenzen, was zur Gründung des modernen Belgiens aus ehemaligen französischen und niederländischen Gebieten führte. Es dauerte jedoch noch einige Jahre, bis die

---

19 Reese-Schäfer (2001): S. 58.

20 Hier kann ein Reminder an die Definition von Reese-Schäfer platziert werden, wonach die Kommunitaristen eben nicht danach streben, die Sattelzeit rückgängig zu machen (Reese-Schäfer [2001]: S. 7).

Trappisten auf belgischem Boden die Braukessel aufstellten. Im Jahr 1836 startete die Trappistenabtei Westmalle mit dem Bierbrauen, danach folgten Westvleteren 1838, Chimay 1862, Rochefort 1899 und Orval 1931.[21] Ein charakteristisches Merkmal der Trappistenbiere ist bis heute, dass sie «innerhalb der Abteimauern [...] von Mönchen oder unter deren Leitung» gebraut werden.[22] «Der Erlös ermöglicht es der jeweiligen Abtei, ihre Lebenserhaltungskosten zu decken», wohingegen «Überschüsse [...] für gute Zwecke verwendet» werden.[23] Hier schwingt unverkennbar das Ideal der autarken und asketischen Lebensführung von Bendedikt von Nursia mit. Im modernen trappistischen Brauwesen findet man anstelle der mittelalterlichen Stile *celia*, *conventus* und *cervisa* Biere wie *Blond*, *Dubbel*, *Tripel* und *Quadrupel*.[24] Der Begriff «Trappistenbier» umfasst folglich mehrere Bierstile, die sich «in Bezug auf Farbe, Geruch, Geschmack und Alkoholgehalt»[25] unterscheiden. Trotz ihrer Vielfalt haben die Trappistenbiere gemeinsam, dass sie obergärig sind und in Flaschen oder Fässern nachreifen. Besonders berühmt ist das *Quadrupel* von Westvleteren, das seit 2005 in zahlreichen Rankings als das beste Bier der Welt gepriesen wird.[26]

Die moderne Gesellschaft, die dem Kommunitarismus zufolge nur noch über lose Bindungs- und Traditionszusammenhänge verfügt, erhält mit der kulturhistorischen Betrachtung des Abteibiers also einen plakativen Kontrapunkt. Dass eine lebendige

21 van den Stehen (2020): S. 7.
22 van den Stehen (2020): S. 7.
23 van den Stehen (2020): S. 7.
24 Dornbusch (2017): S. 38–41.
25 van den Stehen (2020): S. 8.
26 Raupach (2017): S. 123–126.

gemeinschaftliche Kultur, wie sie im Kommunitarismus angestrebt wird, jedoch keine ordensartige Struktur haben muss, liegt auf der Hand. Vielmehr bemüht sich der Kommunitarismus um eine bestimmte «moralische Kultur», die erst entstehen kann, wenn «Diskussionen eine gewisse Kontinuität annehmen und sich das wechselseitige Verstehen allmählich» zu verdichten beginnt.[27] Mit Blick auf die modernen Gesellschaften besteht in kommunitarischen Kreisen die Sorge, dass gemeinsame Wertvorstellungen zu blossen «Vereinbarungsergebnisse» verkommen.[28] Da diese eine wesentlich kürzere Halbwertszeit haben als gemeinsame Wertvorstellungen, droht der Verlust von Orientierung und Halt. Dies macht es dem *self* infolgedessen schwerer, sich als *embedded* zu erfahren.

Schauen wir uns die These, dass der Prozess der Modernisierung Bindungs- und Traditionszusammenhänge auflöst, nun genauer an. Man könnte dieser Behauptung ja die eben gehörte Geschichte der Trappistenbiere entgegenhalten, die zeigt, dass auch in der Moderne eine gewisse kulturelle Beständigkeit möglich ist. Immerhin pflegen die Trappisten ihre Bierkultur ja schon seit dem 19. Jahrhundert und die Bierstiele *Dubbel* (Entstehungsjahr 1926[29]) und *Tripel* (Entstehungsjahr 1934[30]) feiern bald ihr 100-jähriges Wiegenfest. Aber so leicht lässt sich die obige These, wie wir gleich sehen werden, nicht entkräften. Um also zu verdeutlichen, inwiefern die Moderne tatsächlich bildungsauflösende Züge aufweist, holen wir den amerikanischen Philosophen Michael Walzer (*1935) ins Boot. Dieser unterscheidet vier Mobilitätstypen, durch die sich die Dynamisierung liberaler Gesellschaften beschreiben lässt. Wal-

27 Walzer (1990): S. 35.

28 Reese-Schäfer (2001): S. 128.

29 Kopp (2014): S. 51.

30 Kopp (2014): S. 61.

zer betont, dass eine eingehende Betrachtung der vier Mobilitätsformen sowohl deren Vorteile und Errungenschaften, wie z. B. die Emanzipation, als auch deren negativen Folgen, wie z. B. die Entwurzelung, offenlegt.

Erstens hebt Walzer die «geographische Mobilität» hervor, die besagt, dass abgesehen von der Zeit der grossen Völkerwanderung oder des Nomadentums wohl kaum eine andere Gesellschaft so oft den Wohnsitz gewechselt hat, wie dies in der gegenwärtigen westlichen Welt geschieht. Zweitens thematisiert er die «soziale Mobilität», womit er meint, dass Kinder nicht nur zunehmend seltener die Berufe ihrer Eltern erlernen, sondern auch Überzeugungen und Gebräuche generell weniger weitergegeben und übernommen werden. Drittens bezieht er sich mit dem Begriff der «Ehe-Mobilität» darauf, wie sich Familienstrukturen verändert haben, was sich zum Beispiel in steigenden Trennungs- und Scheidungsraten sowie einer Zunahme von Alleinlebenden zeigt. Viertens beschreibt er mit der «politischen Mobilität» den Trend, dass traditionell loyale Stammwähler:innen, die früher stark mit ihrer Partei oder Gewerkschaft verbunden waren, seltener geworden sind. Diese Veränderung erklärt Walzer damit, dass persönliche Identität heutzutage weniger stark durch Wohnorte, sozialen Status und Familienzugehörigkeit geprägt wird.[31]

Obwohl Walzer verdeutlicht, dass die vier Mobilitätsformen ihre Vor- und Nachteile haben, konzentrieren sich die kommenden Ausführungen weniger auf die liberalen Errungenschaften, sondern vielmehr auf die kommunitarischen Sorgen: Durch die zunehmenden Orts- und Berufswechsel lösen sich nachbarschaftliche und berufliche Bindungen auf. Im kommunitarischen Jargon könnte hier von einem «gegenseiti-

---

31 Honnet (1993): S. 164–166.

gen Entfremdungsprozess der Bürger»[32] gesprochen werden. Diese Entwicklung gibt Anlass zur Frage, ob die «Bereitschaft, sich für die Gemeinschaft einzusetzen»[33], wie etwa durch die Zahlung von Steuern, so nicht geschwächt wird. Die erhöhte Mobilität hinterlässt jedoch selbstredend nicht nur interpersonell (lat. *inter* ‹zwischen›), sondern auch intrapersonell (lat. *intra* ‹innerhalb›) Spuren. Die Dynamisierung der Arbeitswelt vermag dies zu verdeutlichen. Von der Arbeiterschaft wird «eine ständige Suche nach Nischen für die Arbeitstätigkeit und das immer neue Sich-Hineinfinden in kurzzeitige Projektarbeit mit immer neuem begeistertem Engagement» verlangt, «ohne dass einem [ferner] das positiv angerechnet würde, was man früher schon geleistet hatte. Jeder muss sich im Grunde [...] täglich neu beweisen.»[34] Eine kritische Folge davon sind «gebrochene Erwerbsbiographien»: Phasen «von verlängerter Ausbildung, Berufsarbeit, vorzeitiger Entlassung, Arbeitsplatzsuche, Weiterbildung und Umschulung zu neuen Tätigkeiten, gemischt mit Zwischenphasen von Selbstständigkeit, versuchter Selbstständigkeit und Scheinselbstständigkeit»[35] wechseln sich in einem unsteten Rhythmus ab. Diese kommunitarischen Gedankengänge scheinen eine Erklärung zu bieten, warum heute der Begriff «Burnout» so tief in die Alltagssprache eingedrungen ist.

Die vier von Walzer postulierten Mobilitätsformen unterstreichen also die These, dass der Prozess der Modernisierung mit einer Auflösung von Traditionen und Werten einhergeht. Das Bonmot des deutschen Philosophen Odo Marquard

32 Reese-Schäfer (2001): S. 82.
33 Reese-Schäfer (2001): S. 82.
34 Reese-Schäfer (2001): S. 126.
35 Reese-Schäfer (2001): S. 126.

(1928–2015), «Zukunft braucht Herkunft»[36], verdeutlicht prägnant, in welche Richtung die kommunitarische Liberalismuskritik schielt: Bei aller Fortschritts- und Zukunftsorientierung droht der Bezug zu dem verloren zu gehen, was wir weiter oben als «moralische Kultur» bezeichnet haben. Da liberale Gesellschaften also offenbar die Neigung haben, sich von Werten und Traditionen loszulösen, hält Walzer die kommunitarische Kritik für eine ständige und notwendige «Begleiterscheinung des Liberalismus».[37] Er vergleicht sie mit einer Bügelfalte: «[G]leichermassen vergänglich, erwacht sie mit der gleichen Gewissheit zu neuem Leben».[38]

Angesichts der modernen Hektik liegt der entspannungsversprechende Griff zum Bier nahe.[39] Als erstes Abteibier soll ein *Dubbel* in einem dafür passenden Tulpenglas ausgeschenkt werden. Optisch besticht das Bier mit kastanienbraunen und kupferroten Akzenten, beigem Schaum und leichter Trübung. Der Nase wird ein malzaromatisches Bouquet präsentiert, das an Toffee, Kakao, Toast, Rosinen und getrocknete Pflaumen erinnert. Nehmen wir einen Schluck. Der Antrunk ist süsslich, der Körper präsent, aber nicht aufdringlich. Eine breite Palette von Aromen, darunter Karamell, Schokolade und Trockenfrüchte, lässt sich entdecken. Hervorzuheben sind das moussierende Mundgefühl, die dezente Bittere und das trockene Finish.

---

36 Marquard (2020): S. 9.

37 Reese-Schäfer (2001): S. 78.

38 Honnet (1993): S. 157.

39 Der unbestreitbar problematische Zusammenhang zwischen der gesellschaftlichen Dynamisierung und dem Konsum von Aufputsch- und Beruhigungsmitteln kann hier nur angedeutet werden.

Von Markus Raupach (*1974), einem deutschen Biersommelier, erfahren wir, dass das *Dubbel* seine Farbe dunklem Kandiszucker verdankt. Die Trappisten führen dafür zwei Gründe an: Einerseits regt der Zucker die Hefe an, den Alkoholgehalt in der Flasche weiter zu erhöhen. Beim Dubbel bewegen wir uns etwa bei 7 %. Andererseits verleiht der Kandiszucker dem *Dubbel* eine zusätzliche aromatische Tiefe und betont insbesondere die Noten von Karamell und Toffee.[40] Das hört sich überzeugend an. Prüfen wir dies sogleich mit einem Schluck.

Durch das Dubbel gestärkt, kann der kommunitarischen Liberalismuskritik nun noch ein weiterer Aspekt hinzugefügt werden. Michael Sandel (*1953) beschäftigt sich in seinem Buch *Was man für Geld nicht kaufen kann* mit der Frage, wie stark marktorientiertes Denken mittlerweile in Lebensbereiche eingedrungen ist, «die bislang von Normen ausserhalb des Marktes gesteuert wurden».[41] Als Beispiele führt er die «Ausbreitung von gewinnorientierten Schulen, Kliniken und Gefängnissen» und «die Auslagerung von Kriegshandlungen an private Militärunternehmen»[42] an. Man könnte die Liste zweifellos erweitern und dabei zum Beispiel auf die Soziologin Eva Illouz (*1961)[43] verweisen, die zeigt, wie sich auch das Liebesleben zunehmend den Marktgesetzen unterworfen hat.

Sandel nennt zwei Gründe – Ungleichheit und Korruption –, warum «wir uns darüber Sorgen machen» sollten, dass «wir auf dem Weg in eine Gesellschaft sind, in der alles käuf-

---

40 Raupach (2017): S. 123–126.

41 Sandel (2012): S. 14.

42 Sandel (2012): S. 14.

43 Illouz (2020): S. 15.

lich ist».[44] Erstens erläutert er, dass «[i]n einer Gesellschaft, in der alles käuflich ist, [...] [es] Menschen mit bescheidenen Mitteln» notgedrungen schwerer haben. «Je mehr für Geld zu haben ist, desto schwerer fällt der Reichtum (oder sein Fehlen) ins Gewicht.» Zweitens macht Sandel darauf aufmerksam, dass wenn die «guten Dinge des Lebens mit einem Preis versehen werden», sie dadurch insofern korrumpiert werden können, als sich die Einstellung gegenüber dem gehandelten Gut verändert. Dies lässt sich in die knackige Formel giessen, dass Märkte fraglos ihren Stempel hinterlassen.[45]

Der Kommunitarismus steht aber nicht nur für eine kritische Analyse der Schattenseiten des marktorientierten Denkens oder der durch den Globalisierungsdruck sich beschleunigenden Modernisierungsprozesse, sondern auch für politischen Aktivismus. Einen Beleg für diesen Aktivismus finden wir bei Charles Taylor, der aus Kanada stammt. Ausgangspunkt ist seine Beobachtung, dass die omnipräsente Verwendung der englischen Sprache in den Medien, der Bildung und dem täglichen Leben zur Assimilation der französischsprachigen Gemeinschaft Kanadas in die englischsprachige Mehrheitskultur führt. Die Konsequenz davon ist klar: Mit der Vernachlässigung der französischen Sprache und Kultur droht auch deren Verlust. Der Assimilationsprozess beinhaltet dabei zweifellos einen Zwangsaspekt: Um wettbewerbsfähig zu bleiben, scheint eine Anpassung an die neuen Verhältnisse, die sich durch die besagte allgegenwärtige Dominanz der englischen Sprache auszeichnen, unumgänglich zu sein. Um der Vernachlässigung und dem Verlust der französischen Sprache und Kultur entgegenzuwirken, engagiert sich Taylor für eine Politik, die die französischsprachige Minderheit in Kanada un-

44 Sandel (2012): S. 14.

45 Sandel (2012): S. 16.

terstützt und fördert. So setzt er sich beispielsweise für ein zweisprachiges Bildungssystem und für öffentliche Institutionen, die die sprachliche und kulturelle Identität der französischsprachigen Gemeinschaft wahren und stärken, ein.[46]

Das Motiv des Kulturerhalts lässt sich auch in der jüngeren Geschichte der Abteibiere finden: Nach dem Zweiten Weltkrieg erfreuten sich die Trappistenbiere einer stark wachsenden Beliebtheit. Vom Erfolg angelockt, begannen weltliche Nachahmer, ihre Produkte auf dem Markt unter klösterlichem Etikett zu verkaufen. Um die betrügerischen Nachahmungen zu stoppen, ersuchte die Abtei *Orval* die belgische Handelskammer um Schutzmassnahmen für die Trappistenbiere. Dies führte dazu, dass echte Trappistenbiere seit 1962 anhand eines speziellen «sechseckigen Symbols auf dem Etikett mit der Inschrift *Authentic Trappist Product*» erkennbar sind.[47] Dieses Gütesiegel bürgt dafür, «dass [das Bier] in einem Kloster oder seiner direkten Umgebung unter Aufsicht der Mönche hergestellt worden ist». Dank dem Intervenieren von Orval hat sich heute die begriffliche Unterscheidung zwischen «Abteibier» (oder «Abdijbier» bzw. «*bière d'abbaye*») und «Trappistenbier» (oder «*bière des trappistes*») etabliert. Abteibiere werden von weltlichen Brauereien hergestellt, wohingegen Trappistenbiere unter der Obhut von Mönchen gebraut werden.[48] Von den derzeitigen zehn Trappistenbrauereien liegen fünf in Belgien: in Westvleteren, Chimay, Rochefort, Orval und Westmalle. Die Niederlande haben mit La Trappe und Zundert, Österreich mit Stift Engelszell, Italien mit Tre Fontane und England mit Mount St. Bernard ebenfalls ihre bierbrauenden Trappistenabteien.

---

46 Reese-Schäfer (2001): S. 25.

47 Dornbusch (2017): S. 38.

48 Dornbusch (2017): S. 38.

Das *Dubbel* war wohlbekömmlich, und das leere Tulpenglas signalisiert, dass es Zeit für das nächste Trappistenbier ist. So fliesst das *Tripel* ins Glas, wo es goldfarben schimmert und mit einer cremig-weissen Schaumkrone aufwartet. Es duftet nach Banane und Birne, mit erdigen und mostartigen Untertönen. Auch Hopfenaromen, die an Zitronen und Kräutern erinnern, sind wahrnehmbar. Im Antrunk überzeugt das lebendige Wechselspiel von süsslich-biskuitartigen Noten und perliger Frische. Das Aromenspektrum reicht von hefigen Noten wie Banane, Apfel, Birne und Aprikose über würzige Akzente von Nelke, Pfeffer und Vanille bis hin zu floralen und erdigen Hopfenanklängen. Eine klare und gleichwohl dezente Bitterkeit hallt lange nach. Wir schauen auf die Etikette und stellen fest, dass mit etwa 9 % ein vergleichsweise hoher Alkoholgehalt vorhanden ist. Beim nächsten Schluck realisieren wir überrascht, dass sich der Alkohol geschmacklich trotzdem angenehm im Hintergrund hält. Nachdem wir das ganze Aromenspiel auf der Zunge nochmals erleben, lässt sich ein bitterer Abgang erkennen.

Auch beim *Tripel* greift der Trappistenbrauer auf den Kandiszucker zurück, wobei die goldene Farbe verrät, dass es sich um eine deutlich hellere Zuckervariante als beim *Dubbel* handelt. Dem Kandiszucker ist es zu verdanken, dass das Bier trotz des hohen Alkoholgehalts verhältnismässig spritzig und leicht wirkt.

Nachdem die Abteibiere mit den Stilen *Dubbel* und *Tripel* etwas ausdifferenziert wurden, soll nun auch eine gründlichere Betrachtung des kommunitarischen Bestrebens, Kulturelles zu bewahren, folgen. Hier lassen sich nämlich grob zwei Positionen unterscheiden. Die erste hebt die Wichtigkeit rationaler Entscheidungen und evidenzbasierter Überlegungen für das Gemeinwohl hervor. Da sie bspw. Bildung und moderne medizinische Praktiken als unerlässlich für eine gewisse Lebensqualität erachtet, bedeutet das im Umkehrschluss auch, dass irrationale oder schädliche Aspekte einer kulturellen Gemeinschaft, selbst wenn diese traditionell stark verankert sind, sehr kritisch betrachtet werden können. Die zweite Position vertritt hingegen die Auffassung, dass jede Gemeinschaft und ihre kulturellen Eigenheiten *per se* schützenswert sind. Von dieser Prämisse ausgehend, werden moderne medizinische Eingriffe wie zum Beispiel Impfungen konsequent abgelehnt, da sie als Eingriffe in die kulturelle Identität betrachtet werden. Dies führt wiederum bei der ersten Position zu Naserümpfen. Kritisch weist sie darauf hin, dass eine strikte Anwendung dieser Logik dazu führt, den Tod durch Pocken als unausweichliches Ereignis anzusehen, weil es in traditionellen Gesellschaften einfach so üblich ist. Wir stehen vor einem Dilemma: Einerseits droht die Gefahr, dass moderne Eingriffe die kulturelle Identität gefährden, andererseits kann der Verzicht darauf zu humanitärem Leid führen. Aber statt nun in Aporie (altgr. *aporía* ‹Ausweglosigkeit›) zu verfallen, hören wir lieber, welchen Umgang mit diesem Dilemma die Philosophin Martha Nussbaum (*1947) empfiehlt. Die Denkaufgabe besteht ihr zufolge darin, zu klären, welche Merkmale menschlicher Lebensweisen universell und grundlegend sind, sodass sie für alle Menschen gelten sollten, einschliesslich der Bewohner:innen von abgelegenen indischen Dörfern. Zugleich betont sie die Wichtigkeit, Eigenschaften zu identifizieren, die dazu dienen sollen, die Vielfalt und Einzigartigkeit der verschiedenen Kulturen zu fördern.[49] Martha Nussbaum entwickelt eine «Minimalkonzeption des guten menschlichen Lebens», um zu zeigen, welche grundlegenden Funktionsfähigkeiten jeder Mensch benötigt, um ein menschenwürdiges Leben zu führen. Dazu zählen mit-

49 Reese-Schäfer (2001): S. 67.

unter eine gute Gesundheit, emotionale Ausdrucksmöglichkeiten, kognitive Fähigkeiten, soziale Beziehungen und politische Teilhabe. Nussbaum betont die Notwendigkeit sicherzustellen, dass alle Menschen die Chance haben, diese grundlegenden Funktionsfähigkeiten zu entwickeln und zu nutzen. Sind diese Voraussetzungen erfüllt, entsprechen sie den universalistischen Kriterien der «Minimalkonzeption des guten menschlichen Lebens».[50]

Der Blick ins Glas verrät, dass nun auch das *Tripel* ausgetrunken ist. Natürlich bleibt noch einiges zu sagen. Möglicherweise ist es aber gar nicht so schlecht, mit der «Minimalkonzeption des guten menschlichen Lebens» einen Schlusspunkt zu setzen, da uns das Thema des guten Lebens ja allen unter den Fingernägeln brennt. Lassen wir es also ein wenig nachwirken.

Wie wäre es, wenn wir uns nächste Woche wieder hier in diesem Pub (engl. *public house* ‹einem der Öffentlichkeit zugänglichen Haus›) treffen würden? Auf der einen Seite warten mit dem *Blond* und dem *Quadrupel* noch zwei weitere typische Trappistenbierstile auf uns. Auf der anderen waren natürlich auch die bisherigen Ausführungen zum Kommunitarismus bei Weitem nicht erschöpfend. Was hat der Kommunitarismus zum Beispiel zur Digitalisierung zu sagen? Robert Putnam (*1941), ein amerikanischer Politikwissenschaftler und Soziologe, meinte einmal, dass Online-Begegnungen kein vollwertiger Ersatz für persönliche Treffen sind, wie sie etwa beim Bowling stattfinden.[51] Das mal als plakatives *amuse-bouche*, dem in der kommenden Woche selbstredend noch weitere Gedanken folgen werden. Diejenigen, die darüber hinaus auch am akademischen Diskurs interessiert sind, werden das nächste Mal nä-

50 Nussbaum (1993): S. 339–340.

51 Reese-Schäfer (2001): S. 105.

heres darüber erfahren, wie der Kommunitarier Michael Sandel die bekannte liberale *Theorie der Gerechtigkeit* von John Rawls (1921–2002) kritisch beleuchtet.

Wenn Sie möchten, können Sie ja bei einem *Dubbel* oder einem *Tripel* noch über die kommunitarische Frage sinnieren, wie sich unserer liberalen Gesellschaft eine Dosis *vita communis* verabreichen lässt. Dafür bietet sich doch das gemeinschaftliche Pub an, oder?

Literaturverzeichnis Philosophie

Honnet, Axel (Hrsg.) (1993): *Kommunitarismus. Eine Debatte über die moralischen Grundlagen moderner Gesellschaften.* Frankfurt a. M: Campus.

Illouz, Eva (2020): *Warum Liebe endet.* Berlin: Suhrkamp.

Löschke, Jörg (2013): «Der Kommunitarismus». In: Seminar *Politische Philosophie.* Universität Bern: Frühlingssemester 2013.

Marquard, Odo (2020): *Zukunft braucht Herkunft.* Stuttgart: Reclam.

Nussbaum, Martha (1993): «Menschliches Tun und soziale Gerechtigkeit. Zur Verteidigung des aristotelischen Essentialismus». In: *Gemeinschaft und Gerechtigkeit.* Frankfurt a. M.: Rischer, S. 323–363.

Reese-Schäfer, Walter (2001): *Kommunitarismus.* Frankfurt a. M.: Campus.

Sandel, Michael (2020): *Was man für Geld nicht kaufen kann.* Berlin: Ullstein.

Sandel, Michael (2010): *Liberalism and the Limits of Justice.* Cambridge: Cambridge University Press.

Walzer, Michael (1990): *Kritik und Gemeinsinn. Drei Wege der Gesellschaftskritik.* Berlin: Rotbuch Verlag.

Literaturverzeichnis Bier

Arthur, John W. (2022): *Beer. A Global Journey through the Past & Present.* Oxford: Oxford University Press.

Dornbusch, Horst (2017): *Lexikon der Biersorten.* Nürnberg: Hans Carl.

Dornbusch, Horst (2014): *Die Biersorten der Brauwelt.* Nürnberg: Hans Carl.

Hirschfelder, Gunter / Trummer, Manuel (2022): *Bier. Die ersten 13.000 Jahre.* Darmstadt: WBG.

Hornsey, Ian (2003): *A History of Beer and Brewing.* Cambridge: The Royal Society of Chemistry.

Kopp, Sylvia (2014): *Das Craft-Bier Buch. Die neue Braukultur.* Köln: Gestalten.

Raupach, Markus (2017): *Bier. Geschichte und Genuss.* Berlin: Palm.

Unger, Richard (2007): *Beer in the Middle Ages and the Renaissance.* Philadelphia: University of Pennsylvania Press.

van den Stehen, Jef (2020): *Belgische Trappisten & Abteibiere.* Eupen: GEV.

Kriek und Feminismus

Die Frage nach dem Kern

Wer in einer Degustationsrunde umherblickt, in der erstmals das Frucht- und Sauerbier *Kriek* (Flämisch für Sauerkirsche) aufgetischt wird, kann erfahrungsgemäss ein breites Reaktionsspektrum wahrnehmen: Hier aufgeschlossene und neugierige Blicke, da ein fragendes Stirnrunzeln und dort der Ausruf «Frauenbier!». Dass Geruchs- und Geschmacksbilder auch geschlechtliche Assoziationen wecken, ist bei Weitem keine Eigenheit bieriger Runden. Ein kurzer Blick in die Welt der Parfümerie, wo bspw. eine Gigi Hadid oder ein Johnny Depp für geschlechtstypische Duftkreationen weibeln, veranschaulicht dies. Aber verlassen wir das Scheinwerferlicht Hollywoods wieder zügig und wenden uns lieber dem aus Belgien stammenden Bierstil *Kriek* zu. Es gibt wohl keinen anderen, der so prägnant geschlechtliche Geruchs- und Geschmacksassoziationen hervorruft. Damit Sie, werte Leserschaft, sich sinnlich – oder zumindest sinnlich-imaginativ – auf das besagte Fruchtbier *Kriek* einstellen können, lassen wir kurz die Biersommelière Sylvia Kopp (*1981) zu Wort kommen, die die Sensorik folgendermassen beschreibt: «Pink bis weinrot, klar mit rosa Schaum – saures Aroma mit deutlichem Fruchtcharakter, erfrischende Säure, im Antrunk begleitet von Fruchtnoten, kaum Süsse, spritzig und erfrischend.»[1] Angesichts dieser Degustationsbeschreibung liegt die Ergänzung nahe, dass auch der optische Eindruck geschlechtliche Assoziationen hervorrufen kann. Wenn wir uns aber mal auf Geruchs- und Geschmacksbilder beschränken und fragen, wofür das Attribut «weiblich» eigentlich sensorisch genau stehen soll, wird nicht selten an fruchtige, florale und süssliche Noten gedacht. «Männliche Akzente» deuten hingegen eher auf herbe, rauchige und würzige Aromen hin.

Zu Recht werden nun pauschalisierungssensitive Stimmen laut, die sich fragen, wann in diesem Text diesem zur Schau getragenen stereotypen Denken Gegensteuer geboten wird: Immerhin wurden ja auf der einen Seite durch den Begriff «Frauenbier» individuelle Unterschiede in Geruchs- und Geschmackserlebnissen kurzerhand negiert. Auf der anderen Seite wurden vermeintlich geschlechtstypische Geruchs- und Geschmacksbilder erwähnt, die selbst wiederum natürlich nicht automatisch mit den sensorischen Vorlieben der Geschlechter übereinstimmen müssen. Diese Unterscheidung wird am prototypischen Stammtisch, um bei den Klischees etwas zu verweilen, wohl selten gemacht.

Damit die Philosophie auch ja nicht zu kurz kommt, steht der Punkt «Begriffsklärung» nun auf unserer informellen Traktandenliste. Freundlicherweise bietet sich der bereits genannte Begriff «Stereotyp» als *smoother* Einstieg an. *Smooth* insofern, als die definitorische Auseinandersetzung das bekräftigen wird, was wir ohnehin stellenweise schon gehört haben: Stereotype sind vereinfachte und verallgemeinernde Vorstellungen über eine Person oder eine Gruppe, die nicht die individuellen Unterschiede oder die Vielfalt der Merkmale innerhalb der Person oder der Gruppe widerspiegeln. Jetzt, da wir

1 Kopp (2014): S. 63.

terminologisch etwas aufgewärmt sind, können wir uns als nächstes dem Begriff der «Diskriminierung» zuwenden, wobei im weiteren Verlauf noch offensichtlich werden wird, warum dieser Begriff in den Fokus rückt. Von Diskriminierung wird dann gesprochen, wenn eine Person oder Gruppe wegen eines bestimmten Merkmals ungerechtfertigt negativ oder schädlich behandelt wird. Nun gilt es, das begriffslogische Scharnier, welches die Termini «Stereotyp» und «Diskriminierung» zusammenhält, explizit darzulegen. Kurz und bündig: Diskriminierendes Verhalten basiert auf stereotypem Denken, jedoch sind Stereotype nicht unweigerlich diskriminierend. Wenn wir uns die Definition von Stereotypen nochmals vergegenwärtigen, wird klar, weshalb stereotypes Denken nicht zwangsläufig diskriminierend ist: Da die Neigung, einfache und verallgemeinernde Vorstellungen über Personen oder Gruppen zu bilden, allgegenwärtig ist, würde eine Gleichstellung von Stereotypen mit diskriminierendem Verhalten den Begriff der «Diskriminierung» so stark verwässern, dass ein sinnvoller Alltagsgebrauch kaum noch möglich wäre. Und dennoch ist die Ermahnung angebracht, dass der Übergang zwischen stereotypem Denken und diskriminierendem Verhalten ausgesprochen abrupt und nicht selten auch unbewusst erfolgen kann. Folglich schlagen die bisherigen begriffsklärenden Ausführungen vor, einerseits stereotypes Denken aufgrund seines verbreiteten Aufkommens zu normalisieren, andererseits aber auch im Gewahrsein zu behalten, dass der Übergang von stereotypem Denken zu Diskriminierung manchmal nur ein Katzensprung ist.

Nach einem prüfenden Blick, der bestätigt, dass uns das fruchtig-saure *Kriek* niemand weggetrunken hat, kann nun der feministische Theorieteppich ausgerollt werden. Rasch zeigt sich, dass wir es hier mit einem Patchwork-Teppich zu tun haben, der sich aus verschiedenen Teilstücken zusammensetzt. Ein Begriff, der die verschiedenen Teilstücke sowohl vereint als auch auseinanderhält, ist der «Essentialismus». Sollte nun der Eindruck entstehen, dass der Anspruch, eine definitorische Einführung in drei wichtige Begriffe innerhalb weniger Zeilen zu geben, etwas überambitioniert sei, kann die Leserschaft mit dem Hinweis beruhigt werden, dass die Begriffe «Stereotyp» und «Diskriminierung» dabei helfen werden, die Konturen des Terminus «Essentialismus» zu schärfen. Zunächst kann darauf hingewiesen werden, dass stereotype und essentialistische Denkstrukturen dazu neigen, einer Gruppe von Menschen generalisierend ein bestimmtes Merkmal zuzuschreiben. Im Unterschied zu Stereotypen implizieren essentialistische Äusserungen, dass bestimmte Merkmale dauerhaft und unveränderbar sind, wobei nicht selten eine biologische Grundlage als Erklärung dient. Essentialistische Äusserungen unterstellen, dass die Dinge ihrer Betrachtung tief in der Natur verwurzelt seien, wohingegen stereotypes Denken ohne diesen biologistischen Unterbau auskommt und daher *per se* veränderungsoffener ist. Gerade da essentialistisches Denken gewissen Eigenschaften eine unveränderliche und oft biologische Grundlage zuschreibt, eignet es sich besser zur Rechtfertigung bestimmter Verhaltensweisen. Hier kommt der Begriff der Diskriminierung ins Spiel: Es scheint demzufolge naheliegend, dass sich mit essentialistischen Argumenten Diskriminierungen leichter rechtfertigen lassen als mit stereotypen.

So weit, so gut, und zurück zum Bild des Patchwork-Teppichs: Wie bereits angedeutet, lassen sich innerhalb der feministischen Theorie unterschiedliche Bezugnahmen auf den Begriff des «Essentialismus» finden. In diesem Kontext lassen sich zwei Hauptansätze unterscheiden: der Differenz- und der Gleichheitsfeminismus. Der Differenzfeminismus verfolgt eine identitätspolitische Agenda, die sich um Sichtbarkeit von Minderheiten und um Anerkennung kultureller Eigenheiten bemüht. Er betont gruppenspezifische Probleme, Erfahrungen und Eigenschaften. Im Gegensatz dazu kritisiert der Gleichheitsfeminismus Ansätze, die Identitäten verdinglichen, essentialisieren und naturalisieren. Ihm zufolge führt jede «identitätspolitische Fundierung»[2] zwangsläufig zu neuen Formen der Ausgrenzung. Deshalb hebt er die gemeinsamen Probleme und Erfahrungen hervor.

Es wird also deutlich, dass der Feminismus keine einheitliche Bewegung ist. Auch der Differenz- und Gleichheitsfeminismus sind weniger homogen, als man *prima facie* annehmen könnte. Dies zeigt sich unter anderem daran, dass der Schirmbegriff «Feminismus» liberale, konservative, sozialistische oder auch anarchistische Anliegen vereint. Daher wäre es auch treffender, von «Feminismen» zu sprechen. Vielleicht lässt sich hier insofern eine Parallele zum «Fruchtbier» – ebenfalls ein Schirmbegriff – ziehen, als es zahlreiche Stile in sich vereint. Neben den traditionellen Stilnamen *Kriek* (Sauerkirsche), *Pêche* (Pfirsich), *Cassis* (schwarze Johannisbeere) und *Framboise* (Himbeere) gibt es auch modernere Varianten, die Cranberrys, Heidelbeeren und Weintrauben enthalten. Im Gegensatz zu den Fruchtbieren, bei denen man meist bei einer spezifischen Frucht bleibt und sich somit auch keine Fruchtaromen mischen, stehen die feministischen Strömungen in einem dynamischeren Verhältnis und beeinflussen sich wechselseitig. Hier ist also das obige Bild des Patchwork-Teppichs, das eine starre theoretische Abgrenzung suggeriert, revisionsbedürftig. Aber nachdem nun die Verschiedenheit so betont wurde, ist es an der Zeit, das gemeinsame Anliegen feministischer Theorien zu klären. Die Philosophin Lisa Herzog (*1980) bietet uns hier einen Definitionsvorschlag: «Feminismus lässt sich

2 Becker-Schmidt, Knapp (2020): S. 108–109.

ganz allgemein fassen als das Anliegen, die Unterdrückung von Frauen zu verstehen und zu bekämpfen. Dieses Anliegen geht von zwei Prämissen aus: Erstens von der grundlegenden moralischen Gleichheit aller Menschen und zweitens von der Tatsache, dass das Recht der Frauen auf Gleichbehandlung vielfach verletzt wird.»[3]

Werfen wir einmal einen Blick in ein Dokument, das als «Gründungsurkunde des neuen Feminismus»[4] bezeichnet wird, und schauen, ob wir Passagen finden, die den Begriff «Essentialismus» noch fassbarer machen. So nehmen wir aus dem Bücherregal das Buch *Das andere Geschlecht* von Simone de Beauvoir (1908–1986), das 1949 erschienen ist. De Beauvoir betrachtet den Begriff des «Essentialismus» unter dem Aspekt einer kulturgeschichtlichen Zuspitzung. Sie schreibt: «Aristoteles [384–322 v. Chr.] stellte sich vor, der Fötus entstehe beim Zusammentreffen von Sperma und Menstruationsblut: bei dieser Symbiose liefert die Frau nur einen passiven Stoff, das männliche Prinzip ist Kraft, Aktivität, Bewegung, Leben. Das ist auch die Lehre des Hippokrates [460–370 v. Chr.], der zwei Arten von Samen erkennt, einen schwachen oder weiblichen und einen starken, der männlich ist. [...] Reglos wartet das Ei, während das freibewegliche, flinke, winzige Spermium die Ungeduld und Unruhe der Existenz symbolisiert. [...] Man hat das Ei manchmal mit der Immanenz[5], das

3 Herzog (2019): S. 65.

4 Becker-Schmidt, Knapp (2020): S. 124.

5 Immanenz (lat. *immanere* ‹darin bleiben›) bedeutet, innerhalb eines festgelegten Rahmens zu bleiben.

Spermium mit der Transzendenz[6] gleichgesetzt.»[7] Das Weibliche wird hier als das häusliche, sorgende und konservierende Element verstanden. Essentialistisches Denken zeigt sich in diesem kurzen Textausschnitt prägnant durch den biologistischen Verweis auf die als passiv verstandene Eizelle. Das Männliche hingegen wird als vital, abenteuerlustig und grenzüberschreitend betrachtet, wobei das agile Spermium als naturalistische Grundlage dient.

Lassen wir die Geschlechtszellen mal beiseite und übertragen die hippokratische Folgerungstechnik auf das Gärungsgeschehen eines *Kriek*, das zwei Fermentationsphasen durchläuft: In der ersten Phase, bevor die Sauerkirschen zugegeben werden, wird das Sauer- und Fruchtbier *in spe* in «offenen, hölzernen Bottichen» der «mikrobenhaltigen frischen Luft» ausgesetzt.[8] Es wartet darauf, dass wilde Hefen und Milchsäurebakterien den Gärungsprozess starten. Die Erzeugnisse dieser Braumethode sind unter dem Bierstilnamen *Lambic* bekannt. In der zweiten Phase werden die Sauerkirschen der Sorte Schaarbeek samt Kirschkernen zusammen mit einem Verschnitt aus jungen und alten *Lambics* in Holzfässer gegeben.[9] Dabei dient der Fruchtzucker «als frische Nahrung für die Mikroorganismen und stösst eine zweite Fermentation an».[10] Wenn wir nun die hippokratische Deutungsschablone auf die erste Phase anwenden, würde das bedeuten, dass die abwartende Haltung gegenüber der wilden Hefe für das Weib-

---

6 Transzendenz (lat. *transcendentia* ‹das Übersteigen›) bedeutet in diesem Zusammenhang, über die Grenzen von Erfahrung und Bewusstsein hinauszugehen.

7 Beauvoir de (2017): S. 32–34.

8 Dornbusch (2017): S. 141.

9 Dornbusch (2017): S. 133–134.

10 Kopp (2014): S. 63.

liche stehen müsste, während die wilden Hefen, die die Fermentation starten, das männliche Element verkörpern würden. In der zweiten Phase wird durch die Zugabe des Kirschkerns symbolisiert, wie das essentialistische Denken darauf ausgerichtet ist, innere Wesenszüge – entsprechend dem Kern der Schaarbeek-Kirsche – hervorzuheben.

Die kühne Schlussfolgerung aus den aristotelischen und hippokratischen Betrachtungen, die hier als exemplarisch für essentialistische Denkfiguren dienen sollen – und *by the way* in ihrer biologischen Simplizität zweifellos einer naturwissenschaftlichen Aktualisierung bedürften –, schwingt offenkundig mit: «[D]er Platz der Frau sei am heimischen Herd»[11] und konsequenterweise «nicht im öffentlichen Raum der Politik»[12]. Die Wirkmächtigkeit dieser Schlussfolgerung ist nicht zu leugnen: In Deutschland wurde beispielsweise erst 1976 die Regel aufgehoben, die es Ehemännern erlaubte, ihren Frauen die Arbeit zu verbieten. Erst seit 1997 ist in Deutschland Vergewaltigung innerhalb der Ehe strafbar. Noch heute sind Frauen in vielen politischen und wirtschaftlichen Bereichen unterrepräsentiert, insbesondere in leitenden Positionen.[13] Die biologistische Reduktion und die Schlussfolgerung, dass die Rolle der Frau im Haushalt zu finden sei, lassen sich auf zwei Arten in Frage stellen: Erstens bieten essentialistische Ansätze bestimmte Schwachstellen. Simone de Beauvoir betont, dass Geschlechterrollen stark von kulturellen Normen geformt werden, was offensichtlich die Annahme einschränkt, dass sie lediglich auf biologische Faktoren zurückzuführen sind. In einer mittlerweile berühmt gewordenen Passage schreibt sie: «Man kommt nicht als Frau zur Welt, man wird

11 Beauvoir de (2017): S. 37.

12 Herzog (2019): S. 65.

13 Herzog (2019): S. 65–66.

es. Keine biologische, psychische oder ökonomische Bestimmung legt die Gestalt fest, die der weibliche Mensch in der Gesellschaft annimmt. [...] Solange das Kind für sich existiert, vermag es sich nicht als geschlechtlich differenziertes Wesen zu begreifen. Für Mädchen wie für Knaben ist der Körper zunächst die Ausstrahlung einer Subjektivität, das Werkzeug zum Verständnis der Welt: sie erfassen das Universum mit den Augen, mit den Händen, nicht mit den Geschlechtsteilen.»[14] Aber selbst wenn man essentialistische Ansätze als gegeben akzeptieren würde, können zweitens daraus noch keine unmittelbaren Forderungen abgeleitet werden. Konkret bedeutet dies, dass Entscheidungen über die Lebensgestaltung folglich klarerweise nicht ausschliesslich durch biologische Merkmale oder durch gesellschaftliche Konventionen bestimmt werden können. Vielmehr erfordern solche Entscheidungen eben auch eine eingehende Reflexion über persönliche Werte oder gesellschaftliche Verantwortung. «Die Tatsache, ein Mensch zu sein, ist unendlich viel wichtiger als alle Einzelheiten, die die Menschen unterscheiden.»[15]

Man erkennt hier, dass Simone de Beauvoir, die anscheinend eine Vorliebe für Aprikosencocktails hatte[16], eine Verfechterin des Gleichheitsfeminismus war. Aprikosencocktail? Vielleicht fragen Sie sich, ob eine Präferenz für Aprikosencocktails nicht besser zum gelbfruchtigen und steinobstigen *Pêche* passt. Dieser Einwand ist berechtigt, klar. Der Autor entschied sich jedoch für das traditionellere und populärere Fruchtbier *Kriek*, da es mehr Anknüpfungspunkte zum Feminismus bietet. Ein Beleg gefällig? Kontrastierend kann man beispielsweise sagen, dass sich bei der Schaerbeek-Kirsche der

---

14 Beauvoir de (2017): S. 334.

15 Beauvoir de (2017): S. 895.

16 Fredrich (2020): S. 26.

Kern in aller Deutlichkeit zeigt, wohingegen kernig- essentialistische Postulate nicht selten Kontroversen auslösen. Gleichzeitig ist eben dieser Kirschkern des *Kriek* keine unveränderliche Größe in der Geschichte des Fruchtbieres. So werden neben der Schaerbeek-Kirsche heute «auch andere Sauerkirschsorten wie Moreno oder Schattenmorelle»[17] verwendet.

Wagen wir einen zeitlichen Sprung ins ausgehende 18. Jahrhundert, genauer gesagt nach Frankreich, wo von 1789 bis 1799 eine gesellschaftstransformierende Umwälzung – auch bekannt als «Französische Revolution» – vonstatten geht. Die Anthropologie der Französischen Revolution besagt, dass *alle* Menschen von Geburt an gleich sind, woraus sie das Versprechen ableitet, «*alle* Menschen von ständisch-feudaler Herrschaft zu befreien»[18]. Um diesem Bestreben nach Menschen- und Bürgerrechten Nachdruck zu verleihen, wurde das Naturrecht als Grundlage herangezogen, das angibt, dass die Normen des menschlichen Zusammenlebens aus der Natur des Menschen selbst abgeleitet werden können. Das klingt aus feministischer Perspektive zunächst unproblematisch, wenn da nicht der Umstand wäre, dass «Mensch» mit «Mann» gleichgesetzt und dadurch der Hälfte der Menschheit die Teilhabe an Freiheitsrechten verwehrt wurde. Dies führte dazu, dass eine Frau namens Olympe de Gouges (1748–1793) auf den Plan trat. In ihrer *Erklärung der Rechte der Frau und Bürgerin*, die sie der französischen Nationalversammlung 1791 vorlegte, betonte sie, dass Frauen von Geburt an den Männern gleichgestellt sind.[19] De Gouges war es ein Anliegen, den naturrechtlich geführten Diskurs mit rationaler Argumentation zu überzeu-

17 Dornbusch (2017): S. 133–134.

18 Becker-Schmidt, Knapp (2020): S. 18.

19 Becker-Schmidt, Knapp (2020): S. 20.

gen, dass Mann und Frau von Natur aus gleich sind. Die Gegenseite zeigte sich allerdings wenig gesprächsbereit. De Gouges' Forderungen wurden als pervers, grössenwahnsinnig und unverschämt abgetan. Die Vorstellung, dass Frauen sich aktiv am politischen Leben beteiligen könnten, wurde als «naturwidrig» bezeichnet, was dadurch begründet wurde, dass Frauen angeblich von Natur aus anfällig für Hysterie, infantil und irrational seien.[20] Dies verdeutlicht nochmals das diskriminierende Potential essentialistischer Zuschreibungen. 1793 wurde De Gouges wie viele politische Andersdenkende zum Tode verurteilt.

Der begrenzte Erfolg der frühen Frauenrechtsbewegung wird oft darauf zurückgeführt, dass Frauen noch nicht ausreichend organisiert waren und der Diskurs massgeblich von Männern mit ihren anthropologisch-diskriminierenden Vorannahmen geprägt wurde.

Ob Olympe de Gouges *Kriek* getrunken hat, lässt sich schwer ermitteln. Geographisch betrachtet wäre es zumindest vorstellbar, da das Pajottenland, woher das *Kriek* ursprünglich stammt, etwa 300 Kilometer von Paris entfernt liegt. Wie lange es den Bierstil *Kriek* bereits gibt, ist jedoch unklar. Der Bierautor Michael Jackson (1942–2007) argumentiert, dass sich das *Kriek* Ende des 19. Jahrhunderts in Belgien entwickelt hat[21], während Garrett Oliver (*1962), ein anderer Bierautor, vermutet, dass die Tradition der Fruchtbiere in Belgien möglicherweise bis ins Mittelalter zurückreicht.[22]

Die bisherigen Darlegungen, die von der Antike über Hippokrates und Aristoteles bis zur Französischen Revolution im

---

20 Becker-Schmidt, Knapp (2020): S. 21.

21 Jackson (1998).

22 Oliver (2012).

späten 18. Jahrhundert und der «Gründungsurkunde des neuen Feminismus»[23] im Jahr 1949 reichen, lassen vermuten, dass Frauen durchgehend dem Mann untergeordnet waren. Hier klopft die naturalisierende Annahme an die Tür, dass das Patriarchat (Vaterherrschaft) anscheinend jeglicher Gesellschaftsform inhärent sei. Öffnen wir also die Tür. Dem Gast, ob gebeten oder ungebeten sei dahingestellt, sollen drei Antworten gereicht werden: Erstens ist die Vorstellung, dass sich bislang nur patriarchale Gesellschaften entwickelt haben, falsch. Die Philosophin Heide Göttner-Abendroth (*1941) hat verschiedene Formen des Matriarchats (Mutterherrschaft) untersucht.[24] Sie betrachtet sowohl heutige matriarchale Gesellschaften in Ostasien, Indonesien und Ozeanien als auch vergangene Matriarchate, die vermutlich in der Jungsteinzeit (fängt in Mitteleuropa im 6. Jahrtausend v. Chr. an und endet um 1800 v. Chr.) existierten. In diesen Gesellschaften wurden Namen und Erbe matrilinear weitergegeben, das heisst, von der Mutter an die Tochter. Geschwisterliche Bindungen waren wichtiger als die Ehe. Die Geschlechterkonfrontation, die im Patriarchat oft vorherrscht, war im Matriarchat wohl deutlich geringer. Zweitens muss festgehalten werden, dass sich mit der aufkommenden Industrialisierung im 18. Jahrhundert die Trennung zwischen Haushalt und Öffentlichkeit weiter ausdifferenzierte und damit auch die Geschlechterdifferenz nochmals stärker betont wurde. Mit dem Übergang von der Hauswirtschaft zur Marktwirtschaft, bedingt durch die industriellkapitalistische Produktionsweise, isolierte sich Hausarbeit zusehends von den Marktgesetzen. Dadurch, dass die Hausarbeit privater wurde, wurde sie auch unsichtbarer und verlor an öf-

23 Becker-Schmidt, Knapp (2020): S. 124.

24 Göttner-Abendroth (2011).

fentlicher Anerkennung.[25] Auch an diesem Beispiel zeigt sich, dass die Geschlechterdifferenz nicht manifest ist. Drittens darf ein Punkt ergänzt werden, der oben schon mal angebracht wurde: Selbst wenn das Patriarchat eine historische Konstante darstellen würde, kann daraus nicht gefolgert werden, dass man patriarchale Strukturen beibehalten sollte.

Die Degustationsgruppe rutscht unruhig auf ihren Stühlen hin und her, als wolle sie signalisieren, dass sie sich nach Bier sehnt. Keine Sorge. Der folgende Input wird auch wieder Bezüge zum Bier enthalten. Davor sei aber daran erinnert, dass wir mit dem Gleichheits- und Differenzfeminismus bereits eine grobe Systematisierung kennengelernt haben. Eine weitere Möglichkeit, die unterschiedlichen Anliegen des Feminismus etwas zu bündeln, ist eine historische Einteilung, die klassischerweise in drei Wellen erfolgt. *Let's go.*

Die *erste Welle* des Feminismus wird mit dem Kampf um Rechtsgleichheit in Verbindung gebracht. Ein Anliegen, für das sich bereits Olympe de Gouges im 18. Jahrhundert einsetzte und das sich dann im 19. und 20. Jahrhundert zu einer Bewegung entwickelte. In Bezug auf die Rechtsgleichheit ist zu bedenken, dass das Frauenwahlrecht, welches gleiche politische Mitsprache ermöglicht, in Europa erst im 20. Jahrhundert umgesetzt wurde, in Mitteleuropa tendenziell unmittelbar nach dem Ersten Weltkrieg und in südlichen und südöstlichen Ländern mehrheitlich nach dem Zweiten Weltkrieg. Der Autor möchte hier nicht verschweigen, dass die Schweiz, sein Geburtsland, ein Spätzünder war und das nationale Frauenstimmrecht erst 1971 einführte, während auf kantonaler Ebene Appenzell Innerrhoden als letzter Kanton erst 1990 nachzog. Bis die Idee der *égalité* aus der Französischen Revolution auch

25 Becker-Schmidt, Knapp (2020):S. 60–61.

Frauen umfasste, verging also viel Zeit, wobei es anzumerken gilt, dass politische Mitsprache allein noch keine vollständige Rechtsgleichheit garantiert, da gesellschaftliche und rechtliche Ungleichheiten dadurch nicht einfach beseitigt werden.

Die *zweite Welle* des Feminismus, die in der zweiten Hälfte des 20. Jahrhunderts verortet wird, setzte sich dann für die Gleichberechtigung in allen Bereichen des Lebens ein. Bevor wir hier jedoch konkrete Forderungen adressieren, gehen wir noch einmal auf das bereits erwähnte Buch *Das andere Geschlecht* ein. Simone de Beauvoir zeigt darin auf, wie stark die Unterschiede zwischen den Geschlechtern sozial konstruiert sind, und prägt dafür den berühmten Satz, der hier daher ohne schlechtes Gewissen noch ein zweites Mal wiedergegeben werden darf: «Man kommt nicht als Frau zur Welt, man wird es.» Simone de Beauvoir kritisiert, dass Männer als die eigentlichen Subjekte gelten, während Frauen nur als abhängige Objekte betrachtet werden. Dieser Standpunkt lässt sich sogar gut mit einem Verweis auf die *Vita* von de Beauvoir belegen. Konkret geht es um die Art, wie ihr Werk beurteilt wurde: Während Jean-Paul Sartre (1905–1980), mit dem sie liiert war, als eigenständiger Philosoph anerkannt wurde (das eigentliche Subjekt), wurde de Beauvoirs Arbeit oft nur in Verbindung mit Sartre gesehen (das abhängige Objekt). Eben diese weibliche Abhängigkeit vom männlichen Geschlecht wurde in unterschiedlichsten Lebensbereichen in der *zweiten Welle* zum Politikum. Exemplarisch soll hier der Slogan «Mein Bauch gehört mir» erwähnt werden, mit dem in Deutschland in den 1970er Jahren gegen das Abtreibungsverbot gekämpft wurde. Im Zusammenhang mit der *zweiten Welle* bietet sich ferner der Hinweis auf die für den Feminismus wesentliche terminologische Unterscheidung von «Sex» (biologisch) und «Gender» (sozial) an.

Die *dritte Welle* des Feminismus, die sich in den 1990er Jahren entwickelte, kann durch zwei Kernanliegen umrissen werden: Einerseits wird eine stärkere Differenzierung nach Ethnien und Klassen vorgenommen. Andererseits werden Geschlechtsidentitäten sowie generell Identitätskonzepte infrage gestellt. Grundsätzlich ist die *dritte Welle* von der Einsicht motiviert, dass das politische Bestreben der Moderne, eine gleichwertige Gesellschaft für alle zu schaffen, noch nicht vollständig erreicht ist. So gehören sexistische und rassistische Einstellungen und Praktiken weiterhin zum Alltag. Zudem ist ihr die Sensibilisierung für die Tatsache wichtig, dass Freiheitsrechte nicht in Stein gemeisselt sind und daher ein entsprechendes Engagement unumgänglich ist. Beginnen wir mit einem zentralen Anliegen, das unter dem Begriff der «Intersektionalität» (engl. *intersection* ‹Schnittmenge›) zusammengefasst wird. Dieser beschreibt, dass Personen aufgrund ihres Geschlechts, ihrer Ethnie, ihrer Klasse oder auch ihrer Behinderung mehrfachen Diskriminierungen ausgesetzt sein können, die sich durch ihr Zusammenwirken verstärken.[26] Erinnern Sie sich an den Differenzfeminismus, der oben eingeführt wurde? Hier zeigt sich insofern eine differenzfeministische Herangehensweise, als gruppenspezifische Probleme, Erfahrungen und Eigenschaften betont werden und eine Bemühung um Sichtbarkeit von Minderheiten sowie um Anerkennung kultureller Eigenheiten erkennbar ist.

Wir haben gesehen, dass sich der Begriff der «Intersektionalität» für die unterschiedlichen Diskriminierungsursachen menschlicher Schicksale interessiert. Daher wäre es nicht nur vermessen, diesen Begriff auf die Welt des Bieres zu übertragen, sondern auch zynisch. Da sich auf die Frage, weshalb das Sauer- und Fruchtbier *Kriek* als Bierstil ein Nischendasein fris-

26 Herzog (2019): S. 73.

tet, mehrere Ursachen als Antwort finden lassen, die sich wechselseitig gar noch verstärken, sprechen wir hier daher lieber von «multifaktoriellen Nachteilen». Auch dieser neue Begriff vermag zwar den Vorwurf, eine zynische Analogie zu ziehen, nicht vollends zu entkräften; dennoch hilft er, sich dem zugrundeliegenden Mechanismus etwas unbefangener anzunähern. Hier nun also die Gründe für das Nischendasein des *Kriek:* Auf der einen Seite entsprechen Sauer- und Fruchtbiere sensorisch nicht dem, was landläufig als Bier verstanden wird. Auf der anderen Seite ist die Herstellungsweise — denken Sie an die zwei Fermentationsschritte — deutlich zeit- und kostenintensiver als bei einem Durchschnittsbier. Diese zweifellos anfechtbare Analogie vermag also einen Eindruck davon zu vermitteln, wie sich verschiedene Faktoren wechselseitig beeinflussen und die Nachteile verstärken. Wenn wir uns hingegen wieder explizit den menschlichen Diskriminierungsschicksalen zuwenden und uns vor Augen führen, wofür das politische Projekt der Moderne (*Égalité!*) steht, stimmt das uns natürlich durchaus nachdenklich.

Zurück zur *dritten Welle* und ihrem Ansinnen, sich auch mit Geschlechtsidentitäten näher zu befassen. Hier sei die Galionsfigur Judith Butler (*1956) erwähnt. In ihrem Text *Das Ende der Geschlechterdifferenz* schreibt sie: «So wie ich es verstehe, ist die Geschlechterdifferenz ein Ort, an dem wieder und wieder eine Frage in [B]ezug auf das Verhältnis des Biologischen zum Kulturellen gestellt wird, an dem sie gestellt werden muss und kann, aber wo sie, strenggenommen, nicht beantwortet werden kann. Wenn wir sie als eine Grenzvorstellung verstehen, so hat die Geschlechterdifferenz physische, somatische und soziale Dimensionen, die sich niemals gänzlich ineinander überführen lassen, die aber deshalb nicht letztlich voneinander abgesetzt sind. Schwankt die Geschlechterdifferenz also hin und her, als eine schwankende Grenze, die eine erneute Artikulation dieser Begriffe ohne jede Vorstellung von Endgültigkeit verlangt? Ist sie daher kein Ding, keine Tatsache, keine Vorannahme, sondern vielmehr ein Verlangen nach erneuter Artikulation, das niemals zur Gänze verschwindet – das sich [ebenso wenig] jemals zur Gänze zeigen wird?!»[27] Im Gegensatz zum nicht eindeutig fassbaren Verhältnis zwischen dem biologischen Geschlecht (Sex) und der sozialen Geschlechtsidentität (Gender)[28] lässt sich die Menge an Kirschen im *Kriek* – als Faustregel spricht man von 300 Gramm pro Liter[29] – doch recht genau bestimmen.

Nehmen wir die hin- und herschwankende Grenze der Geschlechterdifferenz als Anstoss, mal die Nase etwas in die Bierkulturgeschichte zu stecken, wobei wir präzisierend anmerken können, dass die soziale (Bier-)Geschlechtsidentität im Zentrum der Betrachtung stehen soll. Auch wenn die kommenden Ausführungen selbstredend mit einem Augenzwinkern erfolgen, soll gleichzeitig auch eine gewisse Ernsthaftigkeit mitschwingen. Schnallen wir uns also an und beginnen mit der Frage nach der jenseitigen Schutzherrschaft des Bieres: Die Sumerer, die als erste Hochkultur gelten, übertrugen die Obhut über das Bier der Göttin Ninkasi.[30] In der ägyptischen Mythologie hatte hingegen die Göttin Hathor die Patronage über das Bier inne.[31] Dass das Biermandat aber nicht zwingend Frauen zugesprochen wurde, zeigt ein Beispiel aus den mitteleuropäischen Breitengraden, wo der heilige Arnulf von Metz (582–640) lange als Schutzheiliger des Bierbrauens angesehen wurde. Auch die Aufsicht über die Bierproduktion oblag mal

27 Butler (1997): S. 36.

28 Becker-Schmidt, Knapp (2020): S. 85.

29 Kopp (2014): S. 63.

30 Hirschfelder, Trummer (2022): S. 41.

31 Hirschfelder, Trummer (2022): S. 51.

dem einen, mal dann wieder dem anderen Geschlecht. Da es hierbei nur so von historischen Beispielen wimmelt, kommt die folgende Auswahl einer Rosinenpickerei gleich: Starten wir doch wieder bei den Sumerern, wo die Frauen für das Bierbrauen verantwortlich waren.[32] Die zweite Rosine führt uns nach England zwischen dem 14. und 17. Jahrhundert, wo die sogenannten *alewifes*, Bierfrauen, das Bier für den kommerziellen Verkauf brauten und trotz schlechter Reputation durchaus wirtschaftliche Möglichkeiten hatten.[33] Dass sich die Bierproduktion aber auch in männlichen Händen befinden konnte, zeigt sich bspw. zunehmend durch die im 18. Jahrhundert beginnende Industrialisierung. Es lohnt sich – neben der jenseitigen Schutzherrschaft und der Bierproduktion – auch die Wirtshauskultur näher zu erkunden. So boten im 16. Jahrhundert die Wirtshäuser in unseren Landstrichen eine recht liberale Atmosphäre. Frauen hatten die Freiheit, allein auszugehen, und weibliche Jugendclubs kamen im geselligen Rahmen des Wirtshauses zusammen. Erst im 17. Jahrhundert, nicht zuletzt durch die ausdrücklichen religiösen Spannungen und den Dreißigjährigen Krieg (1618–1648) wurde die Atmosphäre restriktiver. Dies führte dazu, dass die Wirtshauskultur mehr und mehr von Männern dominiert wurde.[34] Ein Jahrhundert später weiteten sich die Restriktionen nochmals aus. Die Wandlung von Bier vom «Volksgetränk zum Männergetränk»[35] ging einher mit der zunehmenden Verurteilung weiblicher Trunkenheit, die nicht selten streng bestraft wurde. Dass die soziale Geschlechtsidentität einem gesellschaftlichen Wandel unterliegt, kann darüber hinaus am traurigen Beispiel der

32 Hirschfelder, Trummer (2022): S. 41.

33 Hirschfelder, Trummer (2022): S. 144.

34 Hirschfelder, Trummer (2022): S. 152.

35 Hirschfelder, Trummer (2022): S. 145.

Brauhexen illustriert werden. Insbesondere im 16. Jahrhundert wurde oft vermutet, dass Frauen schwarze Magie betrieben, wenn beim Bierbrauen unerklärlicherweise etwas schiefging. Im Jahr 1590 genügte in München bereits die Anschuldigung, dass eine Frau im Märzenbier gebadet habe, um sie als Brauhexe zu verbrennen. Wie viele Frauen letztlich beschuldigt und verbrannt wurden, ist nicht genau bestimmbar. Sicher ist jedoch, dass es sich um kein Massenphänomen handelte. Es wird angenommen, dass 1591 in der Mark Brandenburg die letzte Frau als Brauhexe verbrannt wurde.[36]

Auch wenn es fraglos geeignetere Gegenstände als die Bierkulturgeschichte gibt, um die Formbarkeit von Geschlechterdifferenz und -identität zu vermitteln, vermag dieser kleine Exkurs hoffentlich dennoch eine Ahnung davon zu geben, was Butler meint, wenn sie betont, dass weder das Männliche noch das Weibliche als neutrale oder natürliche Essenz existieren. In ihrem Buch *Das Unbehagen der Geschlechter* zeigt sie, wie sich Geschlechtsidentität im Kontext von Sprache und der alltäglichen Praxis formt. Daran anknüpfend schreibt sie: «Wenn die innere Wahrheit der Geschlechtsidentität eine Fabrikation/Einbildung ist und die wahre Geschlechtsidentität sich als auf der Oberfläche der Körper instituierte und eingeschrieben Phantasie erweist, können die Geschlechtsidentitäten scheinbar weder wahr noch falsch sein. Vielmehr werden sie lediglich als Wahrheits-Effekte eines Diskurses über die primäre, feste Identität hervorgebracht.»[37]

Wagen wir einen tollkühnen Vergleich und schauen uns an, inwieweit die alltägliche Praxis das sensorische Verständnis von Bier – und damit gewissermassen die landläufige Identitätsvorstellung – prägt. Im 19. Jahrhundert beginnt die Expan-

36 Hirschfelder, Trummer (2022): S. 145.

37 Butler (2001): S. 201.

sionsgeschichte des sogenannten *Lagerbieres*, zu dem die Stile *Helles* und *Pilsner* gehören und das sich im Laufe des 20. Jahrhunderts global durchgesetzt hat. Heute machen *Lagerbiere* einen Grossteil der weltweit über den Ladentisch wandernden Biere aus. Sie sind bekannt für ihre klare, gelbe Farbe, einen vergleichsweise leichten Körper, eine einfache Aromatik und eine moderate (*Helles*) bis deutliche (*Pilsner*) Bitterkeit. Säuerliche Biere, die über die mehr als 10.000-jährige Biergeschichte hinweg mehr oder weniger eine sensorische Selbstverständlichkeit waren, sind durch den Erfolg des *Lagerbiers* in den Hintergrund gerückt, da wilde Hefen oder Milchsäurebakterien aus dem Brauprozess ausgeschlossen wurden. So scheint beispielsweise ein *Lambic*, die Grundlage eines *Kriek*, für viele heute nicht mehr zur Kategorie Bier zu gehören, weder beim ersten, zweiten noch bei den späteren Verkostungen. Sicherlich ist es auch dem *Lagerbier* zuzuschreiben, dass sich der Hopfen als bestimmende Bierzutat weltweit etabliert hat und gleichzeitig vergessen geht, dass historisch auch ganz andere Ingredienzien – ob Kräuter, Gewürze oder Früchte – beigegeben wurden. Die Tatsache, dass das zeitgenössische Publikum bei zahlreichen historischen Bierstilen in Frage stellt, ob es sich überhaupt um Bier handelt, zeigt, wie stark unsere tägliche Praxis und der Konsum von *Lagerbier*, unsere Identitätsvorstellungen, was ein Bier als Bier ausmacht, bestimmen.

Das *Kriek* ist ausgetrunken. Bevor wir noch ein zweites öffnen – wir hätten eine Flasche, die nicht mit einem Kronkorken, sondern mit einem Naturkorken verschlossen ist und damit erst recht eine gute Falle macht –, schaut der Autor in die Degustationsrunde und erkundigt sich nach Fragen. Eine kritische Stimme möchte wissen, ob und wann eine identitätspolitische Herangehensweise die universalistische Annahme, dass alle Menschen gleich seien, untergraben kann. Jemand erwidert, dass das universalistische Projekt, für welches ja auch der Gleichheitsfeminismus weibelt, nun ja einige Jahrhunderte Zeit hatte und es nun höchste Zeit sei, neue Impulse zu setzen. Aber dabei dürfe der Universalismus nicht vergessen gehen, meint die erste Stimme. Nach einem kurzen Schweigen meldet sich eine Person und meint, dass eine Auseinandersetzung mit der Queer-Theorie angebracht sei und Judith Butler hier ja bereits gute Ansatzpunkte bieten würde. Etwas schüchtern hört man jemanden aus der hinteren Ecke sagen, dass sie im Alltag oft mit Sprachlosigkeit zu kämpfen hätte. Klar, schon rein theoretisch bräuchte es eine Weile, bis eine Orientierung im Feminismus möglich wäre. Aber besonders im Umgang mit ihren eigenen Stereotypen überkomme sie, möglicherweise auch aus Scham, oft eine Sprachlosigkeit. Dabei wünsche sie sich mehr Mut, sich mitzuteilen, wobei sie natürlich auch eine passende Form dafür suchen würde. Zustimmendes Nicken in der Runde. Aber bevor wir uns in die zweite Diskussionsrunde begeben, öffnen wir schon mal die Flasche mit dem Naturkorken.

Literaturverzeichnis Philosophie

Beauvoir, Simone de (2017): *Das andere Geschlecht. Sitte und Sexus der Frau.* Hamburg: Rowohlt.

Becker-Schmidt, Regina / Knapp, Gudrun-Axeli (2020): *Feministische Theorien zur Einführung.* Hamburg: Junius.

Butler, Judith (2001): *Das Unbehagen der Geschlechter.* Berlin: Shurkamp.

Butler, Judith (1997): «Das Ende der Geschlechterdifferenz?». In: *Konturen des Unentschiedenen.* Herausgegeben von Jörg Huber und Martin Heller. Basel/Zürich: Stroemfeld/Roter Stern/Museum für Gestaltung, S. 25–43.

Göttner-Abendroth, Heide (2011): *Am Anfang die Mütter. Matriarchale Gesellschaft und Politik als Alternative.* Stuttgart: Kohlhammer.
Herzog, Lisa (2019): *Politische Philosophie.* Stuttgart: UTB.

Literaturverzeichnis Bier

Dornbusch ,Horst (2017): *Lexikon der Biersorten.* Nürnberg: Hans Carl.
Fredrich, Benjamin (Hrsg.) (2020): *Die Säufer der Philosophie. (Philosophen, Band 1).* Greifswald: Katapult.
Garrett, Oliver (2012): *The Oxford Companion to Beer.* Oxford: Oxford University Press.
Hirschfelder, Gunter / Trummer, Manuel (2022): *Bier. Die ersten 13.000 Jahre.* Darmstadt: WBG.
Jackson, Michael (1998): *Great Beers of Belgium.* London: Welbeck Publishing Group.
Kopp, Sylvia (2014): *Das Craft-Bier Buch. Die neue Braukultur.* Köln: Gestalten.

Porter und Marxismus

Im Namen der Arbeiterschaft

Zweite Hälfte des 19. Jahrhunderts, London, früher Nachmittag. In ein paar Stunden haben wir uns im Stadtteil *Soho* in der Kneipe *Red Lion* auf ein Bier verabredet. Bis dahin gilt es, sich die Zeit zu vertreiben. Für jemanden, der eigentlich im 21. Jahrhundert zu Hause ist, stellt *Sightseeing* eine naheliegende Wahl dar. Am Vormittag haben wir bereits durch die wohlhabenden Wohnviertel Londons flaniert: Vorbei an eleganten Reihenhäusern und luxuriösen Privatresidenzen, sind wir auf Männer in dunklen Anzügen, viele mit Zylindern behütet und Gehstöcken ausgestattet, sowie Frauen in weit ausgestellten Röcken, enger Taille, langen Ärmeln und hohen Krägen, die *Bonnets* und Handschuhe trugen, getroffen. Für den Nachmittag nehmen wir uns nun die weniger gut betuchten Quartiere vor. Zu diesem Zwecke haben wir ein Buch eingepackt, das als eine Art Stadtführer dienen soll. Selbst wenn der Titel *Die Lage der arbeitenden Klasse in England* eine ungewöhnliche Grundlage für ein *Sightseeing* zu bieten scheint, hoffen wir, auf Pfade fern der «Pflaster der Hauptstraßen»[1] gelotst zu werden. Der Autor, stellen wir fest, ist ein gewisser Friedrich Engels (1820–1895).

---

1 Engels (2017): S. 38.

Wir befinden uns auf dem Trottoir. Überrascht von der Menschenmenge, suchen wir im Eingangsbereich eines größeren Gebäudes einen ruhigeren Platz, schlagen das Buch auf und lesen ein paar Zeilen: «[Die Menschen] […] rennen […] aneinander vorüber, als ob sie gar nichts gemein, gar nichts miteinander zu tun hätten, und doch ist die einzige Übereinkunft zwischen ihnen die stillschweigende, dass jeder sich auf der Seite des Trottoirs hält, die ihm rechts liegt, damit die beiden aneinander vorbeischiessenden Strömungen des Gedränges sich nicht gegenseitig aufhalten; und doch fällt es keinem ein, die anderen auch nur eines Blickes zu würdigen. Die brutale Gleichgültigkeit, die gefühllose Isolierung jedes einzelnen auf seine Privatinteressen tritt umso widerwärtiger und verletzender hervor, je mehr diese einzelnen auf den kleinen Raum zusammengedrängt sind; und wenn wir auch wissen, dass diese Isolierung des einzelnen, diese bornierte Selbstsucht überall das Grundprinzip unserer heutigen Gesellschaft ist, so tritt sie doch nirgends so schamlos unverhüllt, so selbstbewusst auf als gerade hier in dem Gewühl der grossen Stadt.»[2] Von der Heftigkeit dieser Zeilen irritiert, stehen wir da und schauen in das Gedränge. Der Umstand, dass wir für Engels' Ausführungen lebendige Spiegelungen finden, lässt uns fragen, inwieweit unsere Wahrnehmung durch die suggestive Kraft des Textes beeinflusst wird. Benommen und neugierig zugleich, zieht es uns tiefer in das «ungeheure Straßenknäuel»[3] hinein. Die zunehmend gedrängte Bebauung und die unaufhörliche Menschenmasse überfluten unsere Sinne. Nachdem wir unzählige Gassen, Marktplätze und Hinterhöfe durchstreift haben, finden wir uns auf einmal in einem Viertel wieder, in dem Kohlenrauch und Staub in der Luft hängen. Die stark verrußten Fas-

2 Engels (2017): S. 39.

3 Engels (2017): S. 42.

saden lassen darauf schließen, dass sich in der Nähe Fabriken befinden. Die offenkundige Armut und das Elend führen dazu, dass wir, wohl aus Scham, unseren Blick mehr und mehr auf den Boden richten. Der Kontrast zu den wohlhabenden Wohnvierteln ist frappant. Wir fragen eine Passantin, wo wir sind, und erhalten «Bethnal Green» als Antwort. *Bethnal Green?* Da wir den Namen im Buch von Engels bereits flüchtig gesehen haben, schlagen wir *Die Lage der arbeitenden Klasse in England* noch einmal auf. Das Buch sagt, dass wir uns in einem großen Arbeiterbezirks London befinden. Ein paar Zeilen später finden wir ein Zitat des Predigers Herrn G. Alston: «[Bethnal Green] enthält 1'400 Häuser, die von 2'795 Familien oder ungefähr 12'000 Personen bewohnt werden. Der Raum, auf dem diese grosse Bevölkerung wohnt, ist weniger als 400 Yards (1'200 Fuss) im Quadrat, und bei solch einer Zusammendrängung ist es nichts Ungewöhnliches, dass ein Mann, seine Frau, vier bis fünf Kinder und zuweilen noch Grossvater und Grossmutter in einem einzigen Zimmer von zehn bis zwölf Fuss im Quadrat gefunden werden, worin sie arbeiten, essen und schlafen. [...] Und wenn wir uns einmal mit den Leiden dieser Unglücklichen durch eigne Anschauung bekannt machen, wenn wir sie bei ihrem kargen Mahle belauschen und sie von Krankheit oder Arbeitslosigkeit gebeugt sehen, so werden wir eine solche Masse von Hülflosigkeit und Elend finden, dass eine Nation wie die unsrige über die Möglichkeit derselben sich zu schämen hat. [...] [I]ch habe nie eine so gänzliche Hülflsogkeit der Armen gesehen wie [...] in Bethnal Green. Nicht ein Familienvater aus zehnen in der ganzen Nachbarschaft hat andere Kleider als sein Arbeitszeug, und das ist noch so schlecht und zerlumpt wie möglich; ja viele haben ausser diesen Lumpen keine andere Decke während der Nacht und als Bette nichts als einen Sack mit Stroh und Hobelspänen.»[4]

Eine Mischung aus Empörung, Erschöpfung, Unverständnis und dem Wunsch nach Ablenkung breitet sich in uns aus. Wir stehen da und sind froh, dass die Dämmerung einsetzt. Sie signalisiert, dass es Zeit ist, die Kneipe aufzusuchen.

Über einer massiven Eingangstür begrüßt ein Schild mit einem roten Löwen die Kneipenbesucher. Unentschlossen, ob wir die Eindrücke des Nachmittags irgendwie einordnen oder sie lieber gänzlich abschütteln möchten, treten wir ein. Eine laute, chaotische und lebendige Atmosphäre nimmt uns in Empfang. Bierfässer krachen auf den Boden, das Scharren von Stühlen ist zu hören. Tabak wird geraucht, die Luft ist stickig.

Unsere Verabredung ist offenbar noch nicht da. Also machen wir uns auf dem Weg zur Theke, wo wir sogleich ein Bier bestellen. Der *Barman* reicht uns in einem *Stoneware-Mug*, einem Steingutkrug, ein Bier, das er als *Porter* bezeichnet. Wir schauen in den Krug, stecken die Nase hinein und nehmen einen kräftigen Schluck. Das dunkle Kastanienbraun und die üppig-bräunliche Schaumkrone lassen uns unweigerlich an unseren vorherigen Streifzug entlang der von Ruß und Asche bedeckten Gemäuer und Straßen denken. Die starken Röstaromen, die an Toast und Kaffee erinnern, lassen die durch die Verbrennung von Kohle erzeugten Rauchschwaden in *Bethnal Green* vor unserem geistigen Auge vorüberziehen. Vergangene Geschichtslektionen kommen uns in den Sinn, in denen unsere Lehrerin mit mäßigem Erfolg versuchte, die Epoche der «Industrialisierung» greifbar zu machen. Das London da draußen steckt eindeutig in der Zeit der Industrialisierung. In abgelegenen Gedächtniswinkeln finden sich weitere Bruchstücke,

4 Engels (2017): S. 43.

die sich nach und nach zu einem sinnvollen Ganzen zusammensetzen lassen: Es ist die Zeit, in der die Kohle das Brennholz als «Primärenergieträger» ersetzt und die Dampfkraft die Tier- und Menschenkraft abgelöst haben. Es ist eine Zeit, die für einen Wandel steht, der in der zweiten Hälfte des 18. Jahrhunderts beginnt und sich während des 19. Jahrhunderts weiter vollzieht – eine Zeit, in der durch technischen Fortschritt und Arbeitsteilung die Produktions- und Handelsvolumina erheblich wachsen. Rasch wird klar, dass der Begriff der «Industrialisierung» nicht ausreichen wird, um die gesehenen Elendszustände gänzlich zu erfassen. Wir nippen am *Porter.* Der Begriff «Kapitalismus» fällt uns ein, der eine Wirtschaftsordnung beschreibt, in der Produktion und Handel von Gütern überwiegend in privater Hand liegen und der Austausch von Waren sowie die Bezahlung der Arbeitskraft durch den freien Markt geregelt werden. Naja, denken wir, auch wenn die begriffliche Annäherung sicher einen passenden Rahmen spannt, bleibt der Versuch, die Nachmittagseindrücke sinnvoll einzuordnen, doch vage. Wir schauen uns um. Von der Verabredung weiterhin keine Anzeichen.

In Gedanken versunken, riechen wir am *Porter.* In diesem Moment fällt uns ein kürzlich gelesener Satz ein: Die sensorische Wahrnehmung, hieß es, werde stark auch durch Erinnerungen mitbestimmt.[5] Fragend schauen wir in den Steingutkrug. Wurde unsere sensorische Wahrnehmung des *Porters* etwa von den Eindrücken aus *Bethnal Green* beeinflusst? Mit dem Vorsatz, uns nun möglichst unbefangen dem Bier zu nähern, lassen wir das *Porter* auf Auge, Nase und Gaumen wirken. Dem Auge zeigt sich ein opakes, also ein nicht lichtdurchlässiges, dunkles Kastanienbraun. Die «beige Schaumschicht» erscheint beinahe sahnig. Beim riechenden Erkunden entde-

5 Dürrschmid (2020).

cken wir wiederum eine prägnante Röstaromatik. Neben den bereits erkannten Toast- und Kaffeearomen lassen sich nun aber auch markante Bitterschokoladen- und diskretere Karamellnoten wahrnehmen. Wir nehmen einen Schluck. Der liebliche Antrunk überrascht. Der Malzkörper ist leichter, als es der optische Eindruck vermuten lässt. Wir stellen einen trockenen Abgang fest, der die Röstaromatik interessanterweise weiter hervorhebt. Im Finish zeigt sich eine subtile Säure, die dem Bier eine erfrischende Nuance verleiht.[6]

Als unser Blick zum wiederholten Mal durch die Bar schweift, entdecken wir im dichten Treiben erfreut unsere Verabredung. Nach einer herzlichen Begrüßung finden sich an einem rustikalen Holztisch zwei freie Stühle. Rasch rückt der Trubel um uns herum in den Hintergrund. Wir berichten von den Eindrücken aus den Elendsvierteln Londons und unserem ersten Versuch, diese mit den Begriffen «Industrialisierung» und «Kapitalismus» zu fassen. Unsere Verabredung, die wie wir aus dem 21. Jahrhundert stammt, erwidert, dass unser hehres Vorhaben, die gesehenen Elendszustände in einen Verstehenshorizont einzuordnen, im *Red Lion* einen ausgesprochen passenden Denkraum findet. So ist dieses *Pub* ein beliebter Treffpunkt für politische Aktivisten und Intellektuelle. Auch Friedrich Engels und sein Freund Karl Marx (1818–1883), mit dem er nicht nur die politische Gesinnung, sondern auch die Feder teilt, verkehren hier.[7] Und genau die beiden setzen sich in ihren Texten – einer davon wurde bereits als Reiseführer zweckentfremdet – mit den gesellschaftlichen und ökonomischen Verhältnissen auseinander. Mit Blick auf die Nachmittagserfahrungen ist es gewiss lohnenswert, meint unser *Vis-à-*

---

6 Kopp (2014): S. 57.

7 Driever (2020): S. 173.

Vis, durch die marxistisch-engelsche Brille nach *Guidance* – also nach Orientierung – zu suchen.

Vorab vielleicht noch zwei Hinweise: Da Marx erstens der federführende Kopf ist, wird er im Laufe des Abends naturgemäß auch im Vordergrund stehen. Zweitens haben Marx und Engels ein dermassen umfangreiches Werk vorzuweisen, dass eine Beschränkung ratsam ist. Dabei stehen die folgenden drei Themenfelder im Fokus: Das erste zu betretende Feld trägt den Namen «Historischer Materialismus». Ein Zitat von Engels soll hier bereits einen ersten Eindruck vermitteln: «Die materialistische Anschauung der Geschichte geht von dem Satz aus, dass [...] die letzten Ursachen aller gesellschaftlichen Veränderungen und politischen Umwälzungen [...] nicht in den Köpfen der Menschen, in ihrer zunehmenden Einsicht in die ewige Wahrheit und Gerechtigkeit [zu suchen sind], sondern in Veränderungen der Produktions- und Austauschweise; sie sind zu suchen nicht in der Philosophie, sondern in der Ökonomie der betreffenden Epoche.»[8] Das zweite Themenfeld, das es zu beackern gilt, stellt das Hauptwerk von Karl Marx, *Das Kapital*, dar. Der darin enthaltene Anspruch, die ökonomischen Begebenheiten des Kapitalismus einer Analyse zu unterziehen, soll durch vier zusammenhängende Theorien eingefangen werden: die Mehrwert-, der Akkumulations-, der Konzentrations- und der Verelendungstheorie. Am Ende wird hier zudem die Möglichkeit ergriffen, die kommunistische Revolutionsvorstellung zu beleuchten. Das dritte zu bewirtschaftende Feld fragt, inwiefern «das Elend [...] aus dem Wesen der heutigen Arbeit selbst hervorgeht».[9] Der Schlüsselbegriff dazu ist «Entfremdung».

---

8 Engels (2016): S. 28.

9 Marx (2009): S. 33.

Als das Gegenüber unser Stirnrunzeln bemerkt, lacht es und meint, dass der Abend ja noch jung sei und wir noch mindestens so viel Zeit wie Durst hätten. «Cheers!» Marx und Engels verstehen sich als Materialisten. Dies bedeutet, dass der Ausgangspunkt ihrer Philosophie – im Gegensatz zu idealistischen, abstrakten oder ahistorischen Denkgebilden – in den vorliegenden ökonomischen, sozialen und politischen Strukturen zu finden ist. Überzeugungen entstehen dieser Sichtweise zufolge nicht im luftleeren Raum, sondern wurzeln in bestimmten gesellschaftlichen und wirtschaftlichen Verhältnissen.[10] Marx und Engels interessieren sich also nicht für abstrakte Ideale, sondern für das, was sich sprichwörtlich vor der Tür befindet.

Von einem plötzlichen Überschwang erfasst, deutet unser *Vis-à-vis* auf das *Porter* vor uns auf dem Tisch. Es mag zunächst karikaturhaft erscheinen, den Bierstil *Porter* als Beispiel dafür heranzuziehen, was sich vor der Tür befinden könnte, um die Ausrichtung des Materialismus und *peu à peu* auch die marxistische Theorie deutlicher zu machen. Gleichzeitig, meint unser Gegenüber euphorisch, ist diese Vorgehensweise bei genauerem Hinsehen aber keineswegs so abwegig, da mindestens zwei didaktische Gründe dafür sprechen, dass sie den parodischen Rahmen überschreitet: Erstens ist *Porter* im 19. Jahrhundert der beliebteste Bierstil auf den britischen Inseln und wird sowohl von der Arbeiterschicht – für diese verwenden Marx und Engels gerne den Begriff «Proletariat» – als auch vom Bürgertum, das oft als «Bourgeoisie» bezeichnet wird, reichlich getrunken.[11] Zweitens steht das *Porter* exemplarisch für den «Übergang von dem herkömmlichen zum industriellen

10 Celikates, Gosepath (2013): S. 94–96.

11 Dornbusch (2017): S. 167–170.

Brauwesen».[12] 1784 wurde in einer von Henry Goodwin und Samuel Whitbread geführten Brauerei in London die erste Dampfmaschine in Betrieb genommen. Da die beiden als Pioniere des Porter-Brauens gelten und *Porter* das Hauptprodukt ihrer Brauerei war, darf angenommen werden, dass das erste mit Dampfmaschinenkraft hergestellte Bier ebenfalls ein *Porter* war.[13]

Unsere Verabredung nimmt einen herzhaften Schluck und fährt sich mit dem Handrücken über den bierfeuchten Mund. Dass das Zusammenwirken von Industrialisierung und Kapitalismus zu einer enormen Steigerung der Produktionsleistung führt, wurde durch den Morgenspaziergang deutlich. Dass der daraus resultierende Wohlstand ausgesprochen ungleich verteilt wird, wurde während des nachmittäglichen Streifzugs durch London markant vor Augen geführt. Auf der einen Verteilungsseite befindet sich die Bourgeoisie, das Großbürgertum. Marx schreibt dazu, dass «[d]ie Bourgeoisie [...] in ihrer kaum hundertjährigen Klassenherrschaft massenhaftere und kolossalere Produktionskräfte geschaffen [hat], als alle vergangenen Generationen zusammen».[14] Sie ist nicht nur Eigentümer der Fabriken und ihrer Maschinen, sondern auch Betreiber der Läden, in denen die Waren verkauft werden. Auf der anderen Seite steht der lohnabhängige Arbeiter, der Proletarier, der auf dem freien Markt lediglich seine Arbeitskraft anbieten kann.

Es ist allerdings keineswegs so, dass Marx behauptet, der Gegensatz zwischen Herrschenden und Beherrschten sei ein Phänomen, das erst mit der bürgerlichen Gesellschaft entstan-

12 Meussdoerffer, Zarnkow (2014): S. 110.

13 Meussdoerffer, Zarnkow (2014): S. 111–112.

14 Stammen, Classen (2009): S. 70.

den ist. Vielmehr bekräftigt er, dass die «Geschichte aller bisherigen Gesellschaft […] die Geschichte von Klassenkämpfen [ist]».[15] Mit dieser Einschätzung bewegt man sich schon auf dem *Terrain* des «Historischen Materialismus». Dahinter steckt Marx' These, dass der andauernde Kampf zwischen den dominierenden und unterdrückten Gruppen der eigentliche Motor des gesellschaftlichen Wandels sei. Man könnte sagen, dass die aus den Klassenkämpfen resultierenden sozialen Spannungen und Unzufriedenheiten als eine Art Kraftwerk fungieren, das mittel- oder langfristig gesellschaftliche Umwälzungen hervorbringt. Im *Manifest der Kommunistischen Partei* heißt es dazu: «Unterdrücker und Unterdrückte standen in stetem Gegensatz zueinander, führten […] einen Kampf, der jedes Mal mit einer revolutionären Umgestaltung der ganzen Gesellschaft endete […].»[16] Der im Zitat genannte Begriff «revolutionäre Umgestaltung» verlangt noch eine Konturschärfung: Nach Marx ist eine gesellschaftliche Umwälzung dann gegeben, wenn sich die Produktions- und Austauschweisen wesentlich gewandelt haben. Mit dem Fokus auf den ökonomischen Verhältnissen tritt die materialistische Herangehensweise des Marxismus wiederum deutlich zutage, die selbstverständlich auch der Theorie des «Historischen Materialismus» inhärent ist.

Um auch dem Begriff «historisch» gerecht zu werden, ist als nächster Schritt ein Blick in die Geschichtsbücher indiziert. Da wird deutlich, dass vor der kapitalistisch-bürgerlichen Ordnung die Gesellschaft feudal geprägt war. Im Feudalismus spiegelte sich das Machtgefüge zwischen Herrschenden und Unterdrückten im Verhältnis von adeligen Grundbesitzern zu leibeigenen Bauern wider.

---

15 Stammen, Classen (2009): S. 66.

16 Stammen, Classen (2009): S. 66.

Nun, welche Erklärung bietet Marx dafür, dass sich die feudalen Produktions- und Austauschweisen in kapitalistische umgewandelt haben? Durch die drückenden Feudalabgaben motiviert, suchten die Bauern im Hoch- und Spätmittelalter städtische Siedlungen auf, da sie dort wirtschaftlich bessere Perspektiven sahen. Da die Standesetikette des Adels nicht nur die Arbeit auf den Feldern oder in der Werkstatt, sondern auch die Tätigkeit als Kaufmann ausschloss, war im Handels- und Kreditwesenbereich eine Art Vakuum vorhanden, das in den neu entstehenden Städten nach und nach von einer neuen Klasse, der Bourgeoisie, ausgefüllt wurde. Während der Adel weiterhin seine Ländereien verwaltete und von den Diensten und Abgaben der Bauern lebte, entwickelten sich in den Städten, vom aufkommenden Bürgertum stimuliert, neue Wirtschaftsformen. Die Bourgeoisie, die dem Handel und dem Kreditwesen nicht abgeneigt war, begann auf ihren Ländereien, die nur einen Bruchteil der Besitzungen des Adels ausmachten, deutlich höhere Erträge zu erzielen. Parallel dazu nahm der Adel verstärkt Kredite bei der Bourgeoisie auf und geriet dadurch zunehmend in finanzielle Abhängigkeit. Durch die wachsende finanzielle Stärke des Bürgertums boten sich Möglichkeiten, das Verlangen nach politischer Mitbestimmung zu verwirklichen, was schließlich in den bürgerlichen Revolutionen Europas mündete.

Um den Mechanismus gesellschaftlicher Umwälzungen zu verdeutlichen, verwendet Marx den Begriff «dialektische Negation». Dieser besagt im Wesentlichen, dass die herrschende Klasse eine unterdrückte Klasse schafft, was wiederum zu einem Klassenkampf führt, aus dem sich schließlich eine neue gesellschaftliche Ordnung entwickelt. Vorab mal nur so viel.

Angeregt durch den Mix aus Geschichtsexkurs und Röstaromen, fragen wir uns, was zur Entstehungsgeschichte des *Por-*

ters gesagt werden kann. Sicher ist, dass das *Porter* in der Übergangsphase von der feudalen zur bürgerlichen Gesellschaft in den 1720er Jahren in London entstand. Dabei handelt es sich insofern um eine Übergangsphase, weil der Zeitraum noch vorindustriell, aber bereits nicht mehr feudal, sondern frühkapitalistisch geprägt ist. Eine nicht ganz unumstrittene Legende besagt, dass das *Porter* erstmals 1722 in der Arbeiterkneipe *The Old Blue Last* ausgeschenkt wurde.[17] Während des Anstichs saßen am Tresen überwiegend die sogenannten *Porters*, also Tagelöhner, die sich am Hafen Londons als Lastenträger verdingten.[18] Dieser erste Sud, für den anscheinend die von Ralph Harwood geführte Brauerei *The Bell Brew House* verantwortlich war, fand bei den Tagelöhnern so großen Anklang, dass der Bierstil nach ihnen benannt ist.[19]

Obwohl das Arbeitsverhältnis im Feudalismus normalerweise als beständig und unveränderlich angesehen wurde, kam das Verdingen – also das Verkaufen der eigenen Arbeitskraft für einen bestimmten Zeitraum – auch in dieser Zeit vor. Mit dem Beginn des frühen Kapitalismus setzte sich die Praxis des Verdingens allerdings verstärkt durch. Gewissermaßen stehen die Porter somit für den frühen Kapitalismus, waren jedoch gleichzeitig noch nicht Teil des Proletariats, da sie vorindustrielle Arbeitskräfte waren. Marx bekräftigt dies, indem er meint, dass die moderne Industrie das Proletariat hervorgebracht habe.[20] Obgleich der Bierstil *Porter* vorindustriellen Ursprungs ist, wurde das röstaromatische Bier im 19. Jahrhundert – nicht nur durch die bereits erwähnte Dampfmaschine – ins Industriezeitalter überführt. So ist es beispielsweise der im Jahr 1817

17 Dornbusch (2017): S. 167.

18 Dornbusch (2017): S. 167.

19 Dornbusch (2017): S. 167.

20 Stammen, Classen (2009): S. 73.

erfundenen Malzrösttrommel zu verdanken, dass Geschmack und Farbe von Malz erstmals gleichmäßig hergestellt werden konnten. Um die Bedeutung dieser neuen industriellen Technologie zu verstehen, lohnt sich ein Schwenk ins Brauwesen: Die Basis von Bier ist ja das Malz, das durch das Keimen von Getreidekörnern entsteht. Während der Keimung, bei der das Getreide in Wasser eingeweicht wird, werden Enzyme aktiviert, die die Umwandlung von Stärke in Zucker ermöglichen, ein Vorgang, der für den Gärprozess unentbehrlich ist.[21] Erst jetzt kann im eigentlichen Sinne von Malz gesprochen werden. Dieses wird getrocknet, um haltbar gemacht zu werden. Diese Trocknung erfolgte in vorindustriellen Zeiten durch Methoden wie Sonnentrocknung oder durch Feuerstellen und Öfen. Diese Techniken boten allerdings wenig Kontrolle und führten häufig zu einer ungleichmäßigen Trocknung des Malzes. Die Erfindung der Malzrösttrommel durch den englischen Ingenieur Daniel Wheeler im Jahr 1817 ermöglichte es dann, Röstmalz mit konsistentem Geschmack und homogener dunkler Farbe zu produzieren.[22]

Nach unserem Einwurf, dass in Geschichtsbüchern auch von einer Zeit vor den bürgerlichen und feudalen Gesellschaften berichtet wird, scheint sich unser Gegenüber, während es an seinem Steingutkrug nippt, zu fragen, ob es den historisch-ma-

21 Im Gegensatz zum Wein, der durch die Gärung von Trauben oder anderen Früchten hergestellt wird und bei dem der Zucker bereits vorhanden ist, durchläuft das Malz, die Getreide- oder Gemüsebasis des Biers, eine Umwandlung von Stärke zu Zucker. Somit erfordert die Zuckergewinnung beim Bier einen zusätzlichen Schritt, während der Wein direkt aus zuckerhaltigen Früchten gewonnen wird.

22 Dornbusch (2017): S. 194.

terialistischen Faden weiter zurückspinnen soll.[23] Schließlich seien wir mit dem Kern des «Historischen Materialismus», der «dialektische Negation», bereits vertraut. Zur Wiederholung: Dieser Kern besagt, dass die herrschende Klasse naturgemäß eine unterdrückte Klasse bedingt. Diese Konstellation führt zu Spannungen, die sich im Klassenkampf manifestieren und letztlich die Bedingungen für eine neue Gesellschaftsform schaffen. Ein pointiertes Zitat von Marx soll an dieser Stelle nicht vorenthalten werden: «Eine unterdrückte Klasse ist die Lebensbedingung jeder auf den Klassengegensatz begründeten Gesellschaft. Die Befreiung der unterdrückten Klasse schließt [...] notwendigerweise die Schaffung einer neuen Gesellschaft ein.»[24]

Die Frage, ob die Spezies *Homo sapiens* seit jeher in Klassenkämpfe verwickelt war, ist durchaus berechtigt. Blättert man in den Geschichtsbüchern nur wenige Seiten zurück, scheint es zunächst, als müsste man die Frage bejahen. Vor der feudalen Gesellschaftsordnung prägte die Sklavenhaltergesellschaft das Geschichtsbild, welche – *nomen est omen* – auf der Arbeit von Sklaven basierte, während die Bürger die vorherrschende Klasse waren.[25]

---

23 Im Übrigen wurde in den 1760er Jahren das Spinnrad durch die Spinnmaschine «Spinning Jenny» abgelöst. Diese Maschine ermöglichte es, mehrere Fäden gleichzeitig zu spinnen und dadurch die Effizienz sowie die Produktivität in der Textilherstellung erheblich zu steigern.

24 Marx (1972): S. 181.

25 Hier ist der Hinweis angebracht, dass die bisherige dichotome Darstellung gesellschaftlicher Verhältnisse – die schlicht zwischen herrschender und beherrschter Klasse unterscheidet – darüber hinwegtäuschen könnte, dass sich Marx der Komplexität sozialer und ökonomischer Prozesse sehr wohl bewusst war.

Unser Gegenüber beginnt, sich am Kopf zu kratzen. Das Thema erlaube einen assoziativen Abstecher zur Frage, inwieweit sich gesellschaftliche Segregation auch im Bierkonsum manifestiert. Die Kulturgeschichte des Bieres ist einen Blick wert: Vielleicht hätten wir bereits von der Rechtsordnung der altbabylonischen Gesellschaft, dem *Codex Hammurapi*, der aus dem 18. Jahrhundert v.Chr. stammt, gehört? Der «Historische Materialismus» würde sie in der Sklavenhaltergesellschaft verorten. Dieser Codex also sicherte den Arbeitern täglich zwei Liter Bier zu, während sich Beamte und Hohepriester gar über fünf Liter freuen durften. Eine spezifische Regelung zum Bierkonsum der Sklaven ist nicht zu finden, jedoch ist klar, dass auch sie eine tägliche Ration erhielten.[26] Aber warum sich nicht auch gleich im bürgerlich-kapitalistischen London des 19. Jahrhunderts – zum Beispiel hier im *Red Lion* – umschauen? Klar ist, dass das *Porter* die hiesige Bierlandschaft dominiert. Klar ist aber auch, dass ihm seit den 1820er Jahren der Bierstil *Pale Ale* – begünstigt durch die Erfindung der Malzrösttrommel – Konkurrenz macht. Es handelt sich dabei um ein helleres Bier mit süßlicheren Malznoten, fruchtigen Aromen und einer deutlichen Hopfenbitterkeit. Genau dieser Bierstil wird nun insbesondere von der Bourgeoisie geschätzt, was aber auch heißt, dass das *Porter* wieder mehr als Bier des Proletariats wahrgenommen wird. Dabei lässt sich nicht leugnen, dass die Industrie bei der Herstellung auch panscht und verwässert.[27] Doch selbst innerhalb des *Porters* ist seit den 1820er Jahren eine Ausdifferenzierung zu beobachten, die die gesellschaftliche Segregation zu widerzuspiegeln vermag. Man kann sich das vielleicht so vorstellen: Das ordinäre *Porter* hat bei der Bourgeoisie mit seinem Ruf als Eckkneipengesöff zu kämpfen.

26 Hirschfelder, Trummer (2022): S. 41.

27 Hirschfelder, Trummer (2022): S. 157.

Wer nun aus der Bourgeoisie dem *Porter* im klassenbewussten viktorianischen Zeitalter treu bleiben möchte, ist froh, dass es nun mit dem *Robust Porter* eine Art *Upgrade* gibt. Ein *Upgrade*, das weniger deftig, dafür vollmundiger, nussiger im Geschmack und stärker eingebraut ist.[28]

Zurück zum Klärungsvorhaben, ob der *Homo sapiens* nun seit jeher in Klassenkämpfe verwickelt war. Tatsächlich gab es Zeiten, in denen er davon verschont blieb: So waren die sozialen Strukturen der Jäger- und Sammlergesellschaften vergleichsweise egalitär. Die Ressourcen wurden einerseits weitgehend gemeinschaftlich verteilt, andererseits waren feste Eigentumsverhältnisse nicht vorhanden. Hiermit verknüpft, lässt sich mal wieder Engels zitieren: «Die Produktion aller früheren Gesellschaftsstufen war wesentlich eine gemeinsame, wie auch die Konsumtion unter direkter Verteilung der Produkte innerhalb grösserer oder kleinerer [...] Gemeinweisen vor sich ging.»[29] Ferner führt er an, dass «[s]olange die Arbeit auf dieser Stufe betrieben wird, als einfache Kooperation der Arbeiter selbst oder der einzelnen Familien für ihren eigenen Bedarf, solange ist die Produktion unbedingt im Besitz der Produzenten. Sie wächst ihnen nicht über den Kopf, sie erzeugt keine gespenstischen fremden Mächte ihnen gegenüber, wie dies in der Zivilisation regelmäßig unvermeidlich der Fall ist.»[30] Erst als der *Homo sapiens* das Nomadentum aufgab und sesshaft wurde, bot sich die Möglichkeit, Eigentum an Land und Ressourcen anzuhäufen, was zur Entstehung von Klassenverhältnissen zwischen Besitzenden und Nicht-Besitzenden sowie zur Ausbeutung der Arbeit führte. Wer nun versuchen sollte, das Rad der Zeit zum klassenlosen Nomadendasein zu-

---

28 Dornbusch (2017): S. 171–172.

29 Engels (1975): S. 168–169.

30 Engels (1975): S. 169.

rückzudrehen, wird von Marx und Engels insofern enttäuscht, als sie klarstellen, dass der Globalisierungsprozess der bürgerlichen Gesellschaft sich kaum umkehren lässt. Dazu schreibt Marx: «An die Stelle der alten lokalen [...] Selbstgenügsamkeit [...] tritt ein allseitiger Verkehr, eine allseitige Abhängigkeit der Nationen.»[31] Wie umfassend die neuen industriell-kapitalistischen Produktionsmethoden die Welt beeinflussen, macht Marx im folgenden Zitat klar: «Unterjochung der Naturkräfte, Maschinerie, Anwendung der Chemie auf Industrie und Ackerbau, Dampfschiffahrt, Eisenbahnen, elektrische Telegraphen, Urbarmachung ganzer Weltteile, Schiffbarmachung der Flüsse, ganze aus dem Boden hervorgestampfte Bevölkerungen – welches frühere Jahrhundert ahnte, daß solche Produktionskräfte im Schoß der gesellschaftlichen Arbeit schlummerten.»[32]

Auf der einen Seite bringt der Globalisierungsprozess «kolossale Produktionskräfte» hervor, auf der anderen Seite werden die Früchte dieser Kräfte unverkennbar äusserst ungleich zwischen Bourgeoisie und Proletariat verteilt. Tatsächlich bleibt Marx zufolge auch die bürgerlich-kapitalistische Gesellschaft nicht von der «dialektischen Negation» verschont. Welche internen Widersprüche letztlich zur gesellschaftlichen Umwälzung führen, erklärt Marx in seinem Hauptwerk *Das Kapital.* Doch bevor wir uns diesem umfassenden Werk zuwenden, sollte die Kehle noch einmal befeuchtet werden. Ein *Porter*, bitte!

Je später der Abend und je mehr *Porter* getrunken wird, desto größer ist die Gefahr, dass Analogien an Präzision verlieren. Aus diesem Grunde, meint unser *Vis-à-Vis*, gilt es bei den

31 Stammen, Classen (2009): S. 70.

32 Stammen, Classen (2009): S. 70–71.

kommenden Ausführungen, die auf *Das Kapital* einstimmen sollen, besonders aufmerksam zuzuhören. Diese seien als eine Art Parabel für die Anhäufung und Konzentration des Kapitals, die Verelendung und die zyklische Bewegung des Kapitalismus zu verstehen.

Also, hier nun die Geschichte einer Brauerei, die sich dem *Porter* verschrieben hat: Da das *Porter* vielen zu munden schien, ist es nicht überraschend, dass bereits wenige Dekaden nach dem ersten Sud viele Brauereien auf diesen röstaromatischen Stil setzten.[33] Ein lukratives Geschäft lockte, klar. Im industrialistisch-kapitalistischen Klima nahmen die Gärbehälter zudem merklich an Größe zu. Ein besonders eindrucksvolles Beispiel dafür liefert die 1764 gegründete *Meux Brewery*. Nach florierenden Geschäftsjahren besaß sie irgendwann mit einem Fassungsvermögen von 32.500 Hektolitern den weltweit größten hölzernen Gärbehälter. Das Ausmaß dieser Dimension lässt sich durch einen Vergleich anschaulich machen: Wenn eine Badewanne 150 Liter fasst, dann lassen sich mit 32.500 Hektolitern etwa 216.667 davon mit *Porter* füllen. Wenn in diesem immensen Holzbottich mal gerade kein Bier vor sich hin gärte, wurde der reichlich verfügbare Platz genutzt, um Stammkunden mit einem *Dinner* zu erfreuen. Am 16. Oktober 1814 befand sich im Bottich, wie historisch verbürgt, jedoch keine Abendgesellschaft, sondern *Porter.* Als ein kleinerer Gärbehälter, der etwa 4200 Hektoliter (also rund 2.800 Badewannen *à* 150 Liter) fasste, barst, führten das herausströmende Bier sowie die zersplitterten Metallbänder und Latten dazu, dass auch die Wände der benachbarten Behälter zu brechen begannen. Der Dominoeffekt führte dazu, dass eine regelrechte Flut von etwa 14.700 Hektolitern *Porter* (eine Umrechnung in die Einheit «Badewanne» wäre hier makaber!) die Straßen des

---

33 Dornbusch (2017): S. 167–170.

Armenviertels St. Giles[34] überrollte. Diese Porterwelle riss alles mit, was sich in ihrem Weg befand: Unter anderem stürzten zwei Häuser ein, acht Menschen verloren ihr Leben. Nach der Katastrophe wurde die *Meux Brewery*, die letztlich keine Entschädigung an die Opfer von *St. Giles* zahlen musste, wieder aufgebaut und braute noch ein Jahrhundert lang *Porter*. Aufgrund der zu Beginn des 20. Jahrhunderts zunehmend sinkenden Popularität des röstaromatischen Bierstils wurde die Brauerei geschlossen und das Gebäude 1922 abgerissen. Heute steht dort das *Dominion Theatre*.[35]

Weg von den Bierfässern und hin zu *Das Kapital*, das als *Opus magnum* von Marx gilt.[36] Schon nur deshalb lohnt es sich, die Nase nicht nur dem *Porter* zuzuwenden, sondern auch mal zwischen diesen Buchdeckeln zu schnuppern. Eine erste Annäherung zeigt, dass es in diesem Werk um die Bewegungsgesetze – oder anders ausgedrückt, um die innere Logik des Kapitalismus – geht, die sich in einem zyklischen Wechsel zwischen Wachstums- und Krisenphasen äußern. Wer in *Das Kapital* von vorne zu schmökern beginnt, wird relativ rasch auf die sogenannte Mehrwerttheorie stoßen. Diese beschäftigt sich mit dem Phänomen, dass der Wert, den die proletarische Arbeitskraft schafft, den erhaltenen Lohn übersteigt. Zur Veranschaulichung ein Beispiel: An einem Tag produziert ein Brauer *Porter* im Wert von zehn Schilling. Der Kapitalist zahlt dem Brauer für sein Tageswerk einen Schilling. Zusätzlich zu

---

34 In unserem als Fremdenführer zweckentfremdeten Buch *Die Lage der arbeitenden Klasse in England* schreibt Engels ebenfalls über die Zustände im Armenviertel St. Giles (Engels [2017]: S. 41–42.).

35 Oliver (2012): *S. 662.*

36 Bei *Das Kapital* handelt es sich um insgesamt drei Bände, wobei der erste Band 1867 und die beiden anderen Bände posthum von Engels in den Jahren 1885 und 1894 veröffentlicht wurden.

den Lohnkosten kommen täglich zwei Schilling für Miete, Maschinen, Behälter und Rohstoffe (neben unterschiedlichen *Brown Malt*-Varianten können auch *Roasted Barley* und klassischerweise die Hopfensorte *Golding* in den Sud gelangen[37]) hinzu. Nach Abzug des Lohnes und der Betriebskosten behält der Kapitalist *ergo* einen Mehrwert von sieben Schilling. Frei nach Marx kann nun die rhetorische Frage gestellt werden, ob ein Brauer in einer Porterbrauerei auch wirklich nur Porter produziert. Die Antwort von Marx ist eindeutig: «Nein, er produziert Kapital.»[38] An dieser Stelle lässt sich festhalten, dass unabhängig davon, wie hoch der Marktwert des Produkts ist, der Proletarier nur den festgelegten Lohn für die geleisteten Arbeitsstunden erhält. Der Arbeiter, der seine Arbeitskraft an einen Kapitalisten verkauft, gibt damit auch sein Recht an dem von ihm hergestellten Produkt auf. Auch wenn der Verkaufspreis der fertigen Ware durch die proletarische Arbeitsleistung zustande kommt, wandert der gesamte Gewinn in die Taschen des Kapitalisten, der seinen Reichtum dadurch kontinuierlich vermehren kann. Der sogenannte «Mehrwert» ist folglich sowohl die Quelle des Profits für den Kapitalisten als auch die Grundlage für Ausbeutungsverhältnisse. Selbst wenn der Mehrwert hauptsächlich die quantitative Unangemessenheit – der Proletarier bekommt weniger Lohn, als ihm zusteht – zum Gegenstand hat, schwingt auch eine qualitative Unangemessenheit mit, die sich etwa in Abhängigkeit, ungleichen Machtverhältnissen, Zwang und Instrumentalisierung zeigt.[39]

Weiterblättern, bis die Stelle zur Akkumulation (lat. *accumulare* ‹ansammeln›) und Konzentration des Kapitals erreicht ist. Es zeigt sich, dass ein Kapitalist selten den geschaffenen

37 Dornbusch (2014): S. 223.

38 Marx (1959): S. 410.

39 Celikates, Gosepath (2013): S. 102.

Mehrwert brachliegen lässt; viel häufiger steckt er ihn in Reinvestitionen, um noch mehr Mehrwert zu generieren. Das Kapital scheint also irgendwie den Drang zu haben, sich zu vermehren. Wie lässt sich das erklären? Wenn ein Kapitalist nicht in das Wachstum seines Unternehmens investiert – sei es, um neue Absatzmärkte zu erschließen oder die Produktion zu erhöhen –, steigt das Risiko, im Wettbewerb zurückzufallen oder gar übernommen zu werden. Um sich auf dem Markt behaupten zu können, ist der Kapitalist gezwungen, den Mehrwert mit der Absicht zu reinvestieren, seine finanzielle Power zu erhöhen. Die Reinvestitionen fließen beispielsweise in neue Maschinen und Technologien, die die Produktivität steigern und die Kosten senken, was jedoch nicht selten zur Ersetzung von Arbeitsplätzen führt. Dazu später mehr. Es kann jedoch festgehalten werden, dass dem Kapitalismus eine Wachstumsmaxime eingeschrieben ist, die danach strebt, die Produktion zu steigern und neue Märkte zu erschließen. Sobald der Kapitalist allerdings feststellen muss, dass die Märkte gesättigt sind, wird er nach weiteren Möglichkeiten Ausschau halten, zu wachsen. Eine naheliegende Option besteht darin, Konkurrenten sowie deren Produktionsanlagen zu übernehmen. Wer sich hingegen vor der Akquisition (lat. *acquisitio* ‹Erwerb›) drückt, riskiert wiederum – und diese Logik kennen wir bereits – selbst geschluckt zu werden. Um im harten Wettbewerb des Marktes bestehen zu können, sieht der Kapitalist sich *ergo* gezwungen, seine Mitstreiter auszuschalten. «Der Konkurrenzkampf wird», Marx zufolge, «durch Verwohlfeilerung [Verbilligung] der Waren geführt. […]. Die größeren Kapitale schlagen […] die kleineren.»[40] Ein Kapitalist, der beispielsweise den *Porter*-Markt erobern möchte, muss seine Biere vorübergehend zu einem erheblich niedrigeren Preis verkaufen als seine Wettbe-

40 Marx (2023): Das Kapital I, S. 753.

werber. Wenn er das über längere Zeit schafft, wird die Konkurrenz ihre teureren *Porter*-Biere nicht mehr los. Die Möglichkeit der Übernahme rückt näher.

Zeit für ein Resümee: Nach der Akkumulationstheorie liegt das Kapital selten untätig, sondern findet sich bevorzugt in Reinvestitionsprozessen wieder, was zur Ansammlung, also einer Akkumulation von Reichtum führt. Dies erzeugt eine zunehmende Konzentration von Kapital in den Händen weniger großer Unternehmer. «Die Konkurrenz [...] endet stets mit Untergang vieler kleiner Kapitalisten und Übergang ihrer Kapitale in die Hand des Siegers.»[41] Hier wird die enge Verbindung zwischen der Akkumulationstheorie und der Konzentrationstheorie deutlich. Die Kapitalakkumulation ermöglicht es Unternehmern, ihre Konkurrenten durch Dumpingpreise zu schwächen. Das Kapital konzentriert sich zunehmend, Monopolstellungen entstehen. Die verbleibenden Konzerne wetteifern um die Vorherrschaft auf dem globalen Markt und fördern so den Monopolisierungsprozess.[42]

Unser Gegenüber fragt, ob wir uns noch daran erinnern, dass auch die bürgerlich-kapitalistische Gesellschaft nicht von der «dialektischen Negation» verschont bleiben würde. Der Weg der revolutionären Umwälzung wird durch die Verelendungstheorie und die kommunistische Revolutionsvorstellung verständlich. Hierfür soll ein prägnantes Zitat von Marx als

41 Marx (2023): Das Kapital I, S. 753.

42 Ein illustratives Beispiel aus der Bierwelt hilft, die Akkumulations- und Konzentrationstheorie weiter zu veranschaulichen: 2015 erwarb AB Inbev, der größte Bierproduzent weltweit, SAB Miller, die zu diesem Zeitpunkt die Nummer zwei war, für rund 100 Milliarden Euro – einen Betrag, der in etwa dem Bruttoinlandsprodukt von Bulgarien oder Kroatien entsprach (Hirschfelder, Trummer [2022]: S. 191.).

Einleitung dienen: «Das Kapital kann hier zu gewaltigen Massen in einer Hand anwachsen, weil es dort in vielen einzelnen Händen entzogen wird.»[43] Und noch zweites Zitat hinterher: «Mit der beständig abnehmenden Zahl der Kapitalmagnaten […] wächst die Masse des Elends […].»[44] Der Drang des Kapitals, sich zu vermehren, kommt auch dann nicht zum Stillstand, wenn es sich in den Händen global operierender Unternehmen befindet. Dieser Drang, der sich in Form von Optimierungs- und Rationalisierungsdruck zeigt, führt dazu, dass der geringstmögliche Lohn gezahlt, die Produktion ins Ausland verlagert und die Fabrik weiter automatisiert werden, wodurch Arbeiter durch Maschinen ersetzt und Verwaltungskosten gespart werden. Auf der einen Seite haben wir also die Hand des global operierenden Kapitalisten, die immer reicher wird. Auf der anderen Seite stehen die Arbeiter, die zunehmend weniger Lohn erhalten oder gar durch Maschinen ersetzt werden. Dadurch entsteht eine mittellose proletarische Masse. Da somit die Kaufkraft der Proletarier sinkt, beginnen sich die Produkte in den Lagerhallen der Fabriken zu stapeln. Die Abwärtsspirale setzt sich in Bewegung: Wegen des zurückgehenden Absatzes, sehen sich die Fabriken gezwungen, die Arbeiter, die noch nicht durch Maschinen ersetzt wurden, zunächst in Kurzarbeit zu schicken oder sie gar zu entlassen. Während sich die Lagerhallen so weiter füllen, werden die Maschinen zunehmend abgeschaltet. Die Fabriken bleiben leer. Das Ergebnis ist klar: Es herrscht Wirtschaftskrise. Viele Arbeitslose ohne Geld stehen den wenigen Kapitalisten mit überfüllten Lagerhallen gegenüber. Weder können die Arbeiter etwas kaufen, noch sind die eigentlich intakten Unternehmen in der Lage, weiter zu produzieren. Marx meint hier, dass die «materiellen Pro-

43 Marx (2023): S. 754.

44 Marx (2023): S. 926.

duktivkräfte» – also die Arbeiter, Technologien und Fabriken – in einen Widerspruch zu den «Produktionsverhältnissen» geraten, die die Bedingungen beschreiben, unter denen produziert wird, wobei hier primär die Eigentumsverhältnisse angesprochen werden.[45] Just in dem Moment, in dem das mittellose Proletariat vor den stillgelegten Fabriken mit ihren prall gefüllten Lagerhallen steht, schlägt «[d]ie Stunde des kapitalistischen Privateigentums [...]. Die Expropriateurs werden expropriiert [Die Enteigner werden enteignet].»[46] Hier könnte man Marx so deuten, dass es für eine gesellschaftliche Umwälzung gewisser notwendiger Bedingungen bedarf, wie etwa eines bestimmten Niveaus der Produktivkräfte, die jedoch allein nicht genügen und den sozialen sowie politischen Kampf weiterhin notwendig machen. Um diese revolutionären Veränderungen herbeizuführen, braucht es eine Arbeiterklasse, die sich über ihr gemeinsames Interesses im Klaren ist und sich als politischer Akteur versteht. Hierzu passt der bekannte programmatischen Ausruf: «Die Proletarier haben nichts [...] zu verlieren als ihre Ketten. Sie haben eine Welt zu gewinnen. Proletarier aller Länder, vereinigt euch.»[47]

Der Kapitalismus schafft sich somit selbst ab, indem er sich in materielle Widersprüche begibt. «An die Stelle der alten bürgerlichen Gesellschaft mit ihren Klassen und Klassengegensätzen tritt eine Assoziation, worin die freie Entwicklung eines jeden die Bedingung für die freie Entwicklung aller ist.»[48] Bis es jedoch soweit ist, befindet sich die Gesellschaft in einer Übergangsphase, in der es Marx zufolge auch zu einer «Dikta-

---

45 Marx Karl (1971): S. 9.

46 Marx (2023): S. 927.

47 Stammen, Classen (2009): S. 96.

48 Stammen, Classen (2009): S. 86.

tur des Proletariats»[49] kommen kann. Dies jedoch nur solange, bis alle Produktionsmittel, wie z. B. Maschinen, Fabriken und landwirtschaftliche Betriebe, in Gemeineigentum überführt sind. Das bürgerliche Privateigentum wird abgeschafft, und alle Menschen arbeiten in volkseigenen Betrieben. Der Staat als Instrument der herrschenden Klasse stirbt allmählich ab und wird durch eine gleichberechtigte Gesellschaft ersetzt, die Marx und Engels als «Assoziation» bezeichnen. Nun bewegt man sich auf kommunistischem (lat. *communis* ‹gemeinsam›) Boden.

Da unser *Vis-à-Vis* sich aufmacht, das *Privy*, das Toilettenhäuschen im Hinterhof, aufzusuchen, haben wir Zeit, das Gehörte ein wenig sacken zu lassen. Der Abend brachte die Einsicht, dass es bei Marx vielmehr um die Analyse des Kapitalismus geht, als um die Ausarbeitung einer idealen kommunistischen Gesellschaft. Man könnte auch sagen, dass er eher eine Diagnose des Kapitalismus als eine Therapie seiner Probleme anbietet. Wir denken darüber nach, inwiefern die frühkapitalistischen Formen des 19. Jahrhunderts mittlerweile politisch ökonomischen Mischformen Platz gemacht haben. Mit *Bethnal Green* vor Augen und dem eben Gehörten im Ohr wird uns deutlich, dass die Sicherstellung eines fairen Mindestlohnes, die Begrenzung der täglichen Arbeitszeit, der Schutz vor willkürlichen Kündigungen, Vorschriften für sichere Arbeitsbedingungen sowie Beteiligungsmöglichkeiten in Betriebsangelegenheiten oder allgemein Tarifverträge hart erkämpft werden mussten und selbstredend nicht in Stein gemeißelt sind. Darüber hinaus wird ersichtlich, dass Marx‘ ökonomische Analysen nicht nur für das 19. Jahrhundert Gültigkeit ha-

49 Marx (1973): S. 28.

ben, sondern Gesetzmäßigkeiten beschreiben, die auch im 21. Jahrhundert zweifellos zu finden sind.

Während wir noch nachsinnen, setzt sich unser Gegenüber mit zwei neu gefüllten Steingutkrügen hin. Die letzte Runde sei damit angebrochen und mit ihr soll noch etwas zur «Entfremdung» gesagt werden. Um sich diesem Begriff lebensweltlich anzunähern, werden wir aufgefordert, den «engelschen Reiseführer» hervorzuholen. Da lesen wir: «Der Arbeiter kommt müde und erschlafft von seiner Arbeit heim; er findet eine Wohnung ohne alle Wohnlichkeit, feucht, unfreundlich und schmutzig; er bedarf dringend einer Aufheiterung, er muss etwas haben, das ihm die Arbeit der Mühe wert, die Aussicht auf den nächsten sauren Tag erträglich macht; seine abgespannte, unbehagliche und hypochondrische Stimmung, die schon aus seinem ungesunden Zustande, namentlich aus der Indigestion entsteht, wird durch seine übrige Lebenslage, durch die Unsicherheit seiner Existenz, durch seine Abhängigkeit von allen möglichen Zufällen und sein Unvermögen, selbst etwas zur Sicherstellung seiner Lage zu tun, bis zur Unerträglichkeit gesteigert; sein geschwächter Körper, geschwächt durch schlechte Luft und schlechte Nahrung, verlangt mit Gewalt nach einem Stimulus von aussen her; sein geselliges Bedürfnis kann nur in einem Wirtshause befriedigt werden, [...] es ist die moralische und physische Notwendigkeit vorhanden, dass unter diesen Umständen eine sehr grosse Menge der Arbeiter dem Trunk verfallen muss.»[50] Wieder fühlen wir uns von Engels aufgefordert, um uns herum nach Entsprechungen Ausschau zu halten und in den Gesichtern der *Pub-Goers* nach Hinweisen zu dieser «moralische[n] und physische[n] Notwendigkeit» zu suchen.

50 Engels (2017): S. 108.

Nach Marx und Engels ist «Entfremdung» ein Phänomen, das erst mit der Moderne aufgekommen ist. Um dies plakativ zu veranschaulichen, dient der Hinweis, dass insbesondere in Städten die handwerkliche Manufaktur, in der eine Handvoll Handwerker tätig war, weitgehend Fabriken mit Hunderten oder gar Tausenden von industriellen Lohnarbeitern weichen musste. Während in vorindustriellen Zeiten eigenständiges Handwerk gang und gäbe war, sieht sich der industrielle Lohnarbeiter zunehmend neuen Erfindungen wie der Dampf-, Spinn-, Hobel- und Drehmaschine ausgesetzt, die — um einige Schlagwörter zu nennen — zu Standardisierung, Automatisierung und oft auch Spezialisierung seiner Tätigkeit führen. Da darf gefragt werden, ob es nicht naheliegt, dass die zunehmende Rationalisierung der Arbeitsprozesse es dem Arbeiter erschwert, sich mit seinem eigenen Tun sowie den gesellschaftlichen und ökonomischen Bedingungen sinnvoll zu identifizieren. Statt sich als «Subjekt seiner eigenen Handlungen» zu sehen, nimmt man sich immer häufiger nur noch in der Rolle eines «passiven Objekts der Verhältnisse» wahr.[51] Dazu eignet sich folgende Passage von Marx: «Der Arbeiter fühlt sich daher erst außer der Arbeit bei sich und in der Arbeit außer sich. [...] Seine Arbeit ist daher nicht freiwillig, sondern gezwungen, Zwangsarbeit. Sie ist nicht die Befriedigung eines Bedürfnisses, sondern sie ist nur Mittel, um Bedürfnisse außer ihr zu befriedigen.»[52]

Marx beleuchtet vier Aspekte der Entfremdung: Erstens weist er auf die Entfremdung von der Arbeitstätigkeit hin. Ein Angestellter, der täglich dieselben auferlegten und oft monotonen Aufgaben erledigt, hat kaum die Möglichkeit, einen persönlichen Bezug zur Arbeit zu entwickeln. Als zweiten Ge-

51 Celikates, Gosepath (2013): S. 103.

52 Marx (2009): S. 87–88.

sichtspunkt nennt Marx die Entfremdung vom Produkt der Arbeit. Da der Proletarier kaum Einfluss darauf hat, wie das Endprodukt aussieht oder verwendet wird, fällt es ihm schwer, sich mit der hergestellten Ware zu identifizieren. Drittens spricht Marx von der Entfremdung von sich selbst. Unter den vorherrschenden Arbeitsbedingungen kann die eigene Tätigkeit kaum als Ausdruck der persönlichen Fähigkeiten oder der eigenen Identität verstanden werden. Als vierten Punkt spricht Marx von der Entfremdung von anderen Menschen. Durch das ökonomische Klima, in dem einerseits das Konkurrenzdenken gefördert und andererseits menschliche Interaktionen häufig als Mittel zum Zweck verstanden werden, fällt es den Menschen zunehmend schwer, sich nicht als einsame Einzelkämpfer zu sehen und Begegnungen als nicht-instrumentell wahrzunehmen. Und doch schlummert irgendwo das, was Engels ein «geselliges Bedürfnis» nennt, das anscheinend nur noch «in einem Wirtshaus befriedigt» werden kann.

Unsere Blicke schweifen durch das *Red Lion*. Wir schweigen.

Nachdem wir die Rechnung beglichen und dem *Barman* einen anständigen *Tip*, ein Trinkgeld, überlassen haben, begeben wir uns mit unserer Begleitung nach draußen, wo Gaslaternen mit ihrem unruhigen Lichtspiel einen schwachen Schein in die Gassen werfen. Leicht torkelnd beginnt unsere Begleitung mit einer für uns, die wir noch so sehr vom Thema der «Entfremdung» eingenommen sind, irritierend wirkenden Unbeschwertheit, einen kleinen Vortrag über das *Porter* zu halten. Zieht man eine Sortenklassifikation aus dem 21. Jahrhundert heran, führt sie aus, müsste man genau genommen sagen, dass heute Abend das sogenannte *London-* oder *Brown Porter* aufgetischt wurde. Als materialistisch-flüssigen Ausgangspunkt hätte man aber auch das *Irish Porter*, das bereits erwähnte *Ro-*

bust Porter, das *Baltic Porter*, das *Imperial Porter* oder das *Dry Porter* heranziehen können. Aber auch moderne Sorten wie das *American Porter* oder das *Double Porter* würden laut Einschätzung unserer Begleitung ein *Testing* verdienen. Für einen weiteren Abend könnte es doch interessant sein zu entdecken, welche gedanklichen Pfade zum Marxismus durch diese unterschiedlichen *Porter*-Sorten erschlossen werden können. Wenn man es genau bedenkt, könnte man aber ebenso dem Stil *Stout*, der eng mit dem *Porter* verwandt ist, einen Abend widmen. Die Frage nach dem Unterschied zwischen den beiden Stilen sei gar nicht so einfach. «*Stout*» bedeutet übersetzt so viel wie kräftig oder deftig. In der Regel handelt es sich dabei um ein dunkleres Bier als das *Porter*. Es wird mit mehr Röstmalz gebraut und hat einen Alkoholgehalt zwischen vier und acht Prozent, während sich das *Porter* in einem Bereich von vier bis 6,5 Prozent befindet.[53] Auch unter den *Stouts* gibt es zahlreiche Unterarten. Das *Imperial Stout*, setzt unsere Begleitung ihren Vortrag fort, wurde beispielsweise von Katharina der Großen (1729–1796), der Zarin von Russland, besonders geschätzt.[54] Eine weitere Variante ist das *Oyster Stout*. Besonders populär war diese Sorte im 19. Jahrhundert in New York City am Broadway. In *Oyster Saloons*, *Oyster and Coffee Saloons* und *Oyster and Lager Beer Saloons* gab es den Brauch, zu einem *Stout* rohe Austern zu schlürfen. Im 20. Jahrhundert kam man dann auf die Idee, diese Kombination nicht nur kulinarisch, sondern auch beim Brauen zu vereinen, indem Austern während des Würzekochens hinzugefügt wurden.[55]

Torkelnd fährt unsere Begleitung weiter: Schwingt bei der Tatsache, dass ein Bier, das ursprünglich von den Hafentage-

---

53 Dornbusch (2017): S. 193–195.

54 Dornbusch (2017): S. 198–199.

55 Dornbusch (2017): S. 198.

löhnern Londons getrunken wurde und sich so weiterentwickelt hat, dass später sogar eine Zarin nicht genug davon bekommen konnte, nicht implizit die schwammig anmutende, aber dennoch wirkmächtige Vorstellung mit, dass die Unterschiede zwischen den sozialen Klassen fließend und nicht absolut sind? Sind es nicht genau solche Geschichten, die den Stoff liefern, aus dem das Versprechen des sozialen Aufstiegs gesponnen wird? Stehen die Austern, die im 19. Jahrhundert noch von den unteren Gesellschaftsschichten konsumiert wurden und heute in Sternerestaurants zum teuren Champagner gereicht werden, nicht symbolhaft dafür? Dem gelte es jedoch entgegenzuhalten, vertieft die Begleitung ihre Ausführungen, dass, indem der Glaube an den sozialen Aufstieg genährt wird – der der landläufigen kapitalistischen Erzählung zufolge besonders über individuelle Anstrengung und Leistung führt –, gleichzeitig die kollektive Realität der Ausbeutung und Ungleichheit verschleiert bleibt. Besteht hier nicht die Gefahr, dass die soziale Mobilität idealisiert und dadurch die bestehende Klassenstruktur legitimiert werden?

Bevor unsere Begleitung, tief in seine Rede versunken, beinahe gegen eine Straßenlaterne stößt, haken wir uns ein und verhindern so knapp eine Kollision. In diesem kurzen Moment der Fokusverlagerung haben wir die Gelegenheit, zwei Fragen aufzuwerfen, die im Laufe des Abends immer wieder aufgekommen sind. Beide Fragen stellen sich, wenn man, wie wir, aus dem 21. Jahrhundert stammt und auf Marx blickt. Erstens schauen wir auf den Fall der Berliner Mauer von 1989 zurück, der das Ende des realen Sozialismus symbolisiert. Denkt man an die grausamen, sich auf Marx berufenden Regimes wie Maos China oder an die stalinistischen Gulags, stößt man auf derart unmenschliche Exzesse und antidemokratische Praktiken, dass es berechtigt erscheint, die Frage zu stellen, ob man die marxistischen Bücher nicht doch lieber verstauben lässt. Es gilt unmissverständlich zu fragen, ob die verheerende Wirkungsgeschichte des Marxismus nicht darauf hinweist, dass er eine Brutstätte für Massenmorde war. Es gibt aber noch ein weiteres schlagkräftiges Argument gegen den Marxismus, das uns zum zweiten Punkt führt: Marx hat seine Theorie im 19. Jahrhundert verfasst, in einer Zeit des Früh- und Industriekapitalismus. Seither ist viel Wasser die Themse heruntergeflossen und der Urkapitalismus *anno* dazumal ist *passé*. Kann damit der Marxismus nicht *ad acta* gelegt werden?

Unsere Begleitung seufzt. Für so ernsthafte Fragen ist es eigentlich schon zu spät. Aber hier ein Antwortversuch: Zum ersten Punkt ist zu sagen, dass die Wirkungsgeschichte des Sozialismus tatsächlich von Grausamkeit geprägt war. Der Zankapfel der Diskussion besteht darin, inwiefern man die Philosophie von ihrer Wirkungsgeschichte loslösen kann. Klar ist, dass der marxistische Impuls darin bestand, die demokratische Kontrolle über den gesellschaftlichen Reichtum anzustreben. Marx hat gleichzeitig jedoch niemals eine Gebrauchsanweisung für eine Revolution zur Verfügung gestellt. Hier zeigt sich also eine theoretische Lücke zwischen dem Ziel, demokratische Kontrolle über gesellschaftlichen Reichtum zu erlangen, und der Methode, dies zu erreichen. Ein Zitat, das besagte Lücke unterstreicht, stammt von Terry Eagleton (*1943): «The truth is that Marx was no more responsible for the monstrous oppression of the communist world than Jesus was responsible for the Inquisition.»[56] Ob man allerdings gleich so weit gehen muss, darf bestritten werden. So ist es sinnvoll, im Werk von Marx nach Hinweisen zu suchen, die die spätere Verfremdung und den politischen Missbrauch der marxistischen Idee mitbegünstigt haben könnten. Unzweifelhaft bedarf die Frage der Verantwortung aber einer differenzierteren Betrachtung, die es

56 Eagleton Terry (2011).

wert ist, dass man ihr an weiteren Abenden nachgeht. Die zweite Frage, ob der Marxismus nicht überholt sei, lässt sich hingegen klar verneinen. Marx bietet ja auch keine Analyse einer bestimmten historischen Epoche, sondern erhebt den Anspruch, die innere Logik des Kapitalismus offenzulegen. Die Wandlungsfähigkeit ist dabei kein Widerspruch, sondern vielmehr ein natürlicher Ausdruck der kapitalistischen Bewegungsgesetze. Um uns die anhaltende Aktualität des Marxismus vor Augen zu führen, hier ein paar pointierte Beispiele: Nach Marx führt der globale Kapitalismus zur Ausbeutung von Arbeitskräften in ärmeren Regionen, um den Wohlstand in reicheren Ländern zu sichern. Ein markanter Beleg hierfür ist der Abbau des Rohstoffs Kobalt, der für Elektronikprodukte wie Smartphones und Elektrofahrzeuge verwendet wird. Der überwiegende Teil der Abbaugebiete befindet sich in der Demokratischen Republik Kongo, wo die Arbeitskräfte in ausbeuterischen Verhältnissen tätig sind. Als weiteres Beispiel für die Aktualität der marxistischen Philosophie kann der Zusammenhang zwischen «Entfremdung» am Arbeitsplatz und der Volkskrankheit *Burnout* angeteasert werden. Oder wie wäre es mit dem Beispiel, dass der technologische Wandel dazu neigt, menschliche Arbeit durch Maschinen zu ersetzen, was aktuell durch die Digitalisierung wieder besonders sichtbar wird? Ein weiterer Aspekt ist Marx' Hinweis, dass unregulierte Märkte zu Krisen führen, weil Ungleichheiten und Überproduktionen das System destabilisieren. Dies zeigt sich auch in den modernen Finanzkrisen. Außerdem lässt sich die von Marx prognostizierte zunehmende Akkumulation und Monopolisierung von Kapital heute beispielsweise in der Dominanz großer Tech-Konzerne beobachten. Schließlich ist die Polarisierung zwischen Arm und Reich wieder stärker ausgeprägt. Laut Marx verstärkt der Kapitalismus diese Ungleichheit, indem er Profite über soziale Gerechtigkeit stellt – ein Trend, der sich im

21. Jahrhundert durch neoliberale Politik und Globalisierung verschärft hat. Dies sind alles Punkte, die man natürlich ebenfalls vertiefen sollte, die aber zumindest schon deutlich machen, dass die marxistische Kapitalismusanalyse auch im 21. Jahrhundert viel zu sagen hat.

Ah, ein Beleg dafür, dass Marx wenig an Aktualität eingebüßt hat, zeigt sich auch in den Bücherregalen. Dort sind zahlreiche Autoren zu finden, die sich auf ihn berufen und seine Theorien in die Lebenswelt des 20. und 21. Jahrhunderts übertragen. Neben dem bereits erwähnten Terry Eagleton lohnt es sich, die Werke von Alex Honneth (*1949), Alain Badiou (*1937), Thomas Piketty (*1971), Christoph Henning (*1973) oder vielen anderen zur Hand zu nehmen. Dazu ein *Porter* als materialistische Basis.

Das wärs für heute. *Good night!*

Literaturverzeichnis Philosophie

Badiou, Alain (2018): *Was verstehe ich unter Marxismus?* Wien: Passagen.

Becker, Michael / Schmidt, Johannes / Zintl, Reinhard (2006): *Politische Philosophie.* Paderborn: UTP.

Celikates, Robin / Gosepath, Stefan (2013): *Politische Philosophie (Grundkurs Philosophie, Band 6).* Stuttgart: Reclam.

Driever, Michael (2020): *Auf den Spuren von Karl Marx und Friedrich Engels (alle Stationen in Deutschland, Frankreich, Belgien und England).* Bielefeld: Reise Know-How.

Eagleton, Terry (2018): *Warum Marx recht hat.* Berlin: Ullstein.

Engels, Friedrich (2017): *Die Lage der arbeitenden Klasse in England.* Berlin: ELV.

Engels, Friedrich (2016): *Die Entwicklung des Sozialismus von der Utopie zur Wissenschaft.* Berlin: Hofenberg.

Engels, Friedrich (1975): *Der Ursprung der Familie, des Privateigentums und des Staats (Karl Marx – Friedrich Engels Werke, Band 21).* Berlin: Dietz.

Höffe, Otfried (2016): *Geschichte des politischen Denkens.* München: Beck.

Honneth, Alex (2015): *Die Idee des Sozialismus.* Berlin: Suhrkamp.

Mandel, Ernest (2008): *Einführung in den Marxismus.* Köln/Karlsruhe: ISP.

Marx, Karl (2023): *Das Kapital.* Hamburg: Nikol.

Marx, Karl (2009): *Ökonomisch-philosophische Manuskripte.* Berlin: Suhrkamp.

Marx, Karl / Engels, Friedrich (2009): *Das kommunistische Manifest.* Köln: Anaconda.

Marx, Karl (1973): *Kritik des Gothaer Programms (Karl Marx – Friedrich Engels Werke, Band 19).* Berlin: Dietz.

Marx, Karl (1972): *Das Elend der Philosophie (Karl Marx – Friedrich Engels Werke, Band 4).* Berlin: Dietz.

Marx, Karl (1971): *Zur Kritik der Politischen Ökonomie (Karl Marx – Friedrich Engels Werke, Band 13).* Berlin: Dietz.

Marx, Karl (1959): *Lohnarbeit und* Kapital (Karl Marx – Friedrich Engels Werke, Band 6). Berlin: Dietz.

Piketty, Thomas (2023): *Das Kapital im 21. Jahrhundert.* München: C.H.Beck.

Schmidt, Christian (2018): *Karl Marx zur Einführung.* Hamburg: Junius.

Stammen, Theo / Classen, Alexander (2009): *Karl Marx: Das Manifest der kommunistischen Partei.* Paderborn: UTB.

Stammen, Theo (2007): «Karl Marx (1818–1883)». In: *Von Locke bis Max Weber (Klassiker des politischen Denkens, Band 2).* Herausgegeben von Hans Maier und Horst Denzer. München: C.H. Beck, 2007, S. 169–190.

Ziegler, Walther (2015): *Marx in 60 Minuten.* Norderstedt: BoD – Books on Demand.

Webographie Philosophie

Eagleton, Terry (2011): «In Praise of Marx», *The Chronicle of Higher Education* (10.4.2011): https://www.chronicle.com/article/in-praise-of-marx/ (aufgerufen am: 12.12.2024).

Literaturverzeichnis Bier

Adam, Helmut (Hrsg.) (2014): *Cocktailian.* Bier & Craft Beer. Wiesbaden: Tre Torri.

Dornbusch, Horst (2017): *Lexikon der Biersorten.* Nürnberg: Hans Carl.

Dornbusch, Horst (2014): *Die Biersorten der Brauwelt.* Nürnberg: Hans Carl.

Dürrschmid, Klaus (2020): *Zungenbekenntnisse. Warum der Wein im Urlaub besser schmeckt und andere Fakten und Wunder aus der Welt der Sinne.* Wien: Brandstätter.

Hirschfelder, Gunter / Trummer, Manuel (2022): *Bier. Die ersten 13.000 Jahre.* Darmstadt: WBG.

Meussdoerffer, Franz / Zarnkow, Martin (2014): *Das Bier: Eine Geschichte von Hopfen und Malz.* München: C.H.Beck.

Oliver, Garrett (Hrsg.) (2012): *The Oxford Companion to Beer.* New York: Oxford University Press.

Raupach, Markus (2017): *Bier. Geschichte und Genuss.* Berlin: Palm.

Barley Wine und Utopie

Zu den Grenzen und darüber hinaus

Das unruhige, flüchtige Treiben der frühen Abendstunden hat sich gelegt. Wer jetzt aufsteht, den Mantel überwirft, tut dies langsam, fast widerstrebend – wissend, dass die in der Bar entstandene Atmosphäre zu kostbar ist, um sie leichtfertig hinter sich zu lassen. Das hastige, fast mechanische Nachschenken ist einem emphatischen gewichen – einem Nachschenken, das zum Verweilen einlädt. Wer sein Glas füllt, tut dies nicht, um Zerstreuung zu suchen, sondern vielmehr als Bekenntnis, in der Stimmung dieses Ortes Wurzeln schlagen zu wollen.

Es ist keineswegs übertrieben, die Atmosphäre als «kontemplativ» zu bezeichnen: Gespräche verlangsamen sich, Pausen gewinnen an Bedeutung, und Konventionen werden dort aufgeweicht, wo Wesentliches Raum sucht. Auf der Suche nach einem Bier, das sich in die kontemplative Atmosphäre einfügt, sie vielleicht in gewissem Maße auch einfängt oder ihr sogar teilweise entspricht, blättert man die Getränkekarte bis zur Rubrik *Digestif.* Die Augen wandern über die verschiedenen Stile, bis sie beim *Barley Wine* haltmachen. Ein Stil, der – wenn man dem Namen Glauben schenkt – die vermeintlich feste Grenze zwischen Bier und Wein überschreitet.

Wenig später reicht der Sommelier eine kleine Flasche mit ein paar bauchigen Gläsern. Jemand erzählt, dass dieses Bier seine Wurzeln im England des späten 18. Jahrhunderts hat. Als sich die Konflikte mit Frankreich häuften und immer weniger Schiffe mit Weinfracht in England einliefen, entstand ein Vakuum an alkoholischen Genussmitteln, worüber sich insbesondere die privilegierte Klasse wenig begeistert zeigte. Eine Alternative fand sich im *Barley Wine*, einem Starkbier, das oft länger in Holzfässern reift und mit einem Alkoholgehalt von 8 bis 15 % durchaus mit Wein mithalten kann.[1]

War der *Barley Wine* vor nicht allzu langer Zeit noch der feineren Gesellschaft vorbehalten, so lässt sich heute feststellen, dass die einst exklusiv-aristokratische Tafelrunde längst in die breite Öffentlichkeit getragen wurde. Die Tatsache, dass sich der Kühlschrank eines heutigen Durchschnittshaushalts in Bezug auf Vielfalt und Exotik keineswegs vor der aristokratischen Speisekammer des 18. Jahrhunderts verstecken muss, lässt sich damit erklären, dass die Industriegesellschaft – unterstützt von Wissenschaft und Technik – die physische Arbeit nach und nach durch effizientere maschinelle Produktion ersetzt, was zu einem erheblichen Anstieg des Wohlstands geführt hat.[2] Wäre es den weniger gut Betuchten aus dem 18. Jahrhunderts in den Sinn gekommen, von einem *Barley Wine* in geselliger Runde zu träumen – geschweige denn vom Inhalt eines heutigen Durchschnittskühlschranks –, so wäre dieses projektive «Hinausgehen über Bestehendes»[3] wohl nicht nur als «unrealistisch», «träumerisch» und «übersteigert», sondern gar als «Hirngespinst» oder «Luftschloss» abgetan worden.[4] Eben diese negative Konnotation findet sich in der Alltagssprache, wenn von «utopisch» die Rede ist. Doch keinesfalls erschöpft sich der Begriff in der bloßen Warnung vor unrealistischen

---

1 Kopp (2014): S. 56.
2 Saage (2004) S. 630.
3 Angehrn (2001): S. 188.
4 Schölderle (2017): S. 11.

Zielvorstellungen. Während das Alltagsverständnis utopisches Denken als «unmögliche Möglichkeiten» abtut, zeigt der Philosoph Martin Seel (*1954), dass dieses den Horizont für «mögliche Möglichkeiten» erweitert.[5] Was einst als unmöglich galt, wird nun – *qua* utopischer Denkanstoß – als möglich betrachtet. Allerdings stellt dieses «Hinausgehen über faktische Welten und Gesellschaften»[6] nur eine Seite der Utopie-Medaille dar. In dieser Hinsicht ist der *Barley Wine* der Utopie nicht unähnlich, da er – kraft seines Namens – ebenfalls beabsichtigt, über faktische Grenzen hinauszugehen. Dreht man aber die Medaillenseite der «utopischen Zielprojektion» um, so findet sich darauf eine «Kritik bestehender Institutionen und sozio-politischer Verhältnisse».[7]

Nun, nachdem das aristokratische Lebensmodell des 18. Jahrhunderts – neben Speis und Trank können beispielsweise auch die Vorzüge der Mobilitätsfreuden und der Gesundheitsversorgung hervorgehoben werden – gewissermaßen demokratisiert worden und die Grundbedürfnisse somit weit mehr als nur gestillt sind, stellt sich die Frage, ob mit dieser Sättigung nicht auch eine gewisse Utopiemüdigkeit einhergehen muss. Aber nicht nur die Kühlschrankperspektive, wenn wir sie so nennen wollen, deutet auf eine Erschlaffung utopischer Bestrebungen hin, sondern auch eine Systemperspektive würde dies nahelegen. So verkündete der in diesem Zusammenhang oft zitierte Politikwissenschaftler Francis Fukuyama (*1952) angesichts des Zusammenbruchs des Ostblocks zugespitzt das «Ende der Geschichte».[8] Mit dem Niedergang des Sozialismus sieht er die liberalen, demokratisch-rechtsstaatli-

5 Seel (2001): S. 747.

6 Angehrn (2001): S. 187.

7 Saage (1991): S. 2.

8 Fukuyama (1992): S. 11.

chen und menschenrechtswahrenden Systeme als die Sieger der Geschichte, während weitere politische Experimente entweder ausgeschlossen oder von vornherein zum Scheitern verurteilt sind.[9] Hier tritt die Auffassung zutage, dass die politische Utopie den Sozialismus hervorgebracht habe und dass mit dessen Zusammenbruch auch die Utopie obsolet geworden sei.[10] Folglich wird der Eindruck erweckt, dass mit dem «Ende der Geschichte» auch das «Ende des utopischen Denkens» ausgerufen werden könne.

Während der *Barley Wine* geöffnet wird, nehmen in der Diskussion zwei Richtungen Gestalt an: Die eine macht sich für die Ansicht stark, dass mit dem Fehlen politischer Utopien auch der intellektuelle Rahmen der Selbstvergewisserung verloren gehe. Die Funktion einer politischen Utopie, die als eine Art gesellschaftliches Stethoskop fungiert, mit dem gesellschaftliche Defizite und Chancen erkannt und eingeordnet werden, würde man schmerzlich vermissen. Die andere wagt die These, dass Utopien letztlich nur die geistige Vorwegnahme totalitärer Herrschaftsformen seien. Unterdessen begleitet ein weiches Gluckern das Einschenken und lädt dazu ein, das Glas an die Nase zu führen und den Geschmack zu erkunden. Der erste sinnliche Eindruck verdichtet sich im Wort «mächtig»: Die dickflüssige, beinahe sirupartige Textur zeigt sich komplex, intensiv und langanhaltend. Malz-, Karamell-, Trockenfrucht- und, dezenter, Holz- und Gewürzaromen hallen nach. Gut möglich, dass es die beeindruckende Wucht des *Barley Wines* ist, die das Thema des totalitären Potentials politischer Utopien in den Vordergrund rücken lässt. Das perfide sei, meint eine Stimme, dass eine politische Utopie zu Beginn einfach mal eine Vorstellung vom guten Leben vertritt, die oft

9 Fukuyama (1992): S. 11.

10 Heyer (2004): S. 878–879.

nicht nur unbedenklich und nachvollziehbar, sondern auch attraktiv ist. Forderungen nach einem stärkeren sozialen Zusammenhalt, größerer gesellschaftlicher Gerechtigkeit, institutioneller Beständigkeit oder einem politischen System, das sich dem Ideal der Vernunft verschreibt, klingen anfangs alles andere als bedrohlich. Auch wenn der politischen Utopie oft vernünftige Zielbestimmungen zugrunde liegen, droht bei der Fixierung des utopischen Wunschbildes die Gefahr, auf eine Absolutheit zuzusteuern. Dies lässt sich so erklären, dass «in dem Maße», in dem eine Utopie «konkret entfaltet» wird, ihre «utopische Kraft» schwindet und sie sich anschließend gar «in sich zu verkehren scheint».[11] Der Philosoph Emil Angehrn (*1946) spricht hier von einem «dialektischen Umschlag»[12]: Die positive Utopie, die dem Defizitären die richtige Vorstellung vom guten Leben entgegensetzt, birgt die Gefahr, in eine negative zu kippen, wenn ihre Fixierung ein repressives Klima erzeugt, wodurch die ursprüngliche utopische Intention im Grunde verraten wird.

Die Auffassung, dass Utopien die Gefahr eines «dialektischen Umschlag[s]» bergen, lässt sich durch die Kühlschrankperspektive sowie die Betrachtung unseres Bierkonsumverhaltens weiter veranschaulichen. Davor sei allerdings erwähnt, dass utopischer Gehalt auch dort auffindbar sein kann, wo kein Begriffsetikett auf Utopie verweist. Entscheidend ist hingegen das Vorliegen bestimmter Merkmale, wie der «Negation des Bestehenden», der «überschreitenden Intention», der «Konkretion von entstehenden Möglichkeiten» sowie der «Motivation […] durch Ideale».[13] Eben diese Merkmale finden sich auch in den Imperativen zu einem ge-

11 Angehrn (2001): S. 198.

12 Angehrn (2001): S. 187.

13 Neupert-Doppler (2015): S. 13.

sunden, schönen, ja, wenn nicht sogar perfekten Körper. Sie werden nicht nur durch die ständige Präsenz idealer Körperbilder in den sozialen Medien, der Werbung und Popkultur geprägt, sondern werden auch durch eine heterogene Lobby vertreten, die sich für Selbstoptimierung stark macht. Dabei muss zur Anschauung nicht einmal der Fingerzeig auf die *Longevity-Community* mit ihrer *Anti-Aging*-Forschung, auf die *Biohacker*- und andere trans- und posthumanistische Bewegungen oder auf die florierende plastische Chirurgie erfolgen. Vielmehr scheint es ausreichend, einfach auf die technologischen Möglichkeiten hinzuweisen, den Körper mithilfe zahlreicher Gesundheits- und Fitness-Apps zu *monitoren* und zu *enhancen*. Die Utopie eines Körpers, der kontrollierbar, gesund, schön und ewig jung sein soll, fordert eine asketische Haltung.[14] Demnach ist es ratsam, ein Konsumverhalten zu praktizieren, das Bier im Kühlschrank gänzlich meidet oder es zumindest kalorienbewusst trinkt. Hier setzt der Philosoph Robert Pfaller (*1962) an, der die Vernünftigkeit der Prinzipien «Gesundheit» und «Schönheit» nicht in Abrede stellt, jedoch auf die Gefahren einer Verabsolutierung aufmerksam macht. Wenn wir der Gesundheit nämlich alles unterordnen, warnt er, «verlieren wir nicht nur Lebensgenuss und Muße», sondern «auch die Gesundheit selbst». Dass es eine gesellschaftliche Entwicklung in Richtung Absolutierung der Gesundheit gibt, spiegelt sich laut Pfaller «[in] neuen Krankheitsbildern wie [der] sogenannte[n] Orthorexie» wider[15] – einer Essstörung, bei der die übermäßige Fixierung auf gesunde Ernährung zu Mangelerscheinungen und zu psychischen Beeinträchtigungen führt. Aber auch ohne Blick ins Pathologielexikon lässt sich einsehen, dass ein zwanghafter Umgang

14 Hirschfelder, Trummer (2022): S. 7.

15 Pfaller (s.d.).

mit Gesundheit diese selbst untergraben, wodurch sie folglich «dialektisch umschlagen» kann.

Wenn man schon einen Gesundheitspranger für die exzessive Askese errichtet, dann ist es nur konsequent, den Hedonismus ohne Maß ebenfalls anzuprangern. So berechtigt diese Warnhinweise auch sein mögen, soll nun – da man ja vor einem *Barley Wine* sitzt und sich in utopischen Gefilden bewegt – nicht unerwähnt bleiben, dass Alkohol eine transgressive (lat. *transgredi* ‹überschreiten, übertreten›) Wirkung entfaltet, die soziale Konventionen und persönliche Hemmungen aufzulösen vermag. Eine Gesellschaft, die dieser transgressiven Wirkung gänzlich den Riegel vorschiebt, setzt sich dem Vorwurf aus, soziale Verhältnisse und das psychische Innenleben kontrollierbar machen zu wollen, wohingegen eine Gesellschaft, die ausschließlich auf die Karte der Transgression setzt, keinen Respekt vor persönlichen und sozialen Grenzen zu haben scheint.

Anstatt sich gleich der transgressiven Wirkung hinzugeben, lohnt es sich, noch ein wenig in der Geschichte zu wühlen: So verdienen die historischen Ursprünge des *Barley Wines* eine gründlichere Betrachtung, und auch die Etymologie von «Utopie» soll nicht im Dunkeln bleiben.

Auch wenn die populäre Erzählung – dass die englische Aristokratie während der Napoleonischen Kriege wegen Weinknappheit auf dem Trockenen saß und im Barley Wine eine Alternative fand[16] – durchaus reizvoll ist, bedarf sie dennoch einiger Ergänzungen und Verfeinerungen. Zunächst lässt sich festhalten, dass *Barley Wine* zu den Starkbieren zählt, die auf den Britischen Inseln spätestens seit dem 11. Jahrhundert gebraut werden. Im Laufe dieser rund 1.000 Jahre alten Tradition sind unterschiedliche Bezeichnungen aufgetaucht, darunter

16 Nicolaysen (2018): S. 105.

Stock Ale, *Old Ale*, *Strong Ale*, *Stale Ale* und *Keeping Beer.*[17] Im 18. Jahrhundert, als mit der Industrialisierung Biere in der Herstellung günstiger wurden, gewann der *Barley Wine* – bedingt durch seine aufwendigere Produktion – weiter an Exklusivität. Mit der Zunahme günstigerer und massenproduzierter Biere wie des *Porters* stieg der Status des Starkbiers, welches aufgrund seiner hohen Produktionskosten zunehmend in Brauereien hergestellt wurde, die nicht auf Massenvertrieb abzielten, sondern vielmehr die Nähe zu aristokratischen Herrenhäusern suchten.[18] Die gängige Erzählung, dass die fehlende Weinlieferung aus Frankreich den *Barley Wine* letztlich an die edlen Tafeln brachte, übersieht folglich, dass dieser Starkbierstil bereits vor den Napoleonischen Kriegen durchaus geschätzt war. Obwohl der *Barley Wine* eine lange Tradition als Starkbier und Genussmittel hat, soll nicht unerwähnt bleiben, dass der Name dieses Stils erst ab 1903 kommerziell verwendet wurde. Die Brauerei Bass war die erste, die ihr Starkbier «No. 1» als *Barley Wine* vermarktete.[19]

Nachdem nun der *Barley Wine* auf seine Geschichte hin abgeklopft worden ist, soll der Begriff «Utopie» einer etymologischen Begutachtung unterzogen werden: Wörtlich genommen bedeutet Utopie so viel wie Nichtort, Nirgendland oder Nirgendwo (von gr. *ou* ‹nicht› und *topos* ‹Ort›) oder «guter Ort» (von gr. *eu* ‹gut› und *topos* ‹Ort›).[20] Als Begründer des Begriffs gilt Thomas Morus (1478–1535), der mit seinem Roman *Utopia* (1516) auch gleich eine Literaturgattung ins Leben rief, in dessen Tradition auch die Werke *Die Sonnenstadt* (1602) von Tommaso Campanella (1568–1639) und *Neu-At-*

---

17 Dornbusch (2014): S. 51.

18 Oliver (2012): S. 832.

19 Dornbusch (2017): S. 55.

20 Schölderle (2017): S. 10.

lantis (1627[21]) von Francis Bacon (1561–1626) stehen. Die drei Autoren eint, dass sie das Schiff als Vehikel nutzen, um unbekannten, utopischen Boden zu erforschen. Während in der utopischen Literatur das Schiff also als eine Art transzendentes (lat. *transcendere* ‹überschreiten›) Vehikel agiert, bildet beim Barley Wine paradoxerweise gerade das Fehlen von Schiffen den narrativen Ausgangspunkt in Richtung Transgression.[22] Der von den Schiffen angesteuerte utopische Boden dient jedoch weniger als Steinbruch für ein politisches Aktionsprogramm, sondern vielmehr dazu, dem zeitgenössischen Staatswesen den Spiegel vorzuhalten. So entwirft Morus in *Utopia* auf Basis des Gemeineigentums eine kollektivistische Gesellschaftsordnung[23], die dem Prozess der Kapitalmonopolisierung und der wachsenden Kluft zwischen Arm und Reich in seiner Herkunftsgesellschaft entgegensteht.[24] Der hierarchischen Anthropologie seiner Epoche setzt er ein vergleichsweise egalitäres Menschenbild entgegen. Abweichend von der willkürlichen und opportunistischen Staatsführung Europas im 16. Jahrhundert[25] wird in Utopia Vernunft nicht nur hochgeschätzt[26], sondern auch gleich in eine utilitaristische Logik eingespannt, die auf die Maximierung des Gesamtwohls des Gemeinwesens ausgerichtet ist.[27] Allerdings weist der kollektivistisch-utilitaristi-

21 Posthum veröffentlicht.

22 Die Begriffe «transzendental» und «Transgression» haben beide das Überschreiten im Sinn. Transgression meint das tatsächliche Übertreten bestehender Normen oder Grenzen, während «transzendental» die Voraussetzungen des Erkennens oder Erlebens beschreibt.

23 Morus (2009): S. 52–53.

24 Morus (2009): S. 24.

25 Morus (2009): S. 38.

26 Morus (2009): S. 109.

27 Morus (2009): S. 28.

sche Staatsentwurf unverkennbar autoritär-sozialutopische Züge auf, was sich bspw. daran zeigt, dass jeder, der reisen will, um Erlaubnis fragen muss, nur in Gruppen reisen darf und der Tag der Rückkehr bereits vor der Abreise festgelegt wird.[28] Auch Campanellas *Die Sonnenstadt* skizziert eine kollektivistische Gesellschaftsordnung.[29] Dabei prangert Campanella zunächst die sozialen Missstände der Stadt Neapel an, in der er selbst lebte: Bei einer Bevölkerung von 70.000 würden nur etwa 10.000 bis 15.000 arbeiten – und zwar so übermäßig, dass sie daran zugrunde gehen. Die restlichen 55.000 bis 60.000 «verlieren sich an den Müßiggang, den Geiz, die Wollust oder den Wucher, auch schaden sie vielen Menschen, indem sie sie in Knechtschaft und Armut halten oder an ihren Lastern teilnehmen lassen».[30] Insofern ist es nicht verwunderlich, dass Campanella für *Die Sonnenstadt* eine allgemeine Arbeitspflicht vorsieht. Dank der gleichmäßigen Verteilung der Arbeit bleibt zudem Freizeit, die hauptsächlich dem Lernen, Disputieren, Lesen sowie anderen geistigen und körperlichen Übungen dient.[31] Wie *Utopia* zeichnet sich auch *Die Sonnenstadt* durch ihre Ordnungsliebe aus, die dann und wann in eine antiindividualistische Ausrichtung umschlägt. Dies zeigt sich bspw. daran, dass selbst die Frage nach der Fortpflanzung zur öffentlichen Angelegenheit wird und von Amtsträgern reguliert werden kann.[32] Was bei Morus und Campanella durch die Betonung und Förderung des Geistigen bereits angelegt ist, findet bei Bacon seine Zuspitzung, indem er die Wissenschaft zur

---

28 Morus (2009): S. 83.

29 Campanella (2008): S. 42.

30 Campanella (2008): S. 28–29.

31 Campanella (2008): S. 29.

32 Campanella (2008): S. 27.

zentralen Säule seiner Utopie *Neu-Atlantis* erhebt.[33] Sie dient einzig dem Wohl der Menschheit und soll dazu beitragen, die Welt beherrschbar zu machen.[34] Da uns das hier zutage tretende instrumentelle Wissenschaftsverständnis heute doch recht vertraut erscheint, soll nicht unerwähnt bleiben, dass Bacon damit dem antiken Konzept von Wissen, dem zufolge letzteres einen inneren Wert unabhängig von Verwertbarkeitsfragen besitzt, eine Abfuhr erteilt.[35] Hier drängt sich die rhetorische Frage auf, inwiefern die von Bacon im 17. Jahrhundert geforderte technisch-menschliche Beherrschung der Welt aus heutiger Warte einen «dialektischen Umschlag» durchlaufen hat.

Zwiespältig lässt uns der Utopiebegriff, wie wir ihn bislang kennengelernt haben, zurück. Das Wort «Utopie» kann schnell den Eindruck eines totalitären Impulses erwecken. Gleichzeitig scheint der Utopiebegriff angesichts der aktuellen politischen Krisen – die sich um Themen wie Ökologie, Migration, Kriege und politische Polarisierung drehen – als politische Denkfigur, die einen Rahmen für Selbstvergewisserung, Kritik und Alternativen bietet, unentbehrlich. Wenn man diesen Gedanken weiterspinnen möchte, könnte man sagen, dass Utopien den Krisen verhandelbare Fernziele entgegenstellen und durch diese Handlungsräume schaffen, die idealerweise gesellschaftliche und individuelle Selbstwirksamkeit ermöglichen. Wer hier allerdings mit einem Verweis auf den «dialektischen Umschlag» ungestüme Veränderungsabsichten bremsen und sich im Zweifel für das Bewährte und Vertraute einsetzen möchte, dem sollen nun einige Argumente angeboten werden, weshalb er nicht zu sehr auf den Bremsklotz treten soll. In Be-

33 Bacon (1982): S. 27–29.

34 Bacon (1982): S. 43.

35 Schölderle (2017): S. 80.

zug auf den Zusammenbruch des totalitären Ostblocks lässt sich erstens sagen, dass dieser nicht das «Ende des utopischen Denkens» darstellt, sondern vielmehr die Begrenztheit zentralistischer Planung offenbart.[36] Aber selbst wenn es keine Systemalternativen zum kapitalistisch organisierten liberalen System gäbe, wären kritische Impulse insofern gewünscht, als das Gleichgewicht zwischen Politik und Markt immer wieder neu verhandelt werden muss.[37] Zweitens kann festgehalten werden, dass bereits seit Beginn des Utopiediskurses die Bereitschaft zur kritischen Prüfung der eigenen Prämissen vorhanden ist.[38] So hat Morus mit seiner ironischen und manchmal überzeichnenden Schreibweise keineswegs eine Schilderung eines Idealstaats im Sinn[39], sondern möchte die Leserschaft vielmehr dazu einladen, mit den dargebotenen Inhalten in einen kritisch-reflexiven Dialog zu treten. Drittens geht es der Utopie nicht um «eine revolutionäre Totalrevision der sozio-politischen Wirklichkeit», wie der Politologe Richard Saage (*1941) ausführt. Treffender sei es hingegen, ihr den «Status eines regulativen Prinzips» zu attestieren, «das immer nur annäherungsweise verwirklicht werden kann».[40]

Fast könnte man den Eindruck gewinnen, dass der *Barley Wine* mit seiner komplexen und intensiven Sensorik – Aromen wie Toast, Karamell, Toffee, Rosine, Dörrpflaume und ein Hauch von Sherry entfalten sich – uns darauf einstimmen möchte, dass, wenn bereits ein einziges Getränk eine solche Fülle an Eindrücken zu vermitteln vermag, unser Vorhaben, den Problemen unserer Zeit einen utopischen Spiegel vorzu-

---

36 Heyer (2004): S. 879.

37 Heyer (2004): S. 878.

38 Saage (2004): S. 632.

39 Schölderle (2017): S. 45.

40 Saage (2004): S. 631.

halten, wahrscheinlich kein Sonntagsspaziergang wird. In der Tat lassen uns die unübersichtlichen, oft undurchdringlichen, vielschichtigen – eben komplexen – Verhältnisse unserer Zeit intellektuell demütig werden. Dazu kommt, dass Utopien nicht selten die Vorstellung vermitteln, dass, sollte nur an den richtigen Systemschrauben gedreht werden, das gesellschaftliche Leben und die *conditio humana* quasi beliebig modellierbar wären.[41] Eine existentielle Perspektive würde einer solchen Erwartungshaltung jedoch entgegenhalten, dass wir nicht nur sterbliche Wesen sind, sondern dass sich aus der bloßen Gegebenheit der Existenz – die sich in den Spannungsfeldern von «Ordnung und Freiheit», «Nähe und Einsamkeit» und «Sinn und Sinnlosigkeit» bewegt – unvermeidliche Grundkonflikte ergeben.[42] Keine Utopie sollte daher versprechen, dass diese existentiellen Konflikte überwunden werden können, sondern vielmehr nach Bedingungen suchen, die der Konfrontation mit den Gegebenheiten der Existenz Halt und Orientierung bieten und Entwicklung ermöglichen – es sei denn, die Utopie strebt dezidiert an, das Menschsein selbst zu überwinden.

Unser Ohr tastet sich durch das Stimmengewirr der Bar, bleibt an einzelnen Diskussionen hängen und vernimmt, dass sich die Gespräche an den Tischen ringsum um die Problemlagen des 21. Jahrhunderts drehen. An einem der Tische wird eifrig über die ökologische Krise gesprochen[43], an einem an-

41 Saage (2004): S. 626.

42 Yalom (2010): S. 20.

43 Für eine systematische Auseinandersetzung mit klimaethischen Fragen empfiehlt sich bspw. folgendes Werk:
Roser, Seidel (2015).

deren über Migration[44] und am dritten über den Zulauf autoritärer Regimes sowie darüber, wie zeitgemäße demokratische Partizipation aussehen könnte[45]. Ebenso vernehmen wir, wie über die in alle Sphären vordringende Digitalisierung debattiert[46], wie über universalistische Werte und ihre Gefährdung in der heutigen Zeit sowie ihre Unverzichtbarkeit für eine gerechte Gesellschaft diskutiert[47] und wie soziale wie wirtschaftliche Ungleichheit der Gegenwart problematisiert werden[48]. Vereinzelt werden auch vage Vorstellungen von einem gelingenden Morgen geäußert, wobei sich zwei Artikulationsstrategien herausschälen: Während die einen im Geiste von Morus und Co. lieber eine gesamtgesellschaftliche Utopie anstreben, entwerfen andere Teilutopien mit Blick auf spezifische gesellschaftliche Brennpunkte. Zielt die erste Variante auf einen gesamtgesellschaftlichen Mentalitätswandel ab, fokussiert sich die zweite auf spezifische Krisenfelder und nimmt punktuelle, gezielte Transformationen in den Blick.

Während die lebhaften Diskussionen zum Mitreden einladen, verlieren wir uns doch für einen Augenblick in eigenen

---

44 Wer tiefer in das Thema Migration eintauchen möchte, findet in den folgenden Werken weiterführende Lektüre: Grundmann, Stephan (2016), Knaus (2023) und Knaus (2022).

45 Wer darüber nachdenken möchte, wie eine Demokratie für das 21. Jahrhundert aussehen könnte, dem sei folgendes Werk empfohlen: Sommer (2022).

46 Für eine vertiefte Auseinandersetzung mit dem wünschenswerten Umgang mit personenbezogenen Daten im digitalen Raum empfiehlt sich bspw. folgendes Werk: Kirchschläger (2024).

47 Für eine eingehendere Auseinandersetzung sei bspw. folgendes Werk empfohlen: Neiman (2023).

48 Zur vertieften Beschäftigung mit dem Thema sei bspw. auf folgendes Werk verwiesen: Piketty (2023).

Gedanken. Dabei wird uns klar, dass wir trotz der vielen Krisen und Sorgen auch dankbar sind, in Zeiten und Regionen zu leben, in denen die Vielstimmigkeit, die hier in der Runde zum Ausdruck kommt – und mit anarchistischen, liberalen, libertären, deliberativen, kommunitaristischen, feministischen und kommunistischen Versatzstücken weiter unterstrichen wird –, überhaupt möglich ist. Und da wir bereits beim Akt der Dankbarkeit angekommen sind, freuen wir uns darüber, dass der *Barley Wine* nicht mehr der Aristokratie vorbehalten ist.

Mit den Brennpunkten des 21. Jahrhunderts im Hinterkopf schwenken wir das bauchige Glas und führen es an die Nase. Ein Schluck, und die viskose Flüssigkeit entfaltet ihre Aromen am Gaumen. Wo eben noch die Mächtigkeit im Vordergrund stand, kommt nun eine angenehme, lang anhaltende Wärme zum Vorschein, die der konzentrierten Aromatik und der Ausgewogenheit zu verdanken ist und durch den höheren Alkoholgehalt zusätzlich verstärkt wird. Die sich in den Gliedern ausbreitende Wärme regt den schöpferisch-imaginativen Geist an. Es ist Zeit. Wir stehen auf und begeben uns an einen der Tische.

Literaturverzeichnis Philosophie

Angehrn, Emil (2001): «Dialektik der Utopie: von der Unverzichtbarkeit und Fragwürdigkeit utopischen Denkens». In: *Anerkennung: eine philosophische Propädeutik. Festschrift für Annemarie Pieper.* H Herausgegeben von Monika Hofmann-Riedinger und Urs Thurnherr. Freiburg i. B.: Alber, S. 186–200.

Bacon, Francis (1982): *Neu-Atlantis.* Stuttgart: Reclam.

Campanella, Tommaso (2008): *Die Sonnenstadt.* Stuttgart: Reclam.

Fukuyama, Francis (1992): *Das Ende der Geschichte. Wo stehen wir?* München: Kindler.

Grundmann, Thomas / Stephan, Achim (Hrsg.) (2016): «*Welche und viele Flüchtlinge sollen wir aufnehmen?» Philosophische Essays.* Stuttgart: Reclam.

Han, Byung-Chul (2009): *Duft der Zeit. Ein philosophischer Essay zur Kunst des Verweilens.* Bielefeld: Transcript.

Herzog, Lisa (2019): *Politische Philosophie.* Paderborn: UTB.

Heyer, Andreas (2004): «Plädoyer für politische Utopien». UTOPIE kreativ, Nr. 168, Oktober 2004, S. 878–884.

Höffe, Otfried (2016): *Geschichte des politischen Denkens.* München: C.H. Beck.

Knaus, Gerald (2023): *Welche Grenzen brauchen wir? Zwischen Empathie und Angst – Flucht, Migration und die Zukunft von Asyl.* München: Piper.

Knaus, Gerald (2022): *Wir und die Flüchtlinge.* Wien: Brandstätter.

Kirchschläger, Peter (2024): *Digitale Transformation und Ethik.* Baden-Baden: Nomos.

Morus, Thomas (2009): *Utopia.* Köln: Anaconda.

Neiman, Susan (2023): *Links ist nicht woke.* München: Hanser.

Neupert-Doppler, Alexander (2015): *Utopie. Vom Roman zur Denkfigur.* Stuttgart: Schmetterling Verlag.

Piketty, Thomas (2023): *Natur, Kultur und Ungleichheit. Eine historische und vergleichende Betrachtung.* München: Piper.

Roser, Dominic / Seidel, Christian (2015): *Ethik des Klimawandels.* Darmstadt: WBG.

Saage, Richard (1991): *Politische Utopien der Neuzeit.* Darmstadt: wbg.

Saage, Richard (2004): «Klassische Utopie». In: *UTOPIE kreativ,* (Juli/August 2004): 617–636.

Schölderle, Thomas (2017): *Geschichte der Utopie.* Stuttgart: UTB.

Seel, Martin (2001): «Drei Regeln für Utopisten». In: *Zukunft Denken – Nach den Utopien.* Herausgegeben von Karl-Heinz Bohrer und Kurt Scheel. Stuttgart: Klett-Cotta (Sonderheft Merkur), S. 747–755.

Sommer, Andreas Urs (2022): *Eine Demokratie für das 21. Jahrhundert.* Freiburg i. B.: Herder.

Webographie Philosophie

Pfaller, Robert (s.d.): Gastbeitrag von Prof. Robert Pfaller zum Thema «Mein Genuss – meine Freiheit!»: https://www.massvoll-geniessen.de/genuss/mein-genuss-meine-freiheit (aufgerufen am 12.03.2025).

Literaturverzeichnis Psychologie

Yalom, Irvin (2010): *Existentielle Psychotherapie.* Bergisch Gladbach: Verlag Andreas Kohlhage.

Literaturverzeichnis Bier

Dornbusch, Horst (2017): *Lexikon der Biersorten.* Nürnberg: Hans Carl.

Dornbusch, Horst (2014): *Die Biersorten der Brauwelt.* Nürnberg: Hans Carl.

Hirschfelder, Gunter / Trummer, Manuel (2022): *Bier. Die ersten 13.000 Jahre.* Darmstadt: WBG.

Kopp, Sylvia (2014): *Das Craft Bier Buch. Die neue Braukultur.* Köln: Gestalten.

Nicolaysen, Sünje (2018): *Der ultimitative Bier Guide.* München: Heyne.

Oliver, Garrett (Hrsg.) (2012): *The Oxford Companion to Beer.* New York: Oxford University Press.

Register

Personenregister

Sachregister